VANGELO

VANGELO

VANGELO

EDIZIONI
MESSAGGERO
PADOVA

ISBN 978-88-250-3842-2 (versione colore 1)
ISBN 978-88-250-3857-6 (versione colore 2)
ISBN 978-88-250-3858-3 (versione colore 3)
ISBN 978-88-250-3859-0 (versione colore 4)

MESSAGGERO DI SANT'ANTONIO – EDITRICE
Basilica del Santo - Via Orto Botanico, 11 - 35123 Padova

www.edizionimessaggero.it

Invocazione allo Spirito Santo

Ti imploriamo, Spirito Santo,
di versare come un buon samaritano
la medicina della tua misericordia sulle ferite
della nostra anima.
Fasciale con le bende della tua grazia,
carica il nostro spirito sul giumento dell'obbedienza,
portaci al rifugio della conversione,
additaci alla custodia della contrizione di spirito,
perché rimaniamo a lungo sotto le tue cure,
finché, con il denaro della vera penitenza,
recuperiamo la salvezza perduta.
E, dopo averla ritrovata,
fa' che possiamo avere la forza
di ritornare sulla strada che porta a te.
Con il tuo aiuto,
tu che con il Padre e il Figlio vivi e regni
unico Dio per i secoli eterni. Amen.

(sant'Antonio di Padova)

Prefazione

Nonostante le apparenze, caro amico e amica, quello che stai sfogliando non è un libro. Sì, insomma, lo è quanto a formato, copertina, pagine inchiostrate e materiale cartaceo di cui è fatto, seppur un po' rimpicciolito rispetto alle misure standard. Però, lo ribadisco, non è un libro.

E se non lo è, tantomeno assomiglia a un ricettario di cucina, un manuale delle giovani marmotte o un galateo sacro a uso e consumo delle nostre aspirazioni alla perfezione. Non è semplicemente la brochure con le istruzioni per l'uso della fede.

E non si legge dal principio alla fine e poi basta, come fosse un romanzo. Intanto si fregia di un titolo alquanto insolito: «Vangelo», che in greco significa «bella notizia». Non te lo avevo detto che non era *solo* un libro? Una buona notizia non vorremmo forse ascoltarla sempre, senza stancarci?

Questo non è nemmeno un e-book. È materiale palpabile. Le pagine frusciano e crepitano, a seconda della velocità con cui vengono girate. Si spiegazza, soprattutto ai bordi. Si può sottolineare con la matita. Emana un odore caratteristico, che si modificherà nel tempo. Nello stesso trascorrere del tempo si usurerà, invecchierà. Probabilmente alla fine, dopo tanti onorati anni di servizio, si sfascerà pure. Migrando in un misterioso cimitero dei libri. Del resto, non è fatto per starsene comodamente impilato tra altri libri in una tranquilla libreria domestica.

No, davvero, non è un libro. Perché è una persona, di cui quattro persone narrano le vicende che la vedono coinvolta con centinaia di altre persone. E, ultima arrivata, c'è una persona in più: tu che lo stai leggendo. E con te, persino contemporaneamente a te, migliaia di altre persone in giro per il mondo.

Quello che hai tra le mani non è un libro. È Gesù Cristo. Al punto che san Girolamo, tanti secoli fa, poteva affermare: «Ignoratio Scripturarum, ignoratio Christi est», non conoscere le Scritture, è un po' come non conoscere Cristo. Nel Vangelo ti imbatti nella storia di uomini e donne, ragazzi e bambini, malati e peccatori, credenti e indemoniati, con le loro vicende a volte tristi e a volte gioiose, le loro domande e speranze, le loro paure e sentimenti. Nella storia di come la loro vita sia radicalmente cambiata dall'incontro con Gesù Cristo. A partire dai «fantastici quattro» che queste vicende le hanno poi raccontate e messe per iscritto: gli evangelisti Matteo, Marco, Luca e Giovanni.

Un libro lo sfogli, puoi pure studiartelo. Poi però lo richiudi e lo metti via da qualche parte. Puoi decidere che cosa leggere o quali pagine saltare bellamente. Anche andare direttamente alla fine, evitando tutto ciò che di faticoso sta nel mezzo.

Una persona, Gesù, no. Puoi solo seguirla, affidare a lei la rotta della tua vita. Cercare di calcarne con fiducia le orme. Fargli delle domande, ma aspettare pazientemente le risposte. Senza pretendere che ti dia sempre ragione.

Un libro allieta alcune ore della tua giornata. Con Gesù hai l'opportunità di crescere, assieme a lui, a mano a mano che ne sfogli il Vangelo: «Scriptura crescit cum legente», esclamava un altro padre della Chiesa, Gregorio Magno, la parola di Dio cresce assieme a colui che la legge. E viceversa.

Farcire la vita di parole di Dio... «È cosa buona avere un piccolo Vangelo, e portarlo con noi, in tasca, nella borsa, e leggerne un piccolo passo in qualsiasi momento della giornata. Lì è Gesù che ci parla, nel Vangelo!» (papa Francesco, 16 marzo 2014).

È vero: è un «piccolo» Vangelo, con poche pretese. Ha tutta l'essenzialità, la minorità, la povertà e la piccolezza di Gesù. È fragile, come lo era Gesù bambino o come lo è l'eucaristia, e come loro sta tutto tra le tue mani. Tant'è che san Francesco può ugualmente esclamare: «Guardate, fratelli, l'umiltà di Dio!».

È un Vangelo «da viaggio», da infilarsi comodamente in tasca o nello zainetto. Da tirare fuori in metropolitana o mentre si aspetta l'autobus. A cui poter ricorrere in ogni istante, senza controindicazioni. Talvolta basta anche solo toccarlo, e sapere che Lui è lì.

È un Vangelo «da compagnia». La compagnia della Chiesa, che ce l'ha trasmesso. La compagnia di tanti cristiani che, anche a proprio rischio, lo leggono, lo meditano e cercano di viverlo. La compagnia di tanti santi, come Antonio di Padova, che al Vangelo ha dedicato tutto se stesso, e la sua lingua!

Ma, soprattutto, è la compagnia di Gesù alla nostra vita di ogni giorno!

UN FRATE FRANCESCANO

VANGELO
SECONDO MATTEO

1 1Genealogia di Gesù Cristo figlio di Davide, figlio
di Abramo. 2Abramo generò Isacco, Isacco generò
Giacobbe, Giacobbe generò Giuda e i suoi fratelli,
3Giuda generò Fares e Zara da Tamar, Fares generò
Esrom, Esrom generò Aram, 4Aram generò Amina-
dàb, Aminadàb generò Naassòn, Naassòn generò Sal-
mon, 5Salmon generò Booz da Racab, Booz generò
Obed da Rut, Obed generò Iesse, 6Iesse generò il re
Davide.

Davide generò Salomone da quella che era stata la
moglie di Uria, 7Salomone generò Roboamo, Roboa-
mo generò Abia, Abia generò Asaf, 8Asaf generò Giò-
safat, Giòsafat generò Ioram, Ioram generò Ozia,
9Ozia generò Ioatàm, Ioatàm generò Acaz, Acaz ge-
nerò Ezechia, 10Ezechia generò Manasse, Manasse ge-
nerò Amos, Amos generò Giosia, 11Giosia generò
Ieconia e i suoi fratelli, al tempo della deportazione in
Babilonia.

12Dopo la deportazione in Babilonia, Ieconia gene-
rò Salatièl, Salatièl generò Zorobabele, 13Zorobabele
generò Abiùd, Abiùd generò Eliachìm, Eliachìm gene-
rò Azor, 14Azor generò Sadoc, Sadoc generò Achim,
Achim generò Eliùd, 15Eliùd generò Eleazar, Eleazar

generò Mattan, Mattan generò Giacobbe, [16]Giacobbe generò Giuseppe, lo sposo di Maria, dalla quale è nato Gesù, chiamato Cristo.

[17]In tal modo, tutte le generazioni da Abramo a Davide sono quattordici, da Davide fino alla deportazione in Babilonia quattordici, dalla deportazione in Babilonia a Cristo quattordici.

[18]Così fu generato Gesù Cristo: sua madre Maria, essendo promessa sposa di Giuseppe, prima che andassero a vivere insieme si trovò incinta per opera dello Spirito Santo. [19]Giuseppe suo sposo, poiché era uomo giusto e non voleva accusarla pubblicamente, pensò di ripudiarla in segreto. [20]Mentre però stava considerando queste cose, ecco, gli apparve in sogno un angelo del Signore e gli disse: «Giuseppe, figlio di Davide, non temere di prendere con te Maria, tua sposa. Infatti il bambino che è generato in lei viene dallo Spirito Santo; [21]ella darà alla luce un figlio e tu lo chiamerai Gesù: egli infatti salverà il suo popolo dai suoi peccati».

[22]Tutto questo è avvenuto perché si compisse ciò che era stato detto dal Signore per mezzo del profeta:

> [23]*Ecco, la vergine concepirà*
> *e darà alla luce un figlio:*
> *a lui sarà dato il nome di Emmanuele,*

che significa *Dio con noi*. [24]Quando si destò dal sonno, Giuseppe fece come gli aveva ordinato l'angelo del Signore e prese con sé la sua sposa; [25]senza che egli la conoscesse, ella diede alla luce un figlio ed egli lo chiamò Gesù.

2 [1]Nato Gesù a Betlemme di Giudea, al tempo del re
Erode, ecco, alcuni Magi vennero da oriente a Ge-
rusalemme [2]e dicevano: «Dov'è colui che è nato, il re
dei Giudei? Abbiamo visto spuntare la sua stella e sia-
mo venuti ad adorarlo». [3]All'udire questo, il re Erode
restò turbato e con lui tutta Gerusalemme. [4]Riuniti tut-
ti i capi dei sacerdoti e gli scribi del popolo, si informa-
va da loro sul luogo in cui doveva nascere il Cristo. [5]Gli
risposero: «A Betlemme di Giudea, perché così è scrit-
to per mezzo del profeta:

> [6]*E tu, Betlemme*, terra di Giuda,
> non *sei* davvero *l'ultima*
> *delle città principali di Giuda:*
> *da te infatti uscirà un capo*
> *che sarà il pastore del mio popolo, Israele*».

[7]Allora Erode, chiamati segretamente i Magi, si fece
dire da loro con esattezza il tempo in cui era apparsa la
stella [8]e li inviò a Betlemme dicendo: «Andate e infor-
matevi accuratamente sul bambino e, quando l'avrete
trovato, fatemelo sapere, perché anch'io venga ad ado-
rarlo».

[9]Udito il re, essi partirono. Ed ecco, la stella, che
avevano visto spuntare, li precedeva, finché giunse e
si fermò sopra il luogo dove si trovava il bambino.
[10]Al vedere la stella, provarono una gioia grandissima.
[11]Entrati nella casa, videro il bambino con Maria sua
madre, si prostrarono e lo adorarono. Poi aprirono i
loro scrigni e gli offrirono in dono oro, incenso e mir-
ra. [12]Avvertiti in sogno di non tornare da Erode, per
un'altra strada fecero ritorno al loro paese.

[13]Essi erano appena partiti, quando un angelo del
Signore apparve in sogno a Giuseppe e gli disse: «Àlzati, prendi con te il bambino e sua madre, fuggi in
Egitto e resta là finché non ti avvertirò: Erode infatti
vuole cercare il bambino per ucciderlo».

[14]Egli si alzò, nella notte, prese il bambino e sua ma-
dre e si rifugiò in Egitto, [15]dove rimase fino alla morte
di Erode, perché si compisse ciò che era stato detto dal
Signore per mezzo del profeta:

Dall'Egitto ho chiamato mio figlio.

[16]Quando Erode si accorse che i Magi si erano presi
gioco di lui, si infuriò e mandò a uccidere tutti i bambini che stavano a Betlemme e in tutto il suo territorio e
che avevano da due anni in giù, secondo il tempo che
aveva appreso con esattezza dai Magi. [17]Allora si compì
ciò che era stato detto per mezzo del profeta Geremia:

[18]*Un grido è stato udito in Rama,*
un pianto e un lamento grande:
Rachele piange i suoi figli
e non vuole essere consolata,
perché non sono più.

[19]Morto Erode, ecco, un angelo del Signore apparve
in sogno a Giuseppe in Egitto [20]e gli disse: «Àlzati,
prendi con te il bambino e sua madre e va' nella terra
d'Israele; sono morti infatti quelli che cercavano di uccidere il bambino». [21]Egli si alzò, prese il bambino e
sua madre ed entrò nella terra d'Israele. [22]Ma, quando
venne a sapere che nella Giudea regnava Archelao al
posto di suo padre Erode, ebbe paura di andarvi. Avvertito poi in sogno, si ritirò nella regione della Galilea

[23]e andò ad abitare in una città chiamata Nàzaret, per-
ché si compisse ciò che era stato detto per mezzo dei
profeti: «Sarà chiamato Nazareno».

3 [1]In quei giorni venne Giovanni il Battista e predi-
cava nel deserto della Giudea [2]dicendo: «Converti-
tevi, perché il regno dei cieli è vicino!».
[3]Egli infatti è colui del quale aveva parlato il profeta
Isaia quando disse:

Voce di uno che grida nel deserto:
Preparate la via del Signore,
raddrizzate i suoi *sentieri!*

[4]E lui, Giovanni, portava un vestito di peli di cam-
mello e una cintura di pelle attorno ai fianchi; il suo
cibo erano cavallette e miele selvatico.
[5]Allora Gerusalemme, tutta la Giudea e tutta la zo-
na lungo il Giordano accorrevano a lui [6]e si facevano
battezzare da lui nel fiume Giordano, confessando i lo-
ro peccati.
[7]Vedendo molti farisei e sadducei venire al suo bat-
tesimo, disse loro: «Razza di vipere! Chi vi ha fatto cre-
dere di poter sfuggire all'ira imminente? [8]Fate dunque
un frutto degno della conversione, [9]e non crediate di
poter dire dentro di voi: "Abbiamo Abramo per pa-
dre!". Perché io vi dico che da queste pietre Dio può
suscitare figli ad Abramo. [10]Già la scure è posta alla ra-
dice degli alberi; perciò ogni albero che non dà buon
frutto viene tagliato e gettato nel fuoco. [11]Io vi battezzo
nell'acqua per la conversione; ma colui che viene dopo
di me è più forte di me e io non sono degno di portargli
i sandali; egli vi battezzerà in Spirito Santo e fuoco.

12 Tiene in mano la pala e pulirà la sua aia e raccoglierà
il suo frumento nel granaio, ma brucerà la paglia con
un fuoco inestinguibile».
13 Allora Gesù dalla Galilea venne al Giordano da
Giovanni, per farsi battezzare da lui. 14 Giovanni però
voleva impedirglielo, dicendo: «Sono io che ho biso-
gno di essere battezzato da te, e tu vieni da me?».
15 Ma Gesù gli rispose: «Lascia fare per ora, perché
conviene che adempiamo ogni giustizia». Allora egli
lo lasciò fare. 16 Appena battezzato, Gesù uscì dall'ac-
qua: ed ecco, si aprirono per lui i cieli ed egli vide lo
Spirito di Dio discendere come una colomba e venire
sopra di lui. 17 Ed ecco una voce dal cielo che diceva:
«Questi è il Figlio mio, l'amato: in lui ho posto il mio
compiacimento».

4 1 Allora Gesù fu condotto dallo Spirito nel deserto,
per essere tentato dal diavolo. 2 Dopo aver digiuna-
to quaranta giorni e quaranta notti, alla fine ebbe fame.
3 Il tentatore gli si avvicinò e gli disse: «Se tu sei Figlio
di Dio, di' che queste pietre diventino pane». 4 Ma egli
rispose: «Sta scritto:

Non di solo pane vivrà l'uomo,
ma di ogni parola che esce dalla bocca di Dio».

5 Allora il diavolo lo portò nella città santa, lo pose
sul punto più alto del tempio 6 e gli disse: «Se tu sei Fi-
glio di Dio, gèttati giù; sta scritto infatti:

Ai suoi angeli darà ordini a tuo riguardo
ed essi ti porteranno sulle loro mani
perché il tuo piede non inciampi in una pietra».

[7]Gesù gli rispose: «Sta scritto anche:
Non metterai alla prova il Signore Dio tuo».
[8]Di nuovo il diavolo lo portò sopra un monte altissi-
mo e gli mostrò tutti i regni del mondo e la loro gloria
[9]e gli disse: «Tutte queste cose io ti darò se, gettandoti
ai miei piedi, mi adorerai». [10]Allora Gesù gli rispose:
«Vattene, Satana! Sta scritto infatti:
Il Signore, Dio tuo, adorerai:
a lui solo renderai culto».
[11]Allora il diavolo lo lasciò, ed ecco, degli angeli gli
si avvicinarono e lo servivano.
[12]Quando Gesù seppe che Giovanni era stato arre-
stato, si ritirò nella Galilea, [13]lasciò Nàzaret e andò ad
abitare a Cafàrnao, sulla riva del mare, nel territorio di
Zàbulon e di Nèftali, [14]perché si compisse ciò che era
stato detto per mezzo del profeta Isaia:
[15]*Terra di Zàbulon e terra di Nèftali,*
sulla via del mare, oltre il Giordano,
Galilea delle genti!
[16]*Il popolo che abitava nelle tenebre*
vide una grande luce,
per quelli *che abitavano in regione*
e ombra di morte
una luce è sorta.
[17]Da allora Gesù cominciò a predicare e a dire:
«Convertitevi, perché il regno dei cieli è vicino».
[18]Mentre camminava lungo il mare di Galilea, vide
due fratelli, Simone, chiamato Pietro, e Andrea suo
fratello, che gettavano le reti in mare; erano infatti pe-
scatori. [19]E disse loro: «Venite dietro a me, vi farò pe-

scatori di uomini». [20]Ed essi subito lasciarono le reti e
lo seguirono. [21]Andando oltre, vide altri due fratelli,
Giacomo, figlio di Zebedeo, e Giovanni suo fratello,
che nella barca, insieme a Zebedeo loro padre, ripara-
vano le loro reti, e li chiamò. [22]Ed essi subito lasciarono
la barca e il loro padre e lo seguirono.

[23]Gesù percorreva tutta la Galilea, insegnando nelle
loro sinagoghe, annunciando il vangelo del Regno e
guarendo ogni sorta di malattie e di infermità nel po-
polo. [24]La sua fama si diffuse per tutta la Siria e condu-
cevano a lui tutti i malati, tormentati da varie malattie e
dolori, indemoniati, epilettici e paralitici; ed egli li gua-
rì. [25]Grandi folle cominciarono a seguirlo dalla Galilea,
dalla Decàpoli, da Gerusalemme, dalla Giudea e da ol-
tre il Giordano.

5 [1]Vedendo le folle, Gesù salì sul monte: si pose a se-
dere e si avvicinarono a lui i suoi discepoli. [2]Si mise
a parlare e insegnava loro dicendo:

[3]«Beati i poveri in spirito,
perché di essi è il regno dei cieli.
[4]Beati quelli che sono nel pianto,
perché saranno consolati.
[5]Beati i miti,
perché avranno in eredità la terra.
[6]Beati quelli che hanno fame e sete della giustizia,
perché saranno saziati.
[7]Beati i misericordiosi,
perché troveranno misericordia.
[8]Beati i puri di cuore,
perché vedranno Dio.

9 Beati gli operatori di pace,
perché saranno chiamati figli di Dio.
10 Beati i perseguitati per la giustizia,
perché di essi è il regno dei cieli.

11 Beati voi quando vi insulteranno, vi perseguiteran-
no e, mentendo, diranno ogni sorta di male contro di
voi per causa mia. 12 Rallegratevi ed esultate, perché
grande è la vostra ricompensa nei cieli. Così infatti per-
seguitarono i profeti che furono prima di voi.

13 Voi siete il sale della terra; ma se il sale perde il sa-
pore, con che cosa lo si renderà salato? A null'altro ser-
ve che ad essere gettato via e calpestato dalla gente.

14 Voi siete la luce del mondo; non può restare na-
scosta una città che sta sopra un monte, 15 né si accende
una lampada per metterla sotto il moggio, ma sul can-
delabro, e così fa luce a tutti quelli che sono nella casa.
16 Così risplenda la vostra luce davanti agli uomini, per-
ché vedano le vostre opere buone e rendano gloria al
Padre vostro che è nei cieli.

17 Non crediate che io sia venuto ad abolire la Legge o
i Profeti; non sono venuto ad abolire, ma a dare pieno
compimento. 18 In verità io vi dico: finché non siano pas-
sati il cielo e la terra, non passerà un solo iota o un solo
trattino della Legge, senza che tutto sia avvenuto. 19 Chi
dunque trasgredirà uno solo di questi minimi precetti e
insegnerà agli altri a fare altrettanto, sarà considerato
minimo nel regno dei cieli. Chi invece li osserverà e li
insegnerà, sarà considerato grande nel regno dei cieli.

20 Io vi dico infatti: se la vostra giustizia non supererà
quella degli scribi e dei farisei, non entrerete nel regno
dei cieli.

21 Avete inteso che fu detto agli antichi: *Non uccide-*
rai; chi avrà ucciso dovrà essere sottoposto al giudizio.
22 Ma io vi dico: chiunque si adira con il proprio fratello
dovrà essere sottoposto al giudizio. Chi poi dice al fra-
tello: "Stupido", dovrà essere sottoposto al sinedrio; e
chi gli dice: "Pazzo", sarà destinato al fuoco della
Geènna.

23 Se dunque tu presenti la tua offerta all'altare e lì ti
ricordi che tuo fratello ha qualche cosa contro di te,
24 lascia lì il tuo dono davanti all'altare, va' prima a ri-
conciliarti con il tuo fratello e poi torna a offrire il tuo
dono.

25 Mettiti presto d'accordo con il tuo avversario
mentre sei in cammino con lui, perché l'avversario
non ti consegni al giudice e il giudice alla guardia, e
tu venga gettato in prigione. 26 In verità io ti dico: non
uscirai di là finché non avrai pagato fino all'ultimo
spicciolo!

27 Avete inteso che fu detto: *Non commetterai adulte-*
rio. 28 Ma io vi dico: chiunque guarda una donna per
desiderarla, ha già commesso adulterio con lei nel pro-
prio cuore.

29 Se il tuo occhio destro ti è motivo di scandalo, ca-
valo e gettalo via da te: ti conviene infatti perdere una
delle tue membra, piuttosto che tutto il tuo corpo ven-
ga gettato nella Geènna. 30 E se la tua mano destra ti è
motivo di scandalo, tagliala e gettala via da te: ti con-
viene infatti perdere una delle tue membra, piuttosto
che tutto il tuo corpo vada a finire nella Geènna.

31 Fu pure detto: "Chi ripudia la propria moglie, le
dia l'atto del ripudio". 32 Ma io vi dico: chiunque ripu-

dia la propria moglie, eccetto il caso di unione illegitti-
ma, la espone all'adulterio, e chiunque sposa una ripu-
diata, commette adulterio.

33 Avete anche inteso che fu detto agli antichi: "Non
giurerai il falso, ma adempirai verso il Signore i tuoi
giuramenti". 34 Ma io vi dico: non giurate affatto, né
per il cielo, perché è il trono di Dio, 35 né per la terra,
perché è lo sgabello dei suoi piedi, né per Gerusalem-
me, perché è la città del grande Re. 36 Non giurare nep-
pure per la tua testa, perché non hai il potere di rende-
re bianco o nero un solo capello. 37 Sia invece il vostro
parlare: "Sì, sì", "No, no"; il di più viene dal Maligno.

38 Avete inteso che fu detto: *Occhio per occhio* e *dente
per dente*. 39 Ma io vi dico di non opporvi al malvagio;
anzi, se uno ti dà uno schiaffo sulla guancia destra, tu
pórgigli anche l'altra, 40 e a chi vuole portarti in tribu-
nale e toglierti la tunica, tu lascia anche il mantello. 41 E
se uno ti costringerà ad accompagnarlo per un miglio,
tu con lui fanne due. 42 Da' a chi ti chiede, e a chi desi-
dera da te un prestito non voltare le spalle.

43 Avete inteso che fu detto: *Amerai il tuo prossimo* e
odierai il tuo nemico. 44 Ma io vi dico: amate i vostri ne-
mici e pregate per quelli che vi perseguitano, 45 affinché
siate figli del Padre vostro che è nei cieli; egli fa sorgere
il suo sole sui cattivi e sui buoni, e fa piovere sui giusti e
sugli ingiusti. 46 Infatti, se amate quelli che vi amano,
quale ricompensa ne avete? Non fanno così anche i
pubblicani? 47 E se date il saluto soltanto ai vostri fratel-
li, che cosa fate di straordinario? Non fanno così anche
i pagani? 48 Voi, dunque, siate perfetti come è perfetto il
Padre vostro celeste.

6 1State attenti a non praticare la vostra giustizia da-
vanti agli uomini per essere ammirati da loro, altri-
menti non c'è ricompensa per voi presso il Padre vo-
stro che è nei cieli. 2Dunque, quando fai l'elemosina,
non suonare la tromba davanti a te, come fanno gli ipo-
criti nelle sinagoghe e nelle strade, per essere lodati
dalla gente. In verità io vi dico: hanno già ricevuto la
loro ricompensa. 3Invece, mentre tu fai l'elemosina,
non sappia la tua sinistra ciò che fa la tua destra, 4per-
ché la tua elemosina resti nel segreto; e il Padre tuo,
che vede nel segreto, ti ricompenserà.

5E quando pregate, non siate simili agli ipocriti che,
nelle sinagoghe e negli angoli delle piazze, amano pre-
gare stando ritti, per essere visti dalla gente. In verità io
vi dico: hanno già ricevuto la loro ricompensa. 6Invece,
quando tu preghi, entra nella tua camera, chiudi la
porta e prega il Padre tuo, che è nel segreto; e il Padre
tuo, che vede nel segreto, ti ricompenserà.

7Pregando, non sprecate parole come i pagani: essi
credono di venire ascoltati a forza di parole. 8Non siate
dunque come loro, perché il Padre vostro sa di quali
cose avete bisogno prima ancora che gliele chiediate.

9Voi dunque pregate così:
Padre nostro che sei nei cieli,
sia santificato il tuo nome,
10venga il tuo regno,
sia fatta la tua volontà,
come in cielo così in terra.
11Dacci oggi il nostro pane quotidiano,
12e rimetti a noi i nostri debiti
come anche noi li rimettiamo ai nostri debitori,

13e non abbandonarci alla tentazione,
ma liberaci dal male.

14Se voi infatti perdonerete agli altri le loro colpe, il
Padre vostro che è nei cieli perdonerà anche a voi; 15ma
se voi non perdonerete agli altri, neppure il Padre vo-
stro perdonerà le vostre colpe.

16E quando digiunate, non diventate malinconici
come gli ipocriti, che assumono un'aria disfatta per
far vedere agli altri che digiunano. In verità io vi dico:
hanno già ricevuto la loro ricompensa. 17Invece, quan-
do tu digiuni, profùmati la testa e làvati il volto, 18per-
ché la gente non veda che tu digiuni, ma solo il Padre
tuo, che è nel segreto; e il Padre tuo, che vede nel se-
greto, ti ricompenserà.

19Non accumulate per voi tesori sulla terra, dove
tarma e ruggine consumano e dove ladri scassìnano e
rubano; 20accumulate invece per voi tesori in cielo, do-
ve né tarma né ruggine consumano e dove ladri non
scassìnano e non rubano. 21Perché, dov'è il tuo tesoro,
là sarà anche il tuo cuore.

22La lampada del corpo è l'occhio; perciò, se il tuo
occhio è semplice, tutto il tuo corpo sarà luminoso;
23ma se il tuo occhio è cattivo, tutto il tuo corpo sarà
tenebroso. Se dunque la luce che è in te è tenebra,
quanto grande sarà la tenebra!

24Nessuno può servire due padroni, perché o odierà
l'uno e amerà l'altro, oppure si affezionerà all'uno e di-
sprezzerà l'altro. Non potete servire Dio e la ricchezza.

25Perciò io vi dico: non preoccupatevi per la vostra
vita, di quello che mangerete o berrete, né per il vostro
corpo, di quello che indosserete; la vita non vale forse

più del cibo e il corpo più del vestito? 26Guardate gli
uccelli del cielo: non séminano e non mietono, né rac-
colgono nei granai; eppure il Padre vostro celeste li nu-
tre. Non valete forse più di loro? 27E chi di voi, per
quanto si preoccupi, può allungare anche di poco la
propria vita? 28E per il vestito, perché vi preoccupate?
Osservate come crescono i gigli del campo: non fatica-
no e non filano. 29Eppure io vi dico che neanche Salo-
mone, con tutta la sua gloria, vestiva come uno di loro.
30Ora, se Dio veste così l'erba del campo, che oggi c'è e
domani si getta nel forno, non farà molto di più per
voi, gente di poca fede? 31Non preoccupatevi dunque
dicendo: "Che cosa mangeremo? Che cosa berremo?
Che cosa indosseremo?". 32Di tutte queste cose vanno
in cerca i pagani. Il Padre vostro celeste, infatti, sa che
ne avete bisogno. 33Cercate invece, anzitutto, il regno
di Dio e la sua giustizia, e tutte queste cose vi saranno
date in aggiunta. 34Non preoccupatevi dunque del do-
mani, perché il domani si preoccuperà di se stesso. A
ciascun giorno basta la sua pena.

7 1Non giudicate, per non essere giudicati; 2perché
con il giudizio con il quale giudicate sarete giudica-
ti voi e con la misura con la quale misurate sarà misu-
rato a voi. 3Perché guardi la pagliuzza che è nell'occhio
del tuo fratello, e non ti accorgi della trave che è nel
tuo occhio? 4O come dirai al tuo fratello: "Lascia che
tolga la pagliuzza dal tuo occhio", mentre nel tuo oc-
chio c'è la trave? 5Ipocrita! Togli prima la trave dal tuo
occhio e allora ci vedrai bene per togliere la pagliuzza
dall'occhio del tuo fratello.

6Non date le cose sante ai cani e non gettate le vo-
stre perle davanti ai porci, perché non le calpestino
con le loro zampe e poi si voltino per sbranarvi.

7Chiedete e vi sarà dato, cercate e troverete, bussate
e vi sarà aperto. 8Perché chiunque chiede riceve, e chi
cerca trova, e a chi bussa sarà aperto. 9Chi di voi, al
figlio che gli chiede un pane, darà una pietra? 10E se
gli chiede un pesce, gli darà una serpe? 11Se voi, dun-
que, che siete cattivi, sapete dare cose buone ai vostri
figli, quanto più il Padre vostro che è nei cieli darà cose
buone a quelli che gliele chiedono!

12Tutto quanto volete che gli uomini facciano a voi,
anche voi fatelo a loro: questa infatti è la Legge e i Pro-
feti.

13Entrate per la porta stretta, perché larga è la porta
e spaziosa la via che conduce alla perdizione, e molti
sono quelli che vi entrano. 14Quanto stretta è la porta
e angusta la via che conduce alla vita, e pochi sono
quelli che la trovano!

15Guardatevi dai falsi profeti, che vengono a voi in
veste di pecore, ma dentro sono lupi rapaci! 16Dai loro
frutti li riconoscerete. Si raccoglie forse uva dagli spini,
o fichi dai rovi? 17Così ogni albero buono produce
frutti buoni e ogni albero cattivo produce frutti cattivi;
18un albero buono non può produrre frutti cattivi, né
un albero cattivo produrre frutti buoni. 19Ogni albero
che non dà buon frutto viene tagliato e gettato nel fuo-
co. 20Dai loro frutti dunque li riconoscerete.

21Non chiunque mi dice: “Signore, Signore”, entrerà
nel regno dei cieli, ma colui che fa la volontà del Padre
mio che è nei cieli. 22In quel giorno molti mi diranno:

“Signore, Signore, non abbiamo forse profetato nel tuo nome? E nel tuo nome non abbiamo forse scacciato demòni? E nel tuo nome non abbiamo forse compiuto molti prodigi?”. [23]Ma allora io dichiarerò loro: “Non vi ho mai conosciuti. Allontanatevi da me, voi che operate l’iniquità!”.

[24]Perciò chiunque ascolta queste mie parole e le mette in pratica, sarà simile a un uomo saggio, che ha costruito la sua casa sulla roccia. [25]Cadde la pioggia, straripàrono i fiumi, soffiarono i venti e si abbatterono su quella casa, ma essa non cadde, perché era fondata sulla roccia. [26]Chiunque ascolta queste mie parole e non le mette in pratica, sarà simile a un uomo stolto, che ha costruito la sua casa sulla sabbia. [27]Cadde la pioggia, straripàrono i fiumi, soffiarono i venti e si abbatterono su quella casa, ed essa cadde e la sua rovina fu grande».

[28]Quando Gesù ebbe terminato questi discorsi, le folle erano stupite del suo insegnamento: [29]egli infatti insegnava loro come uno che ha autorità, e non come i loro scribi.

8 [1]Scese dal monte e molta folla lo seguì. [2]Ed ecco, si avvicinò un lebbroso, si prostrò davanti a lui e disse: «Signore, se vuoi, puoi purificarmi». [3]Tese la mano e lo toccò dicendo: «Lo voglio: sii purificato!». E subito la sua lebbra fu guarita. [4]Poi Gesù gli disse: «Guàrdati bene dal dirlo a qualcuno; va’ invece a mostrarti al sacerdote e presenta l’offerta prescritta da Mosè come testimonianza per loro».

[5]Entrato in Cafàrnao, gli venne incontro un centu-

rione che lo scongiurava e diceva: 6«Signore, il mio ser-
vo è in casa, a letto, paralizzato e soffre terribilmente».
7Gli disse: «Verrò e lo guarirò». 8Ma il centurione ri-
spose: «Signore, io non sono degno che tu entri sotto
il mio tetto, ma di' soltanto una parola e il mio servo
sarà guarito. 9Pur essendo anch'io un subalterno, ho
dei soldati sotto di me e dico a uno: "Va'!", ed egli va;
e a un altro: "Vieni!", ed egli viene; e al mio servo: "Fa'
questo!", ed egli lo fa».

10Ascoltandolo, Gesù si meravigliò e disse a quelli
che lo seguivano: «In verità io vi dico, in Israele non
ho trovato nessuno con una fede così grande! 11Ora
io vi dico che molti verranno dall'oriente e dall'occi-
dente e siederanno a mensa con Abramo, Isacco e Gia-
cobbe nel regno dei cieli, 12mentre i figli del regno sa-
ranno cacciati fuori, nelle tenebre, dove sarà pianto e
stridore di denti». 13E Gesù disse al centurione: «Va',
avvenga per te come hai creduto». In quell'istante il
suo servo fu guarito.

14Entrato nella casa di Pietro, Gesù vide la suocera
di lui che era a letto con la febbre. 15Le toccò la mano e
la febbre la lasciò; poi ella si alzò e lo serviva.

16Venuta la sera, gli portarono molti indemoniati ed
egli scacciò gli spiriti con la parola e guarì tutti i malati,
17perché si compisse ciò che era stato detto per mezzo
del profeta Isaia:

Egli ha preso le nostre infermità
e si è caricato delle malattie.

18Vedendo la folla attorno a sé, Gesù ordinò di pas-
sare all'altra riva. 19Allora uno scriba si avvicinò e gli
disse: «Maestro, ti seguirò dovunque tu vada». 20Gli

rispose Gesù: «Le volpi hanno le loro tane e gli uccelli
del cielo i loro nidi, ma il Figlio dell'uomo non ha dove
posare il capo». 21 E un altro dei suoi discepoli gli disse:
«Signore, permettimi di andare prima a seppellire mio
padre». 22 Ma Gesù gli rispose: «Seguimi, e lascia che i
morti seppelliscano i loro morti».

23 Salito sulla barca, i suoi discepoli lo seguirono.
24 Ed ecco, avvenne nel mare un grande sconvolgimen-
to, tanto che la barca era coperta dalle onde; ma egli
dormiva. 25 Allora si accostarono a lui e lo svegliarono,
dicendo: «Salvaci, Signore, siamo perduti!». 26 Ed egli
disse loro: «Perché avete paura, gente di poca fede?».
Poi si alzò, minacciò i venti e il mare e ci fu grande bo-
naccia. 27 Tutti, pieni di stupore, dicevano: «Chi è mai
costui, che perfino i venti e il mare gli obbediscono?».

28 Giunto all'altra riva, nel paese dei Gadarèni, due
indemoniati, uscendo dai sepolcri, gli andarono incon-
tro; erano tanto furiosi che nessuno poteva passare per
quella strada. 29 Ed ecco, si misero a gridare: «Che vuoi
da noi, Figlio di Dio? Sei venuto qui a tormentarci pri-
ma del tempo?».

30 A qualche distanza da loro c'era una numerosa
mandria di porci al pascolo; 31 e i demòni lo scongiura-
vano dicendo: «Se ci scacci, mandaci nella mandria dei
porci». 32 Egli disse loro: «Andate!». Ed essi uscirono,
ed entrarono nei porci: ed ecco, tutta la mandria si pre-
cipitò giù dalla rupe nel mare e morirono nelle acque.

33 I mandriani allora fuggirono e, entrati in città, rac-
contarono ogni cosa e anche il fatto degli indemoniati.
34 Tutta la città allora uscì incontro a Gesù: quando lo
videro, lo pregarono di allontanarsi dal loro territorio.

9 1 Salito su una barca, passò all'altra riva e giunse
nella sua città. 2 Ed ecco, gli portavano un paralitico
disteso su un letto. Gesù, vedendo la loro fede, disse al
paralitico: «Coraggio, figlio, ti sono perdonati i pecca-
ti». 3 Allora alcuni scribi dissero fra sé: «Costui bestem-
mia». 4 Ma Gesù, conoscendo i loro pensieri, disse:
«Perché pensate cose malvagie nel vostro cuore?
5 Che cosa infatti è più facile: dire "Ti sono perdonati i
peccati", oppure dire "Àlzati e cammina"? 6 Ma, perché
sappiate che il Figlio dell'uomo ha il potere sulla terra
di perdonare i peccati: Àlzati – disse allora al paraliti-
co –, prendi il tuo letto e va' a casa tua». 7 Ed egli si alzò
e andò a casa sua. 8 Le folle, vedendo questo, furono
prese da timore e resero gloria a Dio che aveva dato
un tale potere agli uomini.

9 Andando via di là, Gesù vide un uomo, chiamato
Matteo, seduto al banco delle imposte, e gli disse: «Se-
guimi». Ed egli si alzò e lo seguì.

10 Mentre sedeva a tavola nella casa, sopraggiunsero
molti pubblicani e peccatori e se ne stavano a tavola
con Gesù e con i suoi discepoli. 11 Vedendo ciò, i farisei
dicevano ai suoi discepoli: «Come mai il vostro maestro
mangia insieme ai pubblicani e ai peccatori?». 12 Udito
questo, disse: «Non sono i sani che hanno bisogno del
medico, ma i malati. 13 Andate a imparare che cosa vuol
dire: *Misericordia io voglio e non sacrifici*. Io non sono
venuto infatti a chiamare i giusti, ma i peccatori».

14 Allora gli si avvicinarono i discepoli di Giovanni e
gli dissero: «Perché noi e i farisei digiuniamo molte
volte, mentre i tuoi discepoli non digiunano?». 15 E Ge-
sù disse loro: «Possono forse gli invitati a nozze essere

in lutto finché lo sposo è con loro? Ma verranno giorni
quando lo sposo sarà loro tolto, e allora digiuneranno.
16 Nessuno mette un pezzo di stoffa grezza su un vestito
vecchio, perché il rattoppo porta via qualcosa dal vesti-
to e lo strappo diventa peggiore. 17 Né si versa vino nuo-
vo in otri vecchi, altrimenti si spaccano gli otri e il vino
si spande e gli otri vanno perduti. Ma si versa vino nuo-
vo in otri nuovi, e così l'uno e gli altri si conservano».

18 Mentre diceva loro queste cose, giunse uno dei ca-
pi, gli si prostrò dinanzi e disse: «Mia figlia è morta
proprio ora; ma vieni, imponi la tua mano su di lei ed
ella vivrà». 19 Gesù si alzò e lo seguì con i suoi discepoli.

20 Ed ecco, una donna, che aveva perdite di sangue
da dodici anni, gli si avvicinò alle spalle e toccò il lembo
del suo mantello. 21 Diceva infatti tra sé: «Se riuscirò an-
che solo a toccare il suo mantello, sarò salvata». 22 Gesù
si voltò, la vide e disse: «Coraggio, figlia, la tua fede ti
ha salvata». E da quell'istante la donna fu salvata.

23 Arrivato poi nella casa del capo e veduti i flautisti e
la folla in agitazione, Gesù 24 disse: «Andate via! La
fanciulla infatti non è morta, ma dorme». E lo deride-
vano. 25 Ma dopo che la folla fu cacciata via, egli entrò,
le prese la mano e la fanciulla si alzò. 26 E questa notizia
si diffuse in tutta quella regione.

27 Mentre Gesù si allontanava di là, due ciechi lo se-
guirono gridando: «Figlio di Davide, abbi pietà di
noi!». 28 Entrato in casa, i ciechi gli si avvicinarono e
Gesù disse loro: «Credete che io possa fare questo?».
Gli risposero: «Sì, o Signore!». 29 Allora toccò loro gli
occhi e disse: «Avvenga per voi secondo la vostra fe-
de». 30 E si aprirono loro gli occhi. Quindi Gesù li am-

monì dicendo: «Badate che nessuno lo sappia!». 31Ma
essi, appena usciti, ne diffusero la notizia in tutta quel-
la regione.

32Usciti costoro, gli presentarono un muto indemo-
niato. 33E dopo che il demonio fu scacciato, quel muto
cominciò a parlare. E le folle, prese da stupore, diceva-
no: «Non si è mai vista una cosa simile in Israele!».
34Ma i farisei dicevano: «Egli scaccia i demòni per ope-
ra del principe dei demòni».

35Gesù percorreva tutte le città e i villaggi, insegnan-
do nelle loro sinagoghe, annunciando il vangelo del
Regno e guarendo ogni malattia e ogni infermità. 36Ve-
dendo le folle, ne sentì compassione, perché erano
stanche e sfinite *come pecore che non hanno pastore.*
37Allora disse ai suoi discepoli: «La messe è abbondan-
te, ma sono pochi gli operai! 38Pregate dunque il signo-
re della messe, perché mandi operai nella sua messe!».

10 1Chiamati a sé i suoi dodici discepoli, diede loro
potere sugli spiriti impuri per scacciarli e guarire
ogni malattia e ogni infermità.

2I nomi dei dodici apostoli sono: primo, Simone,
chiamato Pietro, e Andrea suo fratello; Giacomo, fi-
glio di Zebedeo, e Giovanni suo fratello; 3Filippo e
Bartolomeo; Tommaso e Matteo il pubblicano; Giaco-
mo, figlio di Alfeo, e Taddeo; 4Simone il Cananeo e
Giuda l'Iscariota, colui che poi lo tradì.

5Questi sono i Dodici che Gesù inviò, ordinando lo-
ro: «Non andate fra i pagani e non entrate nelle città
dei Samaritani; 6rivolgetevi piuttosto alle pecore per-
dute della casa d'Israele. 7Strada facendo, predicate,

dicendo che il regno dei cieli è vicino. [8]Guarite gli in-
fermi, risuscitate i morti, purificate i lebbrosi, scacciate
i demòni. Gratuitamente avete ricevuto, gratuitamente
date. [9]Non procuratevi oro né argento né denaro nelle
vostre cinture, [10]né sacca da viaggio, né due tuniche, né
sandali, né bastone, perché chi lavora ha diritto al suo
nutrimento.

[11]In qualunque città o villaggio entriate, domandate
chi là sia degno e rimanetevi finché non sarete partiti.
[12]Entrando nella casa, rivolgetele il saluto. [13]Se quella
casa ne è degna, la vostra pace scenda su di essa; ma se
non ne è degna, la vostra pace ritorni a voi. [14]Se qual-
cuno poi non vi accoglie e non dà ascolto alle vostre
parole, uscite da quella casa o da quella città e scuotete
la polvere dei vostri piedi. [15]In verità io vi dico: nel
giorno del giudizio la terra di Sòdoma e Gomorra sarà
trattata meno duramente di quella città.

[16]Ecco: io vi mando come pecore in mezzo a lupi; sia-
te dunque prudenti come i serpenti e semplici come le
colombe. [17]Guardatevi dagli uomini, perché vi conse-
gneranno ai tribunali e vi flagelleranno nelle loro sina-
goghe; [18]e sarete condotti davanti a governatori e re per
causa mia, per dare testimonianza a loro e ai pagani.
[19]Ma, quando vi consegneranno, non preoccupatevi di
come o di che cosa direte, perché vi sarà dato in quel-
l'ora ciò che dovrete dire: [20]infatti non siete voi a parla-
re, ma è lo Spirito del Padre vostro che parla in voi.

[21]Il fratello farà morire il fratello e il padre il figlio, e
i figli si alzeranno ad accusare i genitori e li uccideran-
no. [22]Sarete odiati da tutti a causa del mio nome. Ma
chi avrà perseverato fino alla fine sarà salvato. [23]Quan-

do sarete perseguitati in una città, fuggite in un'altra;
in verità io vi dico: non avrete finito di percorrere le
città d'Israele, prima che venga il Figlio dell'uomo.

24 Un discepolo non è più grande del maestro, né un
servo è più grande del suo signore; 25 è sufficiente per il
discepolo diventare come il suo maestro e per il servo
come il suo signore. Se hanno chiamato Beelzebùl il
padrone di casa, quanto più quelli della sua famiglia!

26 Non abbiate dunque paura di loro, poiché nulla vi
è di nascosto che non sarà svelato né di segreto che
non sarà conosciuto. 27 Quello che io vi dico nelle tene-
bre voi ditelo nella luce, e quello che ascoltate all'orec-
chio voi annunciatelo dalle terrazze. 28 E non abbiate
paura di quelli che uccidono il corpo, ma non hanno
potere di uccidere l'anima; abbiate paura piuttosto di
colui che ha il potere di far perire nella Geènna e l'ani-
ma e il corpo. 29 Due passeri non si vendono forse per
un soldo? Eppure nemmeno uno di essi cadrà a terra
senza il volere del Padre vostro. 30 Perfino i capelli del
vostro capo sono tutti contati. 31 Non abbiate dunque
paura: voi valete più di molti passeri!

32 Perciò chiunque mi riconoscerà davanti agli uo-
mini, anch'io lo riconoscerò davanti al Padre mio che
è nei cieli; 33 chi invece mi rinnegherà davanti agli uo-
mini, anch'io lo rinnegherò davanti al Padre mio che è
nei cieli.

34 Non crediate che io sia venuto a portare pace sulla
terra; sono venuto a portare non pace, ma spada. 35 So-
no infatti venuto a separare *l'uomo da suo padre* e *la*
figlia da sua madre e *la nuora da sua suocera*; 36 e *nemici*
dell'uomo saranno quelli della sua casa.

37 Chi ama padre o madre più di me, non è degno di
me; chi ama figlio o figlia più di me, non è degno di me;
38 chi non prende la propria croce e non mi segue, non è
degno di me. 39 Chi avrà tenuto per sé la propria vita, la
perderà, e chi avrà perduto la propria vita per causa
mia, la troverà.

40 Chi accoglie voi accoglie me, e chi accoglie me ac-
coglie colui che mi ha mandato. 41 Chi accoglie un pro-
feta perché è un profeta, avrà la ricompensa del profe-
ta, e chi accoglie un giusto perché è un giusto, avrà la
ricompensa del giusto. 42 Chi avrà dato da bere anche
un solo bicchiere d'acqua fresca a uno di questi piccoli
perché è un discepolo, in verità io vi dico: non perderà
la sua ricompensa».

11 1 Quando Gesù ebbe terminato di dare queste
istruzioni ai suoi dodici discepoli, partì di là per
insegnare e predicare nelle loro città.

2 Giovanni, che era in carcere, avendo sentito parla-
re delle opere del Cristo, per mezzo dei suoi discepoli
mandò 3 a dirgli: «Sei tu colui che deve venire o dobbia-
mo aspettare un altro?». 4 Gesù rispose loro: «Andate e
riferite a Giovanni ciò che udite e vedete: 5 *i ciechi riac-
quistano la vista*, gli zoppi camminano, i lebbrosi sono
purificati, *i sordi odono, i morti risuscitano*, ai poveri è
annunciato il Vangelo. 6 E beato è colui che non trova
in me motivo di scandalo!».

7 Mentre quelli se ne andavano, Gesù si mise a par-
lare di Giovanni alle folle: «Che cosa siete andati a ve-
dere nel deserto? Una canna sbattuta dal vento? 8 Allo-
ra, che cosa siete andati a vedere? Un uomo vestito con

abiti di lusso? Ecco, quelli che vestono abiti di lusso
stanno nei palazzi dei re! 9Ebbene, che cosa siete anda-
ti a vedere? Un profeta? Sì, io vi dico, anzi, più che un
profeta. 10Egli è colui del quale sta scritto:

Ecco, dinanzi a te *io mando il mio messaggero,*
davanti a te *egli preparerà la tua via.*

11In verità io vi dico: fra i nati da donna non è sorto
alcuno più grande di Giovanni il Battista; ma il più pic-
colo nel regno dei cieli è più grande di lui. 12Dai giorni
di Giovanni il Battista fino ad ora, il regno dei cieli su-
bisce violenza e i violenti se ne impadroniscono. 13Tutti
i Profeti e la Legge infatti hanno profetato fino a Gio-
vanni. 14E, se volete comprendere, è lui quell'Elia che
deve venire. 15Chi ha orecchi, ascolti!

16A chi posso paragonare questa generazione? È si-
mile a bambini che stanno seduti in piazza e, rivolti ai
compagni, gridano:

17"Vi abbiamo suonato il flauto
e non avete ballato,
abbiamo cantato un lamento
e non vi siete battuti il petto!".

18È venuto Giovanni, che non mangia e non beve, e
dicono: "È indemoniato". 19È venuto il Figlio dell'uo-
mo, che mangia e beve, e dicono: "Ecco, è un mangio-
ne e un beone, un amico di pubblicani e di peccatori".
Ma la sapienza è stata riconosciuta giusta per le opere
che essa compie».

20Allora si mise a rimproverare le città nelle quali era
avvenuta la maggior parte dei suoi prodigi, perché non
si erano convertite: 21«Guai a te, Corazìn! Guai a te,
Betsàida! Perché, se a Tiro e a Sidone fossero avvenuti

i prodigi che ci sono stati in mezzo a voi, già da tempo
esse, vestite di sacco e cosparse di cenere, si sarebbero
convertite. 22Ebbene, io vi dico: nel giorno del giudi-
zio, Tiro e Sidone saranno trattate meno duramente
di voi. 23E tu, Cafàrnao, sarai forse innalzata fino al cie-
lo? Fino agli inferi precipiterai! Perché, se a Sòdoma
fossero avvenuti i prodigi che ci sono stati in mezzo a
te, oggi essa esisterebbe ancora! 24Ebbene, io vi dico:
nel giorno del giudizio, la terra di Sòdoma sarà trattata
meno duramente di te!».

25In quel tempo Gesù disse: «Ti rendo lode, Padre,
Signore del cielo e della terra, perché hai nascosto que-
ste cose ai sapienti e ai dotti e le hai rivelate ai piccoli.
26Sì, o Padre, perché così hai deciso nella tua benevo-
lenza. 27Tutto è stato dato a me dal Padre mio; nessuno
conosce il Figlio se non il Padre, e nessuno conosce il
Padre se non il Figlio e colui al quale il Figlio vorrà
rivelarlo.

28Venite a me, voi tutti che siete stanchi e oppressi, e
io vi darò ristoro. 29Prendete il mio giogo sopra di voi e
imparate da me, che sono mite e umile di cuore, *e tro-
verete ristoro per la vostra vita.* 30Il mio giogo infatti è
dolce e il mio peso leggero».

12 1In quel tempo Gesù passò, in giorno di sabato,
fra campi di grano e i suoi discepoli ebbero fame
e cominciarono a cogliere delle spighe e a mangiarle.
2Vedendo ciò, i farisei gli dissero: «Ecco, i tuoi discepo-
li stanno facendo quello che non è lecito fare di saba-
to». 3Ma egli rispose loro: «Non avete letto quello che
fece Davide, quando lui e i suoi compagni ebbero fa-

me? [4]Egli entrò nella casa di Dio e mangiarono i pani
dell'offerta, che né a lui né ai suoi compagni era lecito
mangiare, ma ai soli sacerdoti. [5]O non avete letto nella
Legge che nei giorni di sabato i sacerdoti nel tempio
vìolano il sabato e tuttavia sono senza colpa? [6]Ora io
vi dico che qui vi è uno più grande del tempio. [7]Se ave-
ste compreso che cosa significhi: *Misericordia io voglio
e non sacrifici*, non avreste condannato persone senza
colpa. [8]Perché il Figlio dell'uomo è signore del sabato».

[9]Allontanatosi di là, andò nella loro sinagoga; [10]ed
ecco un uomo che aveva una mano paralizzata. Per ac-
cusarlo, domandarono a Gesù: «È lecito guarire in
giorno di sabato?». [11]Ed egli rispose loro: «Chi di voi,
se possiede una pecora e questa, in giorno di sabato,
cade in un fosso, non l'afferra e la tira fuori? [12]Ora,
un uomo vale ben più di una pecora! Perciò è lecito
in giorno di sabato fare del bene». [13]E disse all'uomo:
«Tendi la tua mano». Egli la tese e quella ritornò sana
come l'altra. [14]Allora i farisei uscirono e tennero consi-
glio contro di lui per farlo morire.

[15]Gesù però, avendolo saputo, si allontanò di là.
Molti lo seguirono ed egli li guarì tutti [16]e impose loro
di non divulgarlo, [17]perché si compisse ciò che era sta-
to detto per mezzo del profeta Isaia:

> [18]*Ecco il mio servo, che io ho scelto;*
> *il mio amato,*
> *nel quale ho posto il mio compiacimento.*
> *Porrò il mio spirito sopra di lui*
> *e annuncerà alle nazioni la giustizia.*
> [19]*Non contesterà né griderà*
> *né si udrà nelle piazze la sua voce.*

20 *Non spezzerà una canna già incrinata,*
non spegnerà una fiamma smorta,
finché non abbia fatto trionfare *la giustizia;*
21 *nel suo nome spereranno le nazioni*.

22 In quel tempo fu portato a Gesù un indemoniato,
cieco e muto, ed egli lo guarì, sicché il muto parlava e
vedeva. 23 Tutta la folla era sbalordita e diceva: «Che
non sia costui il figlio di Davide?». 24 Ma i farisei, uden-
do questo, dissero: «Costui non scaccia i demòni se
non per mezzo di Beelzebùl, capo dei demòni».
25 Egli però, conosciuti i loro pensieri, disse loro:
«Ogni regno diviso in se stesso cade in rovina e nessu-
na città o famiglia divisa in se stessa potrà restare in
piedi. 26 Ora, se Satana scaccia Satana, è diviso in se
stesso; come dunque il suo regno potrà restare in pie-
di? 27 E se io scaccio i demòni per mezzo di Beelzebùl, i
vostri figli per mezzo di chi li scacciano? Per questo
saranno loro i vostri giudici. 28 Ma, se io scaccio i demò-
ni per mezzo dello Spirito di Dio, allora è giunto a voi il
regno di Dio. 29 Come può uno entrare nella casa di un
uomo forte e rapire i suoi beni, se prima non lo lega?
Soltanto allora potrà saccheggiargli la casa. 30 Chi non è
con me è contro di me, e chi non raccoglie con me di-
sperde.
31 Perciò io vi dico: qualunque peccato e bestemmia
verrà perdonata agli uomini, ma la bestemmia contro
lo Spirito non verrà perdonata. 32 A chi parlerà contro il
Figlio dell'uomo, sarà perdonato; ma a chi parlerà con-
tro lo Spirito Santo, non sarà perdonato, né in questo
mondo né in quello futuro.
33 Prendete un albero buono, anche il suo frutto sarà

buono. Prendete un albero cattivo, anche il suo frutto
sarà cattivo: dal frutto infatti si conosce l'albero. 34Raz-
za di vipere, come potete dire cose buone, voi che siete
cattivi? La bocca infatti esprime ciò che dal cuore so-
vrabbonda. 35L'uomo buono dal suo buon tesoro trae
fuori cose buone, mentre l'uomo cattivo dal suo catti-
vo tesoro trae fuori cose cattive. 36Ma io vi dico: di ogni
parola vana che gli uomini diranno, dovranno rendere
conto nel giorno del giudizio; 37infatti in base alle tue
parole sarai giustificato e in base alle tue parole sarai
condannato».

38Allora alcuni scribi e farisei gli dissero: «Maestro,
da te vogliamo vedere un segno». 39Ed egli rispose lo-
ro: «Una generazione malvagia e adultera pretende un
segno! Ma non le sarà dato alcun segno, se non il segno
di Giona il profeta. 40Come infatti *Giona rimase tre
giorni e tre notti nel ventre del pesce*, così il Figlio del-
l'uomo resterà tre giorni e tre notti nel cuore della ter-
ra. 41Nel giorno del giudizio, quelli di Ninive si alze-
ranno contro questa generazione e la condanneranno,
perché essi alla predicazione di Giona si convertirono.
Ed ecco, qui vi è uno più grande di Giona! 42Nel gior-
no del giudizio, la regina del Sud si alzerà contro que-
sta generazione e la condannerà, perché ella venne da-
gli estremi confini della terra per ascoltare la sapienza
di Salomone. Ed ecco, qui vi è uno più grande di Salo-
mone!

43Quando lo spirito impuro esce dall'uomo, si aggi-
ra per luoghi deserti cercando sollievo, ma non ne tro-
va. 44Allora dice: "Ritornerò nella mia casa, da cui sono
uscito". E, venuto, la trova vuota, spazzata e adorna.

45 Allora va, prende con sé altri sette spiriti peggiori di
lui, vi entrano e vi prendono dimora; e l'ultima condi-
zione di quell'uomo diventa peggiore della prima. Così
avverrà anche a questa generazione malvagia».

46 Mentre egli parlava ancora alla folla, ecco, sua ma-
dre e i suoi fratelli stavano fuori e cercavano di parlar-
gli. 47 Qualcuno gli disse: «Ecco, tua madre e i tuoi fra-
telli stanno fuori e cercano di parlarti». 48 Ed egli, ri-
spondendo a chi gli parlava, disse: «Chi è mia madre
e chi sono i miei fratelli?». 49 Poi, tendendo la mano ver-
so i suoi discepoli, disse: «Ecco mia madre e i miei fra-
telli! 50 Perché chiunque fa la volontà del Padre mio
che è nei cieli, egli è per me fratello, sorella e madre».

13 1 Quel giorno Gesù uscì di casa e sedette in riva
al mare. 2 Si radunò attorno a lui tanta folla che
egli salì su una barca e si mise a sedere, mentre tutta la
folla stava sulla spiaggia.

3 Egli parlò loro di molte cose con parabole. E disse:
«Ecco, il seminatore uscì a seminare. 4 Mentre semina-
va, una parte cadde lungo la strada; vennero gli uccelli
e la mangiarono. 5 Un'altra parte cadde sul terreno sas-
soso, dove non c'era molta terra; germogliò subito,
perché il terreno non era profondo, 6 ma quando spun-
tò il sole, fu bruciata e, non avendo radici, seccò.
7 Un'altra parte cadde sui rovi, e i rovi crebbero e la
soffocarono. 8 Un'altra parte cadde sul terreno buono
e diede frutto: il cento, il sessanta, il trenta per uno.
9 Chi ha orecchi, ascolti».

10 Gli si avvicinarono allora i discepoli e gli dissero:
«Perché a loro parli con parabole?». 11 Egli rispose lo-

ro: «Perché a voi è dato conoscere i misteri del regno
dei cieli, ma a loro non è dato. 12Infatti a colui che ha,
verrà dato e sarà nell'abbondanza; ma a colui che non
ha, sarà tolto anche quello che ha. 13Per questo a loro
parlo con parabole: perché guardando non vedono,
udendo non ascoltano e non comprendono. 14Così si
compie per loro la profezia di Isaia che dice:

Udrete, sì, ma non comprenderete,
guarderete, sì, ma non vedrete.
15*Perché il cuore di questo popolo*
è diventato insensibile,
sono diventati duri di orecchi
e hanno chiuso gli occhi,
perché non vedano con gli occhi,
non ascoltino con gli orecchi
e non comprendano con il cuore
e non si convertano e io li guarisca!

16Beati invece i vostri occhi perché vedono e i vostri
orecchi perché ascoltano. 17In verità io vi dico: molti
profeti e molti giusti hanno desiderato vedere ciò che
voi guardate, ma non lo videro, e ascoltare ciò che voi
ascoltate, ma non lo ascoltarono!

18Voi dunque ascoltate la parabola del seminato-
re. 19Ogni volta che uno ascolta la parola del Regno
e non la comprende, viene il Maligno e ruba ciò che
è stato seminato nel suo cuore: questo è il seme se-
minato lungo la strada. 20Quello che è stato semina-
to sul terreno sassoso è colui che ascolta la Parola e
l'accoglie subito con gioia, 21ma non ha in sé radici ed
è incostante, sicché, appena giunge una tribolazione

o una persecuzione a causa della Parola, egli subito
viene meno. [22]Quello seminato tra i rovi è colui che
ascolta la Parola, ma la preoccupazione del mondo
e la seduzione della ricchezza soffocano la Parola ed
essa non dà frutto. [23]Quello seminato sul terreno buo-
no è colui che ascolta la Parola e la comprende; que-
sti dà frutto e produce il cento, il sessanta, il trenta
per uno».

[24]Espose loro un'altra parabola, dicendo: «Il regno
dei cieli è simile a un uomo che ha seminato del buon
seme nel suo campo. [25]Ma, mentre tutti dormivano,
venne il suo nemico, seminò della zizzania in mezzo al
grano e se ne andò. [26]Quando poi lo stelo crebbe e fece
frutto, spuntò anche la zizzania. [27]Allora i servi anda-
rono dal padrone di casa e gli dissero: "Signore, non
hai seminato del buon seme nel tuo campo? Da dove
viene la zizzania?". [28]Ed egli rispose loro: "Un nemico
ha fatto questo!". E i servi gli dissero: "Vuoi che andia-
mo a raccoglierla?". [29]"No, rispose, perché non succe-
da che, raccogliendo la zizzania, con essa sradichiate
anche il grano. [30]Lasciate che l'una e l'altro crescano
insieme fino alla mietitura e al momento della mietitu-
ra dirò ai mietitori: Raccogliete prima la zizzania e le-
gatela in fasci per bruciarla; il grano invece riponételo
nel mio granaio"».

[31]Espose loro un'altra parabola, dicendo: «Il regno
dei cieli è simile a un granello di senape, che un uomo
prese e seminò nel suo campo. [32]Esso è il più piccolo di
tutti i semi ma, una volta cresciuto, è più grande delle
altre piante dell'orto e diventa un albero, tanto che *gli
uccelli del cielo vengono a fare il nido fra i suoi rami*».

[33]Disse loro un'altra parabola: «Il regno dei cieli è
simile al lievito, che una donna prese e mescolò in tre
misure di farina, finché non fu tutta lievitata».

[34]Tutte queste cose Gesù disse alle folle con para-
bole e non parlava ad esse se non con parabole, [35]per-
ché si compisse ciò che era stato detto per mezzo del
profeta:

Aprirò la mia bocca con parabole,
proclamerò cose nascoste
fin dalla fondazione del mondo.

[36]Poi congedò la folla ed entrò in casa; i suoi disce-
poli gli si avvicinarono per dirgli: «Spiegaci la parabola
della zizzania nel campo». [37]Ed egli rispose: «Colui che
semina il buon seme è il Figlio dell'uomo. [38]Il campo è
il mondo e il seme buono sono i figli del Regno. La ziz-
zania sono i figli del Maligno [39]e il nemico che l'ha se-
minata è il diavolo. La mietitura è la fine del mondo e i
mietitori sono gli angeli. [40]Come dunque si raccoglie la
zizzania e la si brucia nel fuoco, così avverrà alla fine
del mondo. [41]Il Figlio dell'uomo manderà i suoi angeli,
i quali raccoglieranno dal suo regno tutti gli scandali e
tutti quelli che commettono iniquità [42]e *li getteranno
nella fornace ardente*, dove sarà pianto e stridore di
denti. [43]Allora i giusti splenderanno come il sole nel re-
gno del Padre loro. Chi ha orecchi, ascolti!

[44]Il regno dei cieli è simile a un tesoro nascosto nel
campo; un uomo lo trova e lo nasconde; poi va, pieno
di gioia, vende tutti i suoi averi e compra quel campo.

[45]Il regno dei cieli è simile anche a un mercante che
va in cerca di perle preziose; [46]trovata una perla di
grande valore, va, vende tutti i suoi averi e la compra.

47 Ancora, il regno dei cieli è simile a una rete gettata
nel mare, che raccoglie ogni genere di pesci. 48 Quando
è piena, i pescatori la tirano a riva, si mettono a sedere,
raccolgono i pesci buoni nei canestri e buttano via i
cattivi. 49 Così sarà alla fine del mondo. Verranno gli an-
geli e separeranno i cattivi dai buoni 50 e *li getteranno*
nella fornace ardente, dove sarà pianto e stridore di
denti.

51 Avete compreso tutte queste cose?». Gli risposе-
ro: «Sì». 52 Ed egli disse loro: «Per questo ogni scriba,
divenuto discepolo del regno dei cieli, è simile a un pa-
drone di casa che estrae dal suo tesoro cose nuove e
cose antiche».

53 Terminate queste parabole, Gesù partì di là. 54 Ve-
nuto nella sua patria, insegnava nella loro sinagoga e la
gente rimaneva stupita e diceva: «Da dove gli vengono
questa sapienza e i prodigi? 55 Non è costui il figlio del
falegname? E sua madre, non si chiama Maria? E i suoi
fratelli, Giacomo, Giuseppe, Simone e Giuda? 56 E le
sue sorelle, non stanno tutte da noi? Da dove gli vengo-
no allora tutte queste cose?». 57 Ed era per loro motivo
di scandalo. Ma Gesù disse loro: «Un profeta non è di-
sprezzato se non nella sua patria e in casa sua». 58 E lì, a
causa della loro incredulità, non fece molti prodigi.

14 1 In quel tempo al tetrarca Erode giunse notizia
della fama di Gesù. 2 Egli disse ai suoi cortigiani:
«Costui è Giovanni il Battista. È risorto dai morti e per
questo ha il potere di fare prodigi!».

3 Erode infatti aveva arrestato Giovanni e lo aveva
fatto incatenare e gettare in prigione a causa di Erodìa-

de, moglie di suo fratello Filippo. 4Giovanni infatti gli
diceva: «Non ti è lecito tenerla con te!». 5Erode, ben-
ché volesse farlo morire, ebbe paura della folla perché
lo considerava un profeta.

6Quando fu il compleanno di Erode, la figlia di Ero-
dìade danzò in pubblico e piacque tanto a Erode 7che
egli le promise con giuramento di darle quello che
avesse chiesto. 8Ella, istigata da sua madre, disse:
«Dammi qui, su un vassoio, la testa di Giovanni il Bat-
tista». 9Il re si rattristò, ma a motivo del giuramento e
dei commensali ordinò che le venisse data 10e mandò a
decapitare Giovanni nella prigione. 11La sua testa ven-
ne portata su un vassoio, fu data alla fanciulla e lei la
portò a sua madre. 12I suoi discepoli si presentarono a
prendere il cadavere, lo seppellirono e andarono a in-
formare Gesù.

13Avendo udito questo, Gesù partì di là su una barca
e si ritirò in un luogo deserto, in disparte. Ma le folle,
avendolo saputo, lo seguirono a piedi dalle città. 14Sce-
so dalla barca, egli vide una grande folla, sentì compas-
sione per loro e guarì i loro malati.

15Sul far della sera, gli si avvicinarono i discepoli e
gli dissero: «Il luogo è deserto ed è ormai tardi; conge-
da la folla perché vada nei villaggi a comprarsi da man-
giare». 16Ma Gesù disse loro: «Non occorre che vada-
no; voi stessi date loro da mangiare». 17Gli risposero:
«Qui non abbiamo altro che cinque pani e due pesci!».
18Ed egli disse: «Portatemeli qui». 19E, dopo aver ordi-
nato alla folla di sedersi sull'erba, prese i cinque pani e
i due pesci, alzò gli occhi al cielo, recitò la benedizione,
spezzò i pani e li diede ai discepoli, e i discepoli alla

folla. [20]Tutti mangiarono a sazietà, e portarono via i
pezzi avanzati: dodici ceste piene. [21]Quelli che avevano
mangiato erano circa cinquemila uomini, senza conta-
re le donne e i bambini.

[22]Subito dopo costrinse i discepoli a salire sulla bar-
ca e a precederlo sull'altra riva, finché non avesse con-
gedato la folla. [23]Congedata la folla, salì sul monte, in
disparte, a pregare. Venuta la sera, egli se ne stava las-
sù, da solo.

[24]La barca intanto distava già molte miglia da terra
ed era agitata dalle onde: il vento infatti era contrario.
[25]Sul finire della notte egli andò verso di loro cammi-
nando sul mare. [26]Vedendolo camminare sul mare, i di-
scepoli furono sconvolti e dissero: «È un fantasma!» e
gridarono dalla paura. [27]Ma subito Gesù parlò loro di-
cendo: «Coraggio, sono io, non abbiate paura!». [28]Pie-
tro allora gli rispose: «Signore, se sei tu, comandami di
venire verso di te sulle acque». [29]Ed egli disse: «Vie-
ni!». Pietro scese dalla barca, si mise a camminare sulle
acque e andò verso Gesù. [30]Ma, vedendo che il vento
era forte, s'impaurì e, cominciando ad affondare, gri-
dò: «Signore, salvami!». [31]E subito Gesù tese la mano,
lo afferrò e gli disse: «Uomo di poca fede, perché hai
dubitato?». [32]Appena saliti sulla barca, il vento cessò.
[33]Quelli che erano sulla barca si prostrarono davanti a
lui, dicendo: «Davvero tu sei Figlio di Dio!».

[34]Compiuta la traversata, approdarono a Gennèsa-
ret. [35]E la gente del luogo, riconosciuto Gesù, diffuse
la notizia in tutta la regione; gli portarono tutti i malati
[36]e lo pregavano di poter toccare almeno il lembo del
suo mantello. E quanti lo toccarono furono guariti.

15 1In quel tempo alcuni farisei e alcuni scribi, ve-
nuti da Gerusalemme, si avvicinarono a Gesù e
gli dissero: 2«Perché i tuoi discepoli trasgrediscono la
tradizione degli antichi? Infatti quando prendono cibo
non si lavano le mani!». 3Ed egli rispose loro: «E voi,
perché trasgredite il comandamento di Dio in nome
della vostra tradizione?
4Dio ha detto: *Onora il padre e la madre* e inoltre:
Chi maledice il padre o la madre sia messo a morte.
5Voi invece dite: "Chiunque dichiara al padre o alla
madre: Ciò con cui dovrei aiutarti è un'offerta a Dio,
6non è più tenuto a onorare suo padre". Così avete an-
nullato la parola di Dio con la vostra tradizione.
7Ipocriti! Bene ha profetato di voi Isaia, dicendo:

> 8*Questo popolo mi onora con le labbra,*
> *ma il suo cuore è lontano da me.*
> 9*Invano essi mi rendono culto,*
> *insegnando dottrine che sono precetti di uomini*».

10Poi, riunita la folla, disse loro: «Ascoltate e com-
prendete bene! 11Non ciò che entra nella bocca rende
impuro l'uomo; ciò che esce dalla bocca, questo rende
impuro l'uomo!».
12Allora i discepoli si avvicinarono per dirgli: «Sai
che i farisei, a sentire questa parola, si sono scandaliz-
zati?». 13Ed egli rispose: «Ogni pianta, che non è stata
piantata dal Padre mio celeste, verrà sradicata. 14La-
sciateli stare! Sono ciechi e guide di ciechi. E quando
un cieco guida un altro cieco, tutti e due cadranno in
un fosso!».
15Pietro allora gli disse: «Spiegaci questa parabola».
16Ed egli rispose: «Neanche voi siete ancora capaci di

comprendere? [17]Non capite che tutto ciò che entra
nella bocca, passa nel ventre e viene gettato in una fo-
gna? [18]Invece ciò che esce dalla bocca proviene dal
cuore. Questo rende impuro l'uomo. [19]Dal cuore, in-
fatti, provengono propositi malvagi, omicidi, adultèri,
impurità, furti, false testimonianze, calunnie. [20]Queste
sono le cose che rendono impuro l'uomo; ma il man-
giare senza lavarsi le mani non rende impuro l'uomo».

[21]Partito di là, Gesù si ritirò verso la zona di Tiro e
di Sidone. [22]Ed ecco, una donna cananea, che veniva
da quella regione, si mise a gridare: «Pietà di me, Si-
gnore, figlio di Davide! Mia figlia è molto tormentata
da un demonio». [23]Ma egli non le rivolse neppure una
parola. Allora i suoi discepoli gli si avvicinarono e lo
implorarono: «Esaudiscila, perché ci viene dietro gri-
dando!». [24]Egli rispose: «Non sono stato mandato se
non alle pecore perdute della casa d'Israele». [25]Ma
quella si avvicinò e si prostrò dinanzi a lui, dicendo:
«Signore, aiutami!». [26]Ed egli rispose: «Non è bene
prendere il pane dei figli e gettarlo ai cagnolini». [27]«È
vero, Signore – disse la donna –, eppure i cagnolini
mangiano le briciole che cadono dalla tavola dei loro
padroni». [28]Allora Gesù le replicò: «Donna, grande è
la tua fede! Avvenga per te come desideri». E da quel-
l'istante sua figlia fu guarita.

[29]Gesù si allontanò di là, giunse presso il mare di
Galilea e, salito sul monte, lì si fermò. [30]Attorno a lui
si radunò molta folla, recando con sé zoppi, storpi, cie-
chi, sordi e molti altri malati; li deposero ai suoi piedi,
ed egli li guarì, [31]tanto che la folla era piena di stupore
nel vedere i muti che parlavano, gli storpi guariti, gli

zoppi che camminavano e i ciechi che vedevano. E lo-
dava il Dio d'Israele.
32 Allora Gesù chiamò a sé i suoi discepoli e disse:
«Sento compassione per la folla. Ormai da tre giorni
stanno con me e non hanno da mangiare. Non voglio
rimandarli digiuni, perché non vengano meno lungo il
cammino». 33 E i discepoli gli dissero: «Come possiamo
trovare in un deserto tanti pani da sfamare una folla
così grande?». 34 Gesù domandò loro: «Quanti pani
avete?». Dissero: «Sette, e pochi pesciolini». 35 Dopo
aver ordinato alla folla di sedersi per terra, 36 prese i set-
te pani e i pesci, rese grazie, li spezzò e li dava ai disce-
poli, e i discepoli alla folla. 37 Tutti mangiarono a sazie-
tà. Portarono via i pezzi avanzati: sette sporte piene.
38 Quelli che avevano mangiato erano quattromila uo-
mini, senza contare le donne e i bambini. 39 Congedata
la folla, Gesù salì sulla barca e andò nella regione di
Magadàn.

16 1 I farisei e i sadducei si avvicinarono per metter-
lo alla prova e gli chiesero che mostrasse loro un
segno dal cielo. 2 Ma egli rispose loro: «Quando si fa
sera, voi dite: "Bel tempo, perché il cielo rosseggia";
3 e al mattino: "Oggi burrasca, perché il cielo è rosso
cupo". Sapete dunque interpretare l'aspetto del cielo
e non siete capaci di interpretare i segni dei tempi?
4 Una generazione malvagia e adultera pretende un se-
gno! Ma non le sarà dato alcun segno, se non il segno
di Giona». Li lasciò e se ne andò.
5 Nel passare all'altra riva, i discepoli avevano di-
menticato di prendere del pane. 6 Gesù disse loro: «Fa-

te attenzione e guardatevi dal lievito dei farisei e dei
sadducei». [7]Ma essi parlavano tra loro e dicevano:
«Non abbiamo preso del pane!». [8]Gesù se ne accorse
e disse: «Gente di poca fede, perché andate dicendo
tra voi che non avete pane? [9]Non capite ancora e non
ricordate i cinque pani per i cinquemila, e quante ceste
avete portato via? [10]E neppure i sette pani per i quat-
tromila, e quante sporte avete raccolto? [11]Come mai
non capite che non vi parlavo di pane? Guardatevi in-
vece dal lievito dei farisei e dei sadducei». [12]Allora essi
compresero che egli non aveva detto di guardarsi dal
lievito del pane, ma dall'insegnamento dei farisei e
dei sadducei.

[13]Gesù, giunto nella regione di Cesarèa di Filippo,
domandò ai suoi discepoli: «La gente, chi dice che sia
il Figlio dell'uomo?». [14]Risposero: «Alcuni dicono
Giovanni il Battista, altri Elia, altri Geremia o qualcu-
no dei profeti». [15]Disse loro: «Ma voi, chi dite che io
sia?». [16]Rispose Simon Pietro: «Tu sei il Cristo, il Figlio
del Dio vivente». [17]E Gesù gli disse: «Beato sei tu, Si-
mone, figlio di Giona, perché né carne né sangue te lo
hanno rivelato, ma il Padre mio che è nei cieli. [18]E io a
te dico: tu sei Pietro e su questa pietra edificherò la mia
Chiesa e le potenze degli inferi non prevarranno su di
essa. [19]A te darò le chiavi del regno dei cieli: tutto ciò
che legherai sulla terra sarà legato nei cieli, e tutto ciò
che scioglierai sulla terra sarà sciolto nei cieli». [20]Allora
ordinò ai discepoli di non dire ad alcuno che egli era il
Cristo.

[21]Da allora Gesù cominciò a spiegare ai suoi disce-
poli che doveva andare a Gerusalemme e soffrire mol-

to da parte degli anziani, dei capi dei sacerdoti e degli
scribi, e venire ucciso e risorgere il terzo giorno. 22Pie-
tro lo prese in disparte e si mise a rimproverarlo dicen-
do: «Dio non voglia, Signore; questo non ti accadrà
mai». 23Ma egli, voltandosi, disse a Pietro: «Va' dietro
a me, Satana! Tu mi sei di scandalo, perché non pensi
secondo Dio, ma secondo gli uomini!».

24Allora Gesù disse ai suoi discepoli: «Se qualcuno
vuole venire dietro a me, rinneghi se stesso, prenda la
sua croce e mi segua. 25Perché chi vuole salvare la pro-
pria vita, la perderà; ma chi perderà la propria vita per
causa mia, la troverà. 26Infatti quale vantaggio avrà un
uomo se guadagnerà il mondo intero, ma perderà la
propria vita? O che cosa un uomo potrà dare in cam-
bio della propria vita? 27Perché il Figlio dell'uomo sta
per venire nella gloria del Padre suo, con i suoi angeli,
e allora *renderà a ciascuno secondo le sue azioni.* 28In
verità io vi dico: vi sono alcuni tra i presenti che non
moriranno, prima di aver visto venire il Figlio dell'uo-
mo con il suo regno».

17 1Sei giorni dopo, Gesù prese con sé Pietro, Gia-
como e Giovanni suo fratello e li condusse in di-
sparte, su un alto monte. 2E fu trasfigurato davanti a
loro: il suo volto brillò come il sole e le sue vesti diven-
nero candide come la luce. 3Ed ecco, apparvero loro
Mosè ed Elia, che conversavano con lui. 4Prendendo
la parola, Pietro disse a Gesù: «Signore, è bello per
noi essere qui! Se vuoi, farò qui tre capanne, una per
te, una per Mosè e una per Elia». 5Egli stava ancora
parlando, quando una nube luminosa li coprì con la

sua ombra. Ed ecco una voce dalla nube che diceva:
«Questi è il Figlio mio, l'amato: in lui ho posto il mio
compiacimento. Ascoltatelo». 6 All'udire ciò, i discepo-
li caddero con la faccia a terra e furono presi da grande
timore. 7 Ma Gesù si avvicinò, li toccò e disse: «Alzatevi
e non temete». 8 Alzando gli occhi non videro nessuno,
se non Gesù solo.

9 Mentre scendevano dal monte, Gesù ordinò loro:
«Non parlate a nessuno di questa visione, prima che
il Figlio dell'uomo non sia risorto dai morti».

10 Allora i discepoli gli domandarono: «Perché dun-
que gli scribi dicono che *prima deve venire Elia*?». 11 Ed
egli rispose: «Sì, *verrà Elia e ristabilirà* ogni cosa. 12 Ma
io vi dico: Elia è già venuto e non l'hanno riconosciuto;
anzi, hanno fatto di lui quello che hanno voluto. Così
anche il Figlio dell'uomo dovrà soffrire per opera lo-
ro». 13 Allora i discepoli compresero che egli parlava lo-
ro di Giovanni il Battista.

14 Appena ritornati presso la folla, si avvicinò a Gesù
un uomo che gli si gettò in ginocchio 15 e disse: «Signo-
re, abbi pietà di mio figlio! È epilettico e soffre molto;
cade spesso nel fuoco e sovente nell'acqua. 16 L'ho por-
tato dai tuoi discepoli, ma non sono riusciti a guarir-
lo». 17 E Gesù rispose: «O generazione incredula e per-
versa! Fino a quando sarò con voi? Fino a quando do-
vrò sopportarvi? Portatelo qui da me». 18 Gesù lo
minacciò e il demonio uscì da lui, e da quel momento
il ragazzo fu guarito.

19 Allora i discepoli si avvicinarono a Gesù, in di-
sparte, e gli chiesero: «Perché noi non siamo riusciti a
scacciarlo?». 20 Ed egli rispose loro: «Per la vostra po-

ca fede. In verità io vi dico: se avrete fede pari a un
granello di senape, direte a questo monte: "Spòstati
da qui a là", ed esso si sposterà, e nulla vi sarà impossi-
bile». [21]
[22]Mentre si trovavano insieme in Galilea, Gesù disse
loro: «Il Figlio dell'uomo sta per essere consegnato
nelle mani degli uomini [23]e lo uccideranno, ma il terzo
giorno risorgerà». Ed essi furono molto rattristati.
[24]Quando furono giunti a Cafàrnao, quelli che ri-
scuotevano la tassa per il tempio si avvicinarono a Pie-
tro e gli dissero: «Il vostro maestro non paga la tassa?».
[25]Rispose: «Sì». Mentre entrava in casa, Gesù lo pre-
venne dicendo: «Che cosa ti pare, Simone? I re della
terra da chi riscuotono le tasse e i tributi? Dai propri
figli o dagli estranei?». [26]Rispose: «Dagli estranei». E
Gesù replicò: «Quindi i figli sono liberi. [27]Ma, per evi-
tare di scandalizzarli, va' al mare, getta l'amo e prendi
il primo pesce che viene su, aprigli la bocca e vi trove-
rai una moneta d'argento. Prendila e consegnala loro
per me e per te».

18 [1]In quel momento i discepoli si avvicinarono a
Gesù dicendo: «Chi dunque è più grande nel re-
gno dei cieli?». [2]Allora chiamò a sé un bambino, lo po-
se in mezzo a loro [3]e disse: «In verità io vi dico: se non
vi convertirete e non diventerete come i bambini, non
entrerete nel regno dei cieli. [4]Perciò chiunque si farà
piccolo come questo bambino, costui è il più grande
nel regno dei cieli. [5]E chi accoglierà un solo bambino
come questo nel mio nome, accoglie me.

6Chi invece scandalizzerà uno solo di questi piccoli che credono in me, gli conviene che gli venga appesa al collo una macina da mulino e sia gettato nel profondo del mare. 7Guai al mondo per gli scandali! È inevitabile che vengano scandali, ma guai all'uomo a causa del quale viene lo scandalo!

8Se la tua mano o il tuo piede ti è motivo di scandalo, taglialo e gettalo via da te. È meglio per te entrare nella vita monco o zoppo, anziché con due mani o due piedi essere gettato nel fuoco eterno. 9E se il tuo occhio ti è motivo di scandalo, cavalo e gettalo via da te. È meglio per te entrare nella vita con un occhio solo, anziché con due occhi essere gettato nella Geènna del fuoco.

10Guardate di non disprezzare uno solo di questi piccoli, perché io vi dico che i loro angeli nei cieli vedono sempre la faccia del Padre mio che è nei cieli. [11]

12Che cosa vi pare? Se un uomo ha cento pecore e una di loro si smarrisce, non lascerà le novantanove sui monti e andrà a cercare quella che si è smarrita? 13In verità io vi dico: se riesce a trovarla, si rallegrerà per quella più che per le novantanove che non si erano smarrite. 14Così è volontà del Padre vostro che è nei cieli, che neanche uno di questi piccoli si perda.

15Se il tuo fratello commetterà una colpa contro di te, va' e ammoniscilo fra te e lui solo; se ti ascolterà, avrai guadagnato il tuo fratello; 16se non ascolterà, prendi ancora con te una o due persone, perché *ogni cosa sia risolta sulla parola di due o tre testimoni.* 17Se poi non ascolterà costoro, dillo alla comunità; e se non ascolterà neanche la comunità, sia per te come il

pagano e il pubblicano. 18 In verità io vi dico: tutto
quello che legherete sulla terra sarà legato in cielo, e
tutto quello che scioglierete sulla terra sarà sciolto in
cielo.

19 In verità io vi dico ancora: se due di voi sulla terra
si metteranno d'accordo per chiedere qualunque cosa,
il Padre mio che è nei cieli gliela concederà. 20 Perché
dove sono due o tre riuniti nel mio nome, lì sono io in
mezzo a loro».

21 Allora Pietro gli si avvicinò e gli disse: «Signore, se
il mio fratello commette colpe contro di me, quante
volte dovrò perdonargli? Fino a sette volte?». 22 E Gesù
gli rispose: «Non ti dico fino a sette volte, ma fino a
settanta volte sette.

23 Per questo, il regno dei cieli è simile a un re che
volle regolare i conti con i suoi servi. 24 Aveva comincia-
to a regolare i conti, quando gli fu presentato un tale
che gli doveva diecimila talenti. 25 Poiché costui non
era in grado di restituire, il padrone ordinò che fosse
venduto lui con la moglie, i figli e quanto possedeva, e
così saldasse il debito. 26 Allora il servo, prostrato a ter-
ra, lo supplicava dicendo: "Abbi pazienza con me e ti
restituirò ogni cosa". 27 Il padrone ebbe compassione di
quel servo, lo lasciò andare e gli condonò il debito.

28 Appena uscito, quel servo trovò uno dei suoi com-
pagni, che gli doveva cento denari. Lo prese per il collo
e lo soffocava, dicendo: "Restituisci quello che devi!".
29 Il suo compagno, prostrato a terra, lo pregava dicen-
do: "Abbi pazienza con me e ti restituirò". 30 Ma egli
non volle, andò e lo fece gettare in prigione, fino a
che non avesse pagato il debito.

31Visto quello che accadeva, i suoi compagni furono
molto dispiaciuti e andarono a riferire al loro padrone
tutto l'accaduto. 32Allora il padrone fece chiamare
quell'uomo e gli disse: "Servo malvagio, io ti ho condo-
nato tutto quel debito perché tu mi hai pregato. 33Non
dovevi anche tu aver pietà del tuo compagno, così co-
me io ho avuto pietà di te?". 34Sdegnato, il padrone lo
diede in mano agli aguzzini, finché non avesse restitui-
to tutto il dovuto. 35Così anche il Padre mio celeste farà
con voi se non perdonerete di cuore, ciascuno al pro-
prio fratello».

19 1Terminati questi discorsi, Gesù lasciò la Galilea
e andò nella regione della Giudea, al di là del
Giordano. 2Molta gente lo seguì e là egli li guarì.

3Allora gli si avvicinarono alcuni farisei per metterlo
alla prova e gli chiesero: «È lecito a un uomo ripudiare
la propria moglie per qualsiasi motivo?». 4Egli rispose:
«Non avete letto che il Creatore da principio *li fece ma-*
schio e femmina 5e disse: *Per questo l'uomo lascerà il*
padre e la madre e si unirà a sua moglie e i due divente-
ranno una sola carne? 6Così non sono più due, ma una
sola carne. Dunque l'uomo non divida quello che Dio
ha congiunto». 7Gli domandarono: «Perché allora
Mosè ha ordinato di darle l'atto di ripudio e di ripu-
diarla?». 8Rispose loro: «Per la durezza del vostro cuo-
re Mosè vi ha permesso di ripudiare le vostre mogli;
all'inizio però non fu così. 9Ma io vi dico: chiunque ri-
pudia la propria moglie, se non in caso di unione ille-
gittima, e ne sposa un'altra, commette adulterio».

[10]Gli dissero i suoi discepoli: «Se questa è la situa-
zione dell'uomo rispetto alla donna, non conviene spo-
sarsi». [11]Egli rispose loro: «Non tutti capiscono questa
parola, ma solo coloro ai quali è stato concesso. [12]Infat-
ti vi sono eunuchi che sono nati così dal grembo della
madre, e ve ne sono altri che sono stati resi tali dagli
uomini, e ve ne sono altri ancora che si sono resi tali
per il regno dei cieli. Chi può capire, capisca».

[13]Allora gli furono portati dei bambini perché impo-
nesse loro le mani e pregasse; ma i discepoli li rimpro-
verarono. [14]Gesù però disse: «Lasciateli, non impedite
che i bambini vengano a me; a chi è come loro, infatti,
appartiene il regno dei cieli». [15]E, dopo avere imposto
loro le mani, andò via di là.

[16]Ed ecco, un tale si avvicinò e gli disse: «Maestro,
che cosa devo fare di buono per avere la vita eterna?».
[17]Gli rispose: «Perché mi interroghi su ciò che è buo-
no? Buono è uno solo. Se vuoi entrare nella vita, osser-
va i comandamenti». [18]Gli chiese: «Quali?». Gesù ri-
spose: «*Non ucciderai, non commetterai adulterio, non
ruberai, non testimonierai il falso*, [19]*onora il padre e la
madre* e *amerai il prossimo tuo come te stesso*». [20]Il gio-
vane gli disse: «Tutte queste cose le ho osservate; che
altro mi manca?». [21]Gli disse Gesù: «Se vuoi essere
perfetto, va', vendi quello che possiedi, dallo ai poveri
e avrai un tesoro nel cielo; e vieni! Seguimi!». [22]Udita
questa parola, il giovane se ne andò, triste; possedeva
infatti molte ricchezze.

[23]Gesù allora disse ai suoi discepoli: «In verità io vi
dico: difficilmente un ricco entrerà nel regno dei cieli.
[24]Ve lo ripeto: è più facile che un cammello passi per la

cruna di un ago, che un ricco entri nel regno di Dio».
25A queste parole i discepoli rimasero molto stupiti e
dicevano: «Allora, chi può essere salvato?». 26Gesù li
guardò e disse: «Questo è impossibile agli uomini, ma
a Dio tutto è possibile».
27Allora Pietro gli rispose: «Ecco, noi abbiamo la-
sciato tutto e ti abbiamo seguito; che cosa dunque ne
avremo?». 28E Gesù disse loro: «In verità io vi dico: voi
che mi avete seguito, quando il Figlio dell'uomo sarà
seduto sul trono della sua gloria, alla rigenerazione
del mondo, siederete anche voi su dodici troni a giudi-
care le dodici tribù d'Israele. 29Chiunque avrà lasciato
case, o fratelli, o sorelle, o padre, o madre, o figli, o
campi per il mio nome, riceverà cento volte tanto e
avrà in eredità la vita eterna. 30Molti dei primi saranno
ultimi e molti degli ultimi saranno primi.

20 1Il regno dei cieli è simile a un padrone di casa
che uscì all'alba per prendere a giornata lavora-
tori per la sua vigna. 2Si accordò con loro per un dena-
ro al giorno e li mandò nella sua vigna. 3Uscito poi ver-
so le nove del mattino, ne vide altri che stavano in piaz-
za, disoccupati, 4e disse loro: "Andate anche voi nella
vigna; quello che è giusto ve lo darò". 5Ed essi andaro-
no. Uscì di nuovo verso mezzogiorno, e verso le tre, e
fece altrettanto. 6Uscito ancora verso le cinque, ne vide
altri che se ne stavano lì e disse loro: "Perché ve ne sta-
te qui tutto il giorno senza far niente?". 7Gli risposero:
"Perché nessuno ci ha presi a giornata". Ed egli disse
loro: "Andate anche voi nella vigna".

8Quando fu sera, il padrone della vigna disse al suo
fattore: “Chiama i lavoratori e da’ loro la paga, inco-
minciando dagli ultimi fino ai primi”. 9Venuti quelli
delle cinque del pomeriggio, ricevettero ciascuno un
denaro. 10Quando arrivarono i primi, pensarono che
avrebbero ricevuto di più. Ma anch’essi ricevettero
ciascuno un denaro. 11Nel ritirarlo, però, mormorava-
no contro il padrone 12dicendo: “Questi ultimi hanno
lavorato un’ora soltanto e li hai trattati come noi, che
abbiamo sopportato il peso della giornata e il caldo”.
13Ma il padrone, rispondendo a uno di loro, disse:
“Amico, io non ti faccio torto. Non hai forse concorda-
to con me per un denaro? 14Prendi il tuo e vattene. Ma
io voglio dare anche a quest’ultimo quanto a te: 15non
posso fare delle mie cose quello che voglio? Oppure tu
sei invidioso perché io sono buono?”. 16Così gli ultimi
saranno primi e i primi, ultimi».

17Mentre saliva a Gerusalemme, Gesù prese in di-
sparte i dodici discepoli e lungo il cammino disse loro:
18«Ecco, noi saliamo a Gerusalemme e il Figlio dell’uo-
mo sarà consegnato ai capi dei sacerdoti e agli scribi; lo
condanneranno a morte 19e lo consegneranno ai paga-
ni perché venga deriso e flagellato e crocifisso, e il ter-
zo giorno risorgerà».

20Allora gli si avvicinò la madre dei figli di Zebedeo
con i suoi figli e si prostrò per chiedergli qualcosa.
21Egli le disse: «Che cosa vuoi?». Gli rispose: «Di’ che
questi miei due figli siedano uno alla tua destra e uno
alla tua sinistra nel tuo regno». 22Rispose Gesù: «Voi
non sapete quello che chiedete. Potete bere il calice
che io sto per bere?». Gli dicono: «Lo possiamo».

23 Ed egli disse loro: «Il mio calice, lo berrete; però se-
dere alla mia destra e alla mia sinistra non sta a me con-
cederlo: è per coloro per i quali il Padre mio lo ha pre-
parato».
24 Gli altri dieci, avendo sentito, si sdegnarono con i
due fratelli. 25 Ma Gesù li chiamò a sé e disse: «Voi sa-
pete che i governanti delle nazioni dóminano su di esse
e i capi le opprimono. 26 Tra voi non sarà così; ma chi
vuole diventare grande tra voi, sarà vostro servitore 27 e
chi vuole essere il primo tra voi, sarà vostro schiavo.
28 Come il Figlio dell'uomo, che non è venuto per farsi
servire, ma per servire e dare la propria vita in riscatto
per molti».
29 Mentre uscivano da Gerico, una grande folla lo se-
guì. 30 Ed ecco, due ciechi, seduti lungo la strada, sen-
tendo che passava Gesù, gridarono dicendo: «Signore,
figlio di Davide, abbi pietà di noi!». 31 La folla li rim-
proverava perché tacessero; ma essi gridavano ancora
più forte: «Signore, figlio di Davide, abbi pietà di
noi!». 32 Gesù si fermò, li chiamò e disse: «Che cosa vo-
lete che io faccia per voi?». 33 Gli risposero: «Signore,
che i nostri occhi si aprano!». 34 Gesù ebbe compassio-
ne, toccò loro gli occhi ed essi all'istante ricuperarono
la vista e lo seguirono.

21 1 Quando furono vicini a Gerusalemme e giunse-
ro presso Bètfage, verso il monte degli Ulivi, Ge-
sù mandò due discepoli, 2 dicendo loro: «Andate nel
villaggio di fronte a voi e subito troverete un'asina, le-
gata, e con essa un puledro. Slegateli e conduceteli da
me. 3 E se qualcuno vi dirà qualcosa, rispondete: "Il

Signore ne ha bisogno, ma li rimanderà indietro subi-
to"». [4]Ora questo avvenne perché si compisse ciò che
era stato detto per mezzo del profeta:

[5]*Dite alla figlia di Sion:*
Ecco, a te viene il tuo re,
mite, seduto su un'asina
e su un puledro, figlio di una bestia da soma.

[6]I discepoli andarono e fecero quello che aveva or-
dinato loro Gesù: [7]condussero l'asina e il puledro, mi-
sero su di essi i mantelli ed egli vi si pose a sedere. [8]La
folla, numerosissima, stese i propri mantelli sulla stra-
da, mentre altri tagliavano rami dagli alberi e li stende-
vano sulla strada. [9]La folla che lo precedeva e quella
che lo seguiva, gridava:

«*Osanna* al figlio di Davide!
Benedetto colui che viene nel nome del Signore!
Osanna nel più alto dei cieli!».

[10]Mentre egli entrava in Gerusalemme, tutta la città
fu presa da agitazione e diceva: «Chi è costui?». [11]E la
folla rispondeva: «Questi è il profeta Gesù, da Nàzaret
di Galilea».

[12]Gesù entrò nel tempio e scacciò tutti quelli che nel
tempio vendevano e compravano; rovesciò i tavoli dei
cambiamonete e le sedie dei venditori di colombe [13]e
disse loro: «Sta scritto:

La mia casa sarà chiamata casa di preghiera.
Voi invece ne fate *un covo di ladri*».

[14]Gli si avvicinarono nel tempio ciechi e storpi, ed
egli li guarì. [15]Ma i capi dei sacerdoti e gli scribi, veden-
do le meraviglie che aveva fatto e i fanciulli che accla-

mavano nel tempio: «Osanna al figlio di Davide!», si
sdegnarono, 16e gli dissero: «Non senti quello che di-
cono costoro?». Gesù rispose loro: «Sì! Non avete
mai letto:

Dalla bocca di bambini e di lattanti
hai tratto per te una lode?».

17Li lasciò, uscì fuori dalla città, verso Betània, e là
trascorse la notte.

18La mattina dopo, mentre rientrava in città, ebbe
fame. 19Vedendo un albero di fichi lungo la strada, gli
si avvicinò, ma non vi trovò altro che foglie, e gli disse:
«Mai più in eterno nasca un frutto da te!». E subito il
fico seccò. 20Vedendo ciò, i discepoli rimasero stupiti e
dissero: «Come mai l'albero di fichi è seccato in un
istante?». 21Rispose loro Gesù: «In verità io vi dico: se
avrete fede e non dubiterete, non solo potrete fare ciò
che ho fatto a quest'albero, ma, anche se direte a que-
sto monte: "Lèvati e gèttati nel mare", ciò avverrà. 22E
tutto quello che chiederete con fede nella preghiera, lo
otterrete».

23Entrò nel tempio e, mentre insegnava, gli si avvici-
narono i capi dei sacerdoti e gli anziani del popolo e
dissero: «Con quale autorità fai queste cose? E chi
ti ha dato questa autorità?». 24Gesù rispose loro: «An-
ch'io vi farò una sola domanda. Se mi rispondete, an-
ch'io vi dirò con quale autorità faccio questo. 25Il bat-
tesimo di Giovanni da dove veniva? Dal cielo o dagli
uomini?». Essi discutevano fra loro dicendo: «Se
diciamo: "Dal cielo", ci risponderà: "Perché allora
non gli avete creduto?". 26Se diciamo: "Dagli uomini",
abbiamo paura della folla, perché tutti considerano

Giovanni un profeta». 27Rispondendo a Gesù dis-
sero: «Non lo sappiamo». Allora anch'egli disse lo-
ro: «Neanch'io vi dico con quale autorità faccio queste
cose».

28«Che ve ne pare? Un uomo aveva due figli. Si ri-
volse al primo e disse: "Figlio, oggi va' a lavorare nella
vigna". 29Ed egli rispose: "Non ne ho voglia". Ma poi si
pentì e vi andò. 30Si rivolse al secondo e disse lo stesso.
Ed egli rispose: "Sì, signore". Ma non vi andò. 31Chi dei
due ha compiuto la volontà del padre?». Risposero: «Il
primo». E Gesù disse loro: «In verità io vi dico: i pub-
blicani e le prostitute vi passano avanti nel regno di
Dio. 32Giovanni infatti venne a voi sulla via della giusti-
zia, e non gli avete creduto; i pubblicani e le prostitute
invece gli hanno creduto. Voi, al contrario, avete visto
queste cose, ma poi non vi siete nemmeno pentiti così
da credergli.

33Ascoltate un'altra parabola: c'era un uomo che
possedeva un terreno e vi piantò una vigna. La circon-
dò con una siepe, vi scavò una buca per il torchio e
costruì una torre. La diede in affitto a dei contadini e
se ne andò lontano. 34Quando arrivò il tempo di racco-
gliere i frutti, mandò i suoi servi dai contadini a ritirare
il raccolto. 35Ma i contadini presero i servi e uno lo ba-
stonarono, un altro lo uccisero, un altro lo lapidarono.
36Mandò di nuovo altri servi, più numerosi dei primi,
ma li trattarono allo stesso modo. 37Da ultimo mandò
loro il proprio figlio dicendo: "Avranno rispetto per
mio figlio!". 38Ma i contadini, visto il figlio, dissero tra
loro: "Costui è l'erede. Su, uccidiamolo e avremo noi la
sua eredità!". 39Lo presero, lo cacciarono fuori dalla

vigna e lo uccisero. 40Quando verrà dunque il padrone
della vigna, che cosa farà a quei contadini?». 41Gli ri-
sposero: «Quei malvagi, li farà morire miseramente e
darà in affitto la vigna ad altri contadini, che gli conse-
gneranno i frutti a suo tempo».
42E Gesù disse loro: «Non avete mai letto nelle
Scritture:

La pietra che i costruttori hanno scartato
è diventata la pietra d'angolo;
questo è stato fatto dal Signore
ed è una meraviglia ai nostri occhi?

43Perciò io vi dico: a voi sarà tolto il regno di Dio e
sarà dato a un popolo che ne produca i frutti. 44Chi ca-
drà sopra questa pietra si sfracellerà; e colui sul quale
essa cadrà, verrà stritolato».
45Udite queste parabole, i capi dei sacerdoti e i fari-
sei capirono che parlava di loro. 46Cercavano di cattu-
rarlo, ma ebbero paura della folla, perché lo conside-
rava un profeta.

22 1Gesù riprese a parlare loro con parabole e dis-
se: 2«Il regno dei cieli è simile a un re, che fece
una festa di nozze per suo figlio. 3Egli mandò i suoi
servi a chiamare gli invitati alle nozze, ma questi non
volevano venire. 4Mandò di nuovo altri servi con que-
st'ordine: "Dite agli invitati: Ecco, ho preparato il mio
pranzo; i miei buoi e gli animali ingrassati sono già uc-
cisi e tutto è pronto; venite alle nozze!". 5Ma quelli non
se ne curarono e andarono chi al proprio campo, chi ai
propri affari; 6altri poi presero i suoi servi, li insultaro-

no e li uccisero. 7Allora il re si indignò: mandò le sue truppe, fece uccidere quegli assassini e diede alle fiamme la loro città. 8Poi disse ai suoi servi: "La festa di nozze è pronta, ma gli invitati non erano degni; 9andate ora ai crocicchi delle strade e tutti quelli che troverete, chiamateli alle nozze". 10Usciti per le strade, quei servi radunarono tutti quelli che trovarono, cattivi e buoni, e la sala delle nozze si riempì di commensali. 11Il re entrò per vedere i commensali e lì scorse un uomo che non indossava l'abito nuziale. 12Gli disse: "Amico, come mai sei entrato qui senza l'abito nuziale?". Quello ammutolì. 13Allora il re ordinò ai servi: "Legatelo mani e piedi e gettatelo fuori nelle tenebre; là sarà pianto e stridore di denti". 14Perché molti sono chiamati, ma pochi eletti».

15Allora i farisei se ne andarono e tennero consiglio per vedere come coglierlo in fallo nei suoi discorsi. 16Mandarono dunque da lui i propri discepoli, con gli erodiani, a dirgli: «Maestro, sappiamo che sei veritiero e insegni la via di Dio secondo verità. Tu non hai soggezione di alcuno, perché non guardi in faccia a nessuno. 17Dunque, di' a noi il tuo parere: è lecito, o no, pagare il tributo a Cesare?». 18Ma Gesù, conoscendo la loro malizia, rispose: «Ipocriti, perché volete mettermi alla prova? 19Mostratemi la moneta del tributo». Ed essi gli presentarono un denaro. 20Egli domandò loro: «Questa immagine e l'iscrizione, di chi sono?». 21Gli risposero: «Di Cesare». Allora disse loro: «Rendete dunque a Cesare quello che è di Cesare e a Dio quello che è di Dio». 22A queste parole rimasero meravigliati, lo lasciarono e se ne andarono.

23 In quello stesso giorno vennero da lui alcuni sad-
ducei – i quali dicono che non c'è risurrezione – e lo
interrogarono: 24 «Maestro, Mosè disse: *Se uno muore
senza figli, suo fratello ne sposerà la moglie e darà una
discendenza al proprio fratello.* 25 Ora, c'erano tra noi
sette fratelli; il primo, appena sposato, morì e, non
avendo discendenza, lasciò la moglie a suo fratello.
26 Così anche il secondo, e il terzo, fino al settimo. 27 Alla
fine, dopo tutti, morì la donna. 28 Alla risurrezione,
dunque, di quale dei sette lei sarà moglie? Poiché tutti
l'hanno avuta in moglie». 29 E Gesù rispose loro: «Vi
ingannate, perché non conoscete le Scritture e neppu-
re la potenza di Dio. 30 Alla risurrezione infatti non si
prende né moglie né marito, ma si è come angeli nel
cielo. 31 Quanto poi alla risurrezione dei morti, non
avete letto quello che vi è stato detto da Dio: 32 *Io sono
il Dio di Abramo, il Dio di Isacco e il Dio di Giacobbe*?
Non è il Dio dei morti, ma dei viventi!». 33 La folla,
udendo ciò, era stupita dal suo insegnamento.

34 Allora i farisei, avendo udito che egli aveva chiuso
la bocca ai sadducei, si riunirono insieme 35 e uno di lo-
ro, un dottore della Legge, lo interrogò per metterlo
alla prova: 36 «Maestro, nella Legge, qual è il grande co-
mandamento?». 37 Gli rispose: «*Amerai il Signore tuo
Dio con tutto il tuo cuore, con tutta la tua anima e con
tutta la tua mente.* 38 Questo è il grande e primo coman-
damento. 39 Il secondo poi è simile a quello: *Amerai il
tuo prossimo come te stesso.* 40 Da questi due comanda-
menti dipendono tutta la Legge e i Profeti».

41 Mentre i farisei erano riuniti insieme, Gesù chiese
loro: 42 «Che cosa pensate del Cristo? Di chi è figlio?».

Gli risposero: «Di Davide». 43Disse loro: «Come mai
allora Davide, mosso dallo Spirito, lo chiama Signore,
dicendo:

44Disse il Signore al mio Signore:
Siedi alla mia destra
finché io ponga i tuoi nemici
sotto i tuoi piedi?

45Se dunque Davide lo chiama Signore, come può
essere suo figlio?». 46Nessuno era in grado di rispon-
dergli e, da quel giorno, nessuno osò più interrogarlo.

23 1Allora Gesù si rivolse alla folla e ai suoi discepo-
li 2dicendo: «Sulla cattedra di Mosè si sono sedu-
ti gli scribi e i farisei. 3Praticate e osservate tutto ciò che
vi dicono, ma non agite secondo le loro opere, perché
essi dicono e non fanno. 4Legano infatti fardelli pesanti
e difficili da portare e li pongono sulle spalle della gen-
te, ma essi non vogliono muoverli neppure con un dito.
5Tutte le loro opere le fanno per essere ammirati dalla
gente: allargano i loro filattèri e allungano le frange; 6si
compiacciono dei posti d'onore nei banchetti, dei pri-
mi seggi nelle sinagoghe, 7dei saluti nelle piazze, come
anche di essere chiamati "rabbì" dalla gente.

8Ma voi non fatevi chiamare "rabbì", perché uno so-
lo è il vostro Maestro e voi siete tutti fratelli. 9E non
chiamate "padre" nessuno di voi sulla terra, perché
uno solo è il Padre vostro, quello celeste. 10E non fatevi
chiamare "guide", perché uno solo è la vostra Guida, il
Cristo. 11Chi tra voi è più grande, sarà vostro servo;
12chi invece si esalterà, sarà umiliato e chi si umilierà
sarà esaltato.

13 Guai a voi, scribi e farisei ipocriti, che chiudete il
regno dei cieli davanti alla gente; di fatto non entrate
voi, e non lasciate entrare nemmeno quelli che voglio-
no entrare. [14]

15 Guai a voi, scribi e farisei ipocriti, che percorrete il
mare e la terra per fare un solo prosèlito e, quando lo è
divenuto, lo rendete degno della Geènna due volte più
di voi.

16 Guai a voi, guide cieche, che dite: "Se uno giura
per il tempio, non conta nulla; se invece uno giura per
l'oro del tempio, resta obbligato". 17 Stolti e ciechi! Che
cosa è più grande: l'oro o il tempio che rende sacro l'o-
ro? 18 E dite ancora: "Se uno giura per l'altare, non con-
ta nulla; se invece uno giura per l'offerta che vi sta so-
pra, resta obbligato". 19 Ciechi! Che cosa è più grande:
l'offerta o l'altare che rende sacra l'offerta? 20 Ebbene,
chi giura per l'altare, giura per l'altare e per quanto vi
sta sopra; 21 e chi giura per il tempio, giura per il tempio
e per Colui che lo abita. 22 E chi giura per il cielo, giura
per il trono di Dio e per Colui che vi è assiso.

23 Guai a voi, scribi e farisei ipocriti, che pagate la
decima sulla menta, sull'anéto e sul cumìno, e trasgre-
dite le prescrizioni più gravi della Legge: la giustizia, la
misericordia e la fedeltà. Queste invece erano le cose
da fare, senza tralasciare quelle. 24 Guide cieche, che
filtrate il moscerino e ingoiate il cammello!

25 Guai a voi, scribi e farisei ipocriti, che pulite l'e-
sterno del bicchiere e del piatto, ma all'interno sono
pieni di avidità e d'intemperanza. 26 Fariseo cieco, puli-
sci prima l'interno del bicchiere, perché anche l'ester-
no diventi pulito!

27 Guai a voi, scribi e farisei ipocriti, che assomiglia-
te a sepolcri imbiancati: all'esterno appaiono belli, ma
dentro sono pieni di ossa di morti e di ogni marciu-
me. 28 Così anche voi: all'esterno apparite giusti davan-
ti alla gente, ma dentro siete pieni di ipocrisia e di ini-
quità.

29 Guai a voi, scribi e farisei ipocriti, che costruite le
tombe dei profeti e adornate i sepolcri dei giusti, 30 e
dite: "Se fossimo vissuti al tempo dei nostri padri,
non saremmo stati loro complici nel versare il sangue
dei profeti". 31 Così testimoniate, contro voi stessi, di
essere figli di chi uccise i profeti. 32 Ebbene, voi colmate
la misura dei vostri padri. 33 Serpenti, razza di vipere,
come potrete sfuggire alla condanna della Geènna?

34 Perciò ecco, io mando a voi profeti, sapienti e scri-
bi: di questi, alcuni li ucciderete e crocifiggerete, altri li
flagellerete nelle vostre sinagoghe e li perseguiterete di
città in città; 35 perché ricada su di voi tutto il sangue
innocente versato sulla terra, dal sangue di Abele il
giusto fino al sangue di Zaccaria, figlio di Barachia,
che avete ucciso tra il santuario e l'altare. 36 In verità
io vi dico: tutte queste cose ricadranno su questa gene-
razione.

37 Gerusalemme, Gerusalemme, tu che uccidi i pro-
feti e lapidi quelli che sono stati mandati a te, quante
volte ho voluto raccogliere i tuoi figli, come una chioc-
cia raccoglie i suoi pulcini sotto le ali, e voi non avete
voluto! 38 Ecco, la vostra casa è lasciata a voi deserta!
39 Vi dico infatti che non mi vedrete più, fino a quando
non direte:

Benedetto colui che viene nel nome del Signore!».

24 [1]Mentre Gesù, uscito dal tempio, se ne andava,
gli si avvicinarono i suoi discepoli per fargli os-
servare le costruzioni del tempio. [2]Egli disse loro:
«Non vedete tutte queste cose? In verità io vi dico:
non sarà lasciata qui pietra su pietra che non sarà di-
strutta».

[3]Al monte degli Ulivi poi, sedutosi, i discepoli gli si
avvicinarono e, in disparte, gli dissero: «Di' a noi
quando accadranno queste cose e quale sarà il segno
della tua venuta e della fine del mondo».

[4]Gesù rispose loro: «Badate che nessuno vi inganni!
[5]Molti infatti verranno nel mio nome, dicendo: "Io so-
no il Cristo", e trarranno molti in inganno. [6]E sentirete
di guerre e di rumori di guerre. Guardate di non allar-
marvi, perché deve avvenire, ma non è ancora la fine.
[7]Si solleverà infatti nazione contro nazione e regno
contro regno; vi saranno carestie e terremoti in vari
luoghi: [8]ma tutto questo è solo l'inizio dei dolori.

[9]Allora vi abbandoneranno alla tribolazione e vi uc-
cideranno, e sarete odiati da tutti i popoli a causa del
mio nome. [10]Molti ne resteranno scandalizzati, e si tra-
diranno e odieranno a vicenda. [11]Sorgeranno molti fal-
si profeti e inganneranno molti; [12]per il dilagare dell'i-
niquità, si raffredderà l'amore di molti. [13]Ma chi avrà
perseverato fino alla fine sarà salvato. [14]Questo vange-
lo del Regno sarà annunciato in tutto il mondo, perché
ne sia data testimonianza a tutti i popoli; e allora verrà
la fine.

[15]Quando dunque vedrete presente nel luogo santo
l'abominio della devastazione, di cui parlò il profeta
Daniele – chi legge, comprenda –, [16]allora quelli che

sono in Giudea fuggano sui monti, [17]chi si trova sulla
terrazza non scenda a prendere le cose di casa sua, [18]e
chi si trova nel campo non torni indietro a prendere il
suo mantello. [19]In quei giorni guai alle donne incinte e
a quelle che allattano!

[20]Pregate che la vostra fuga non accada d'inverno o
di sabato. [21]Poiché vi sarà allora una tribolazione gran-
de, quale non vi è mai stata dall'inizio del mondo fino
ad ora, né mai più vi sarà. [22]E se quei giorni non fossero
abbreviati, nessuno si salverebbe; ma, grazie agli eletti,
quei giorni saranno abbreviati.

[23]Allora, se qualcuno vi dirà: "Ecco, il Cristo è qui",
oppure: "È là", non credeteci; [24]perché sorgeranno fal-
si cristi e falsi profeti e faranno grandi segni e miracoli,
così da ingannare, se possibile, anche gli eletti. [25]Ecco,
io ve l'ho predetto.

[26]Se dunque vi diranno: "Ecco, è nel deserto", non
andateci; "Ecco, è in casa", non credeteci. [27]Infatti, co-
me la folgore viene da oriente e brilla fino a occidente,
così sarà la venuta del Figlio dell'uomo. [28]Dovunque
sia il cadavere, lì si raduneranno gli avvoltoi.

[29]Subito dopo la tribolazione di quei giorni,

il sole si oscurerà,
la luna non darà più la sua luce,
le stelle cadranno dal cielo
e le potenze dei cieli saranno sconvolte.

[30]Allora comparirà in cielo il segno del Figlio del-
l'uomo e allora si batteranno il petto tutte le tribù della
terra, e vedranno *il Figlio dell'uomo venire sulle nubi*
del cielo con grande potenza e gloria. [31]Egli manderà i
suoi angeli, con una grande tromba, ed essi raduneran-

no i suoi eletti dai quattro venti, da un estremo all'altro
dei cieli.

32Dalla pianta di fico imparate la parabola: quando
ormai il suo ramo diventa tenero e spuntano le foglie,
sapete che l'estate è vicina. 33Così anche voi: quando
vedrete tutte queste cose, sappiate che egli è vicino, è
alle porte. 34In verità io vi dico: non passerà questa ge-
nerazione prima che tutto questo avvenga. 35Il cielo e
la terra passeranno, ma le mie parole non passeranno.

36Quanto a quel giorno e a quell'ora, nessuno lo sa,
né gli angeli del cielo né il Figlio, ma solo il Padre.

37Come furono i giorni di Noè, così sarà la venuta
del Figlio dell'uomo. 38Infatti, come nei giorni che pre-
cedettero il diluvio mangiavano e bevevano, prendeva-
no moglie e prendevano marito, fino al giorno in cui
Noè entrò nell'arca, 39e non si accorsero di nulla finché
venne il diluvio e travolse tutti: così sarà anche la venu-
ta del Figlio dell'uomo. 40Allora due uomini saranno
nel campo: uno verrà portato via e l'altro lasciato.
41Due donne macineranno alla mola: una verrà portata
via e l'altra lasciata.

42Vegliate dunque, perché non sapete in quale gior-
no il Signore vostro verrà. 43Cercate di capire questo:
se il padrone di casa sapesse a quale ora della notte vie-
ne il ladro, veglierebbe e non si lascerebbe scassinare
la casa. 44Perciò anche voi tenetevi pronti perché, nel-
l'ora che non immaginate, viene il Figlio dell'uomo.

45Chi è dunque il servo fidato e prudente, che il pa-
drone ha messo a capo dei suoi domestici per dare loro
il cibo a tempo debito? 46Beato quel servo che il padro-
ne, arrivando, troverà ad agire così! 47Davvero io vi di-

co: lo metterà a capo di tutti i suoi beni. [48]Ma se quel
servo malvagio dicesse in cuor suo: “Il mio padrone
tarda”, [49]e cominciasse a percuotere i suoi compagni e
a mangiare e a bere con gli ubriaconi, [50]il padrone di
quel servo arriverà un giorno in cui non se l’aspetta e
a un’ora che non sa, [51]lo punirà severamente e gli in-
fliggerà la sorte che meritano gli ipocriti: là sarà pianto
e stridore di denti.

25 [1]Allora il regno dei cieli sarà simile a dieci vergi-
ni che presero le loro lampade e uscirono incon-
tro allo sposo. [2]Cinque di esse erano stolte e cinque
sagge; [3]le stolte presero le loro lampade, ma non prese-
ro con sé l’olio; [4]le sagge invece, insieme alle loro lam-
pade, presero anche l’olio in piccoli vasi. [5]Poiché lo
sposo tardava, si assopirono tutte e si addormentaro-
no. [6]A mezzanotte si alzò un grido: “Ecco lo sposo!
Andategli incontro!”. [7]Allora tutte quelle vergini si de-
starono e prepararono le loro lampade. [8]Le stolte dis-
sero alle sagge: “Dateci un po’ del vostro olio, perché
le nostre lampade si spengono”. [9]Le sagge risposero:
“No, perché non venga a mancare a noi e a voi; andate
piuttosto dai venditori e compratevene”. [10]Ora, mentre
quelle andavano a comprare l’olio, arrivò lo sposo e le
vergini che erano pronte entrarono con lui alle nozze,
e la porta fu chiusa. [11]Più tardi arrivarono anche le al-
tre vergini e incominciarono a dire: “Signore, signore,
aprici!”. [12]Ma egli rispose: “In verità io vi dico: non vi
conosco”. [13]Vegliate dunque, perché non sapete né il
giorno né l’ora.

[14]Avverrà infatti come a un uomo che, partendo per
un viaggio, chiamò i suoi servi e consegnò loro i suoi
beni. [15]A uno diede cinque talenti, a un altro due, a
un altro uno, secondo le capacità di ciascuno; poi par-
tì. Subito [16]colui che aveva ricevuto cinque talenti an-
dò a impiegarli, e ne guadagnò altri cinque. [17]Così an-
che quello che ne aveva ricevuti due, ne guadagnò altri
due. [18]Colui invece che aveva ricevuto un solo talento,
andò a fare una buca nel terreno e vi nascose il denaro
del suo padrone. [19]Dopo molto tempo il padrone di
quei servi tornò e volle regolare i conti con loro. [20]Si
presentò colui che aveva ricevuto cinque talenti e ne
portò altri cinque, dicendo: "Signore, mi hai consegna-
to cinque talenti; ecco, ne ho guadagnati altri cinque".
[21]"Bene, servo buono e fedele – gli disse il suo padro-
ne –, sei stato fedele nel poco, ti darò potere su molto;
prendi parte alla gioia del tuo padrone". [22]Si presentò
poi colui che aveva ricevuto due talenti e disse: "Signo-
re, mi hai consegnato due talenti; ecco, ne ho guada-
gnati altri due". [23]"Bene, servo buono e fedele – gli dis-
se il suo padrone –, sei stato fedele nel poco, ti darò
potere su molto; prendi parte alla gioia del tuo padro-
ne". [24]Si presentò infine anche colui che aveva ricevuto
un solo talento e disse: "Signore, so che sei un uomo
duro, che mieti dove non hai seminato e raccogli dove
non hai sparso. [25]Ho avuto paura e sono andato a na-
scondere il tuo talento sotto terra: ecco ciò che è tuo".
[26]Il padrone gli rispose: "Servo malvagio e pigro, tu sa-
pevi che mieto dove non ho seminato e raccolgo dove
non ho sparso; [27]avresti dovuto affidare il mio denaro
ai banchieri e così, ritornando, avrei ritirato il mio con

l'interesse. [28]Toglietegli dunque il talento, e datelo a
chi ha i dieci talenti. [29]Perché a chiunque ha, verrà dato
e sarà nell'abbondanza; ma a chi non ha, verrà tolto
anche quello che ha. [30]E il servo inutile gettatelo fuori
nelle tenebre; là sarà pianto e stridore di denti".

[31]Quando il Figlio dell'uomo verrà nella sua gloria,
e tutti gli angeli con lui, siederà sul trono della sua glo-
ria. [32]Davanti a lui verranno radunati tutti i popoli. Egli
separerà gli uni dagli altri, come il pastore separa le pe-
core dalle capre, [33]e porrà le pecore alla sua destra e le
capre alla sinistra. [34]Allora il re dirà a quelli che saran-
no alla sua destra: "Venite, benedetti del Padre mio,
ricevete in eredità il regno preparato per voi fin dalla
creazione del mondo, [35]perché ho avuto fame e mi ave-
te dato da mangiare, ho avuto sete e mi avete dato da
bere, ero straniero e mi avete accolto, [36]nudo e mi avete
vestito, malato e mi avete visitato, ero in carcere e siete
venuti a trovarmi". [37]Allora i giusti gli risponderanno:
"Signore, quando ti abbiamo visto affamato e ti abbia-
mo dato da mangiare, o assetato e ti abbiamo dato da
bere? [38]Quando mai ti abbiamo visto straniero e ti ab-
biamo accolto, o nudo e ti abbiamo vestito? [39]Quando
mai ti abbiamo visto malato o in carcere e siamo venuti
a visitarti?". [40]E il re risponderà loro: "In verità io vi
dico: tutto quello che avete fatto a uno solo di questi
miei fratelli più piccoli, l'avete fatto a me". [41]Poi dirà
anche a quelli che saranno alla sinistra: "Via, lontano
da me, maledetti, nel fuoco eterno, preparato per il
diavolo e per i suoi angeli, [42]perché ho avuto fame e
non mi avete dato da mangiare, ho avuto sete e non
mi avete dato da bere, [43]ero straniero e non mi avete

accolto, nudo e non mi avete vestito, malato e in carce-
re e non mi avete visitato”. 44Anch’essi allora risponde-
ranno: “Signore, quando ti abbiamo visto affamato o
assetato o straniero o nudo o malato o in carcere, e
non ti abbiamo servito?”. 45Allora egli risponderà loro:
“In verità io vi dico: tutto quello che non avete fatto a
uno solo di questi più piccoli, non l’avete fatto a me”.
46E se ne andranno: questi al supplizio eterno, i giusti
invece alla vita eterna».

26 1Terminati tutti questi discorsi, Gesù disse ai
suoi discepoli: 2«Voi sapete che fra due giorni è
la Pasqua e il Figlio dell’uomo sarà consegnato per es-
sere crocifisso».

3Allora i capi dei sacerdoti e gli anziani del popolo si
riunirono nel palazzo del sommo sacerdote, che si
chiamava Caifa, 4e tennero consiglio per catturare Ge-
sù con un inganno e farlo morire. 5Dicevano però:
«Non durante la festa, perché non avvenga una rivolta
fra il popolo».

6Mentre Gesù si trovava a Betània, in casa di Simo-
ne il lebbroso, 7gli si avvicinò una donna che aveva un
vaso di alabastro, pieno di profumo molto prezioso, e
glielo versò sul capo mentre egli stava a tavola. 8I disce-
poli, vedendo ciò, si sdegnarono e dissero: «Perché
questo spreco? 9Si poteva venderlo per molto denaro
e darlo ai poveri!». 10Ma Gesù se ne accorse e disse lo-
ro: «Perché infastidite questa donna? Ella ha compiu-
to un’azione buona verso di me. 11I poveri infatti li ave-
te sempre con voi, ma non sempre avete me. 12Versan-
do questo profumo sul mio corpo, lei lo ha fatto in

vista della mia sepoltura. [13]In verità io vi dico: dovun-
que sarà annunciato questo Vangelo, nel mondo inte-
ro, in ricordo di lei si dirà anche ciò che ella ha fatto».

[14]Allora uno dei Dodici, chiamato Giuda Iscariota,
andò dai capi dei sacerdoti [15]e disse: «Quanto volete
darmi perché io ve lo consegni?». E quelli gli fissarono
trenta monete d'argento. [16]Da quel momento cercava
l'occasione propizia per consegnarlo.

[17]Il primo giorno degli Azzimi, i discepoli si avvici-
narono a Gesù e gli dissero: «Dove vuoi che prepari-
amo per te, perché tu possa mangiare la Pasqua?». [18]Ed
egli rispose: «Andate in città da un tale e ditegli: "Il
Maestro dice: Il mio tempo è vicino; farò la Pasqua
da te con i miei discepoli"». [19]I discepoli fecero come
aveva loro ordinato Gesù, e prepararono la Pasqua.

[20]Venuta la sera, si mise a tavola con i Dodici.
[21]Mentre mangiavano, disse: «In verità io vi dico: uno
di voi mi tradirà». [22]Ed essi, profondamente rattristati,
cominciarono ciascuno a domandargli: «Sono forse io,
Signore?». [23]Ed egli rispose: «Colui che ha messo con
me la mano nel piatto, è quello che mi tradirà. [24]Il Fi-
glio dell'uomo se ne va, come sta scritto di lui; ma guai
a quell'uomo dal quale il Figlio dell'uomo viene tradi-
to! Meglio per quell'uomo se non fosse mai nato!».
[25]Giuda, il traditore, disse: «Rabbì, sono forse io?».
Gli rispose: «Tu l'hai detto».

[26]Ora, mentre mangiavano, Gesù prese il pane, reci-
tò la benedizione, lo spezzò e, mentre lo dava ai disce-
poli, disse: «Prendete, mangiate: questo è il mio cor-
po». [27]Poi prese il calice, rese grazie e lo diede loro,
dicendo: «Bevetene tutti, [28]perché questo è il mio san-

gue dell'alleanza, che è versato per molti per il perdo-
no dei peccati. 29 Io vi dico che d'ora in poi non berrò di
questo frutto della vite fino al giorno in cui lo berrò
nuovo con voi, nel regno del Padre mio».

30 Dopo aver cantato l'inno, uscirono verso il monte
degli Ulivi. 31 Allora Gesù disse loro: «Questa notte per
tutti voi sarò motivo di scandalo. Sta scritto infatti:

Percuoterò il pastore
e saranno disperse le pecore del gregge.

32 Ma, dopo che sarò risorto, vi precederò in Gali-
lea». 33 Pietro gli disse: «Se tutti si scandalizzeranno di
te, io non mi scandalizzerò mai». 34 Gli disse Gesù: «In
verità io ti dico: questa notte, prima che il gallo canti,
tu mi rinnegherai tre volte». 35 Pietro gli rispose: «An-
che se dovessi morire con te, io non ti rinnegherò». Lo
stesso dissero tutti i discepoli.

36 Allora Gesù andò con loro in un podere, chiamato
Getsèmani, e disse ai discepoli: «Sedetevi qui, mentre
io vado là a pregare». 37 E, presi con sé Pietro e i due
figli di Zebedeo, cominciò a provare tristezza e ango-
scia. 38 E disse loro: «*La mia anima è triste* fino alla mor-
te; restate qui e vegliate con me». 39 Andò un poco più
avanti, cadde faccia a terra e pregava, dicendo: «Padre
mio, se è possibile, passi via da me questo calice! Però
non come voglio io, ma come vuoi tu!». 40 Poi venne dai
discepoli e li trovò addormentati. E disse a Pietro:
«Così, non siete stati capaci di vegliare con me una sola
ora? 41 Vegliate e pregate, per non entrare in tentazio-
ne. Lo spirito è pronto, ma la carne è debole». 42 Si al-
lontanò una seconda volta e pregò dicendo: «Padre
mio, se questo calice non può passare via senza che io

lo beva, si compia la tua volontà». 43Poi venne e li trovò
di nuovo addormentati, perché i loro occhi si erano
fatti pesanti. 44Li lasciò, si allontanò di nuovo e pregò
per la terza volta, ripetendo le stesse parole. 45Poi si
avvicinò ai discepoli e disse loro: «Dormite pure e ri-
posatevi! Ecco, l'ora è vicina e il Figlio dell'uomo viene
consegnato in mano ai peccatori. 46Alzatevi, andiamo!
Ecco, colui che mi tradisce è vicino».

47Mentre ancora egli parlava, ecco arrivare Giuda,
uno dei Dodici, e con lui una grande folla con spade e
bastoni, mandata dai capi dei sacerdoti e dagli anziani
del popolo. 48Il traditore aveva dato loro un segno, di-
cendo: «Quello che bacerò, è lui; arrestatelo!». 49Subi-
to si avvicinò a Gesù e disse: «Salve, Rabbì!». E lo ba-
ciò. 50E Gesù gli disse: «Amico, per questo sei qui!».
Allora si fecero avanti, misero le mani addosso a Gesù
e lo arrestarono. 51Ed ecco, uno di quelli che erano con
Gesù impugnò la spada, la estrasse e colpì il servo del
sommo sacerdote, staccandogli un orecchio. 52Allora
Gesù gli disse: «Rimetti la tua spada al suo posto, per-
ché tutti quelli che prendono la spada, di spada mori-
ranno. 53O credi che io non possa pregare il Padre mio,
che metterebbe subito a mia disposizione più di dodici
legioni di angeli? 54Ma allora come si compirebbero le
Scritture, secondo le quali così deve avvenire?». 55In
quello stesso momento Gesù disse alla folla: «Come
se fossi un ladro siete venuti a prendermi con spade e
bastoni. Ogni giorno sedevo nel tempio a insegnare, e
non mi avete arrestato. 56Ma tutto questo è avvenuto
perché si compissero le Scritture dei profeti». Allora
tutti i discepoli lo abbandonarono e fuggirono.

[57]Quelli che avevano arrestato Gesù lo condussero
dal sommo sacerdote Caifa, presso il quale si erano
riuniti gli scribi e gli anziani. [58]Pietro intanto lo aveva
seguito, da lontano, fino al palazzo del sommo sacer-
dote; entrò e stava seduto fra i servi, per vedere come
sarebbe andata a finire.
[59]I capi dei sacerdoti e tutto il sinedrio cercavano
una falsa testimonianza contro Gesù, per metterlo a
morte; [60]ma non la trovarono, sebbene si fossero pre-
sentati molti falsi testimoni. Finalmente se ne presen-
tarono due, [61]che affermarono: «Costui ha dichiarato:
"Posso distruggere il tempio di Dio e ricostruirlo in tre
giorni"». [62]Il sommo sacerdote si alzò e gli disse: «Non
rispondi nulla? Che cosa testimoniano costoro contro
di te?». [63]Ma Gesù taceva. Allora il sommo sacerdote
gli disse: «Ti scongiuro, per il Dio vivente, di dirci se
sei tu il Cristo, il Figlio di Dio». [64]«Tu l'hai detto – gli
rispose Gesù –; anzi io vi dico:

d'ora innanzi vedrete il *Figlio dell'uomo*
seduto alla destra della Potenza
e venire sulle nubi del cielo».

[65]Allora il sommo sacerdote si stracciò le vesti di-
cendo: «Ha bestemmiato! Che bisogno abbiamo an-
cora di testimoni? Ecco, ora avete udito la bestemmia;
[66]che ve ne pare?». E quelli risposero: «È reo di mor-
te!».
[67]Allora gli sputarono in faccia e lo percossero; altri
lo schiaffeggiarono, [68]dicendo: «Fa' il profeta per noi,
Cristo! Chi è che ti ha colpito?».
[69]Pietro intanto se ne stava seduto fuori, nel cortile.
Una giovane serva gli si avvicinò e disse: «Anche tu eri

con Gesù, il Galileo!». 70 Ma egli negò davanti a tutti
dicendo: «Non capisco che cosa dici». 71 Mentre usciva
verso l'atrio, lo vide un'altra serva e disse ai presenti:
«Costui era con Gesù, il Nazareno». 72 Ma egli negò di
nuovo, giurando: «Non conosco quell'uomo!». 73 Do-
po un poco, i presenti si avvicinarono e dissero a Pie-
tro: «È vero, anche tu sei uno di loro: infatti il tuo ac-
cento ti tradisce!». 74 Allora egli cominciò a imprecare e
a giurare: «Non conosco quell'uomo!». E subito un
gallo cantò. 75 E Pietro si ricordò della parola di Gesù,
che aveva detto: «Prima che il gallo canti, tu mi rinne-
gherai tre volte». E, uscito fuori, pianse amaramente.

27 1 Venuto il mattino, tutti i capi dei sacerdoti e gli
anziani del popolo tennero consiglio contro Ge-
sù per farlo morire. 2 Poi lo misero in catene, lo condus-
sero via e lo consegnarono al governatore Pilato.
3 Allora Giuda – colui che lo tradì –, vedendo che
Gesù era stato condannato, preso dal rimorso, riportò
le trenta monete d'argento ai capi dei sacerdoti e agli
anziani, 4 dicendo: «Ho peccato, perché ho tradito san-
gue innocente». Ma quelli dissero: «A noi che impor-
ta? Pensaci tu!». 5 Egli allora, gettate le monete d'ar-
gento nel tempio, si allontanò e andò a impiccarsi. 6 I
capi dei sacerdoti, raccolte le monete, dissero: «Non
è lecito metterle nel tesoro, perché sono prezzo di san-
gue». 7 Tenuto consiglio, comprarono con esse il
«Campo del vasaio» per la sepoltura degli stranieri.
8 Perciò quel campo fu chiamato «Campo di sangue»
fino al giorno d'oggi. 9 Allora si compì quanto era stato

detto per mezzo del profeta Geremia: *E presero trenta
monete d'argento, il prezzo di colui che a tal prezzo fu
valutato* dai figli d'Israele, [10]e le diedero per il campo
del vasaio, *come* mi *aveva ordinato il Signore.*

[11]Gesù intanto comparve davanti al governatore, e il
governatore lo interrogò dicendo: «Sei tu il re dei Giu-
dei?». Gesù rispose: «Tu lo dici». [12]E mentre i capi dei
sacerdoti e gli anziani lo accusavano, non rispose nulla.
[13]Allora Pilato gli disse: «Non senti quante testimo-
nianze portano contro di te?». [14]Ma non gli rispose
neanche una parola, tanto che il governatore rimase
assai stupito.

[15]A ogni festa, il governatore era solito rimettere in
libertà per la folla un carcerato, a loro scelta. [16]In quel
momento avevano un carcerato famoso, di nome Ba-
rabba. [17]Perciò, alla gente che si era radunata, Pilato
disse: «Chi volete che io rimetta in libertà per voi: Ba-
rabba o Gesù, chiamato Cristo?». [18]Sapeva bene infatti
che glielo avevano consegnato per invidia.

[19]Mentre egli sedeva in tribunale, sua moglie gli
mandò a dire: «Non avere a che fare con quel giusto,
perché oggi, in sogno, sono stata molto turbata per
causa sua».

[20]Ma i capi dei sacerdoti e gli anziani persuasero la
folla a chiedere Barabba e a far morire Gesù. [21]Allora il
governatore domandò loro: «Di questi due, chi volete
che io rimetta in libertà per voi?». Quelli risposero:
«Barabba!». [22]Chiese loro Pilato: «Ma allora, che farò
di Gesù, chiamato Cristo?». Tutti risposero: «Sia cro-
cifisso!». [23]Ed egli disse: «Ma che male ha fatto?». Essi
allora gridavano più forte: «Sia crocifisso!».

24Pilato, visto che non otteneva nulla, anzi che il tu-
multo aumentava, prese dell'acqua e si lavò le mani da-
vanti alla folla, dicendo: «Non sono responsabile di
questo sangue. Pensateci voi!». 25E tutto il popolo ri-
spose: «Il suo sangue ricada su di noi e sui nostri figli».
26Allora rimise in libertà per loro Barabba e, dopo aver
fatto flagellare Gesù, lo consegnò perché fosse croci-
fisso.

27Allora i soldati del governatore condussero Gesù
nel pretorio e gli radunarono attorno tutta la truppa.
28Lo spogliarono, gli fecero indossare un mantello
scarlatto, 29intrecciarono una corona di spine, gliela
posero sul capo e gli misero una canna nella mano de-
stra. Poi, inginocchiandosi davanti a lui, lo derideva-
no: «Salve, re dei Giudei!». 30Sputandogli addosso,
gli tolsero di mano la canna e lo percuotevano sul ca-
po. 31Dopo averlo deriso, lo spogliarono del mantello e
gli rimisero le sue vesti, poi lo condussero via per cro-
cifiggerlo.

32Mentre uscivano, incontrarono un uomo di Cire-
ne, chiamato Simone, e lo costrinsero a portare la sua
croce.

33Giunti al luogo detto Gòlgota, che significa «Luo-
go del cranio», 34gli diedero da bere vino mescolato
con fiele. Egli lo assaggiò, ma non ne volle bere. 35Do-
po averlo crocifisso, *si divisero le* sue *vesti, tirandole a
sorte*. 36Poi, seduti, gli facevano la guardia. 37Al di so-
pra del suo capo posero il motivo scritto della sua con-
danna: «Costui è Gesù, il re dei Giudei».

38Insieme a lui vennero crocifissi due ladroni, uno a
destra e uno a sinistra.

39Quelli che passavano di lì lo insultavano, scuoten-
do il capo 40e dicendo: «Tu, che distruggi il tempio e in
tre giorni lo ricostruisci, salva te stesso, se tu sei Figlio
di Dio, e scendi dalla croce!». 41Così anche i capi dei
sacerdoti, con gli scribi e gli anziani, facendosi beffe di
lui dicevano: 42«Ha salvato altri e non può salvare se
stesso! È il re d'Israele; scenda ora dalla croce e crede-
remo in lui. 43*Ha confidato in Dio*; *lo liberi lui, ora, se gli
vuol bene*. Ha detto infatti: "Sono Figlio di Dio"!».
44Anche i ladroni crocifissi con lui lo insultavano allo
stesso modo.

45A mezzogiorno si fece buio su tutta la terra, fino
alle tre del pomeriggio. 46Verso le tre, Gesù gridò a
gran voce: «*Elì, Elì, lemà sabactàni?*», che significa:
«*Dio mio, Dio mio, perché mi hai abbandonato?*».
47Udendo questo, alcuni dei presenti dicevano: «Co-
stui chiama Elia». 48E subito uno di loro corse a pren-
dere una spugna, la inzuppò di aceto, la fissò su una
canna e gli dava da bere. 49Gli altri dicevano: «Lascia!
Vediamo se viene Elia a salvarlo!». 50Ma Gesù di nuo-
vo gridò a gran voce ed emise lo spirito.

51Ed ecco, il velo del tempio si squarciò in due, da
cima a fondo, la terra tremò, le rocce si spezzarono, 52i
sepolcri si aprirono e molti corpi di santi, che erano
morti, risuscitarono. 53Uscendo dai sepolcri, dopo la
sua risurrezione, entrarono nella città santa e apparve-
ro a molti.

54Il centurione, e quelli che con lui facevano la guar-
dia a Gesù, alla vista del terremoto e di quello che suc-
cedeva, furono presi da grande timore e dicevano:
«Davvero costui era Figlio di Dio!».

55 Vi erano là anche molte donne, che osservavano
da lontano; esse avevano seguito Gesù dalla Galilea
per servirlo. 56 Tra queste c'erano Maria di Màgdala,
Maria madre di Giacomo e di Giuseppe, e la madre
dei figli di Zebedeo.

57 Venuta la sera, giunse un uomo ricco, di Arimatea,
chiamato Giuseppe; anche lui era diventato discepolo
di Gesù. 58 Questi si presentò a Pilato e chiese il corpo
di Gesù. Pilato allora ordinò che gli fosse consegnato.
59 Giuseppe prese il corpo, lo avvolse in un lenzuolo
pulito 60 e lo depose nel suo sepolcro nuovo, che si era
fatto scavare nella roccia; rotolata poi una grande pie-
tra all'entrata del sepolcro, se ne andò. 61 Lì, sedute di
fronte alla tomba, c'erano Maria di Màgdala e l'altra
Maria.

62 Il giorno seguente, quello dopo la Parasceve, si
riunirono presso Pilato i capi dei sacerdoti e i farisei,
63 dicendo: «Signore, ci siamo ricordati che quell'impo-
store, mentre era vivo, disse: "Dopo tre giorni risorge-
rò". 64 Ordina dunque che la tomba venga vigilata fino
al terzo giorno, perché non arrivino i suoi discepoli, lo
rubino e poi dicano al popolo: "È risorto dai morti".
Così quest'ultima impostura sarebbe peggiore della
prima!». 65 Pilato disse loro: «Avete le guardie: andate
e assicurate la sorveglianza come meglio credete».
66 Essi andarono e, per rendere sicura la tomba, sigilla-
rono la pietra e vi lasciarono le guardie.

28 1 Dopo il sabato, all'alba del primo giorno della
settimana, Maria di Màgdala e l'altra Maria an-

darono a visitare la tomba. 2Ed ecco, vi fu un gran ter-
remoto. Un angelo del Signore, infatti, sceso dal cielo,
si avvicinò, rotolò la pietra e si pose a sedere su di essa.
3Il suo aspetto era come folgore e il suo vestito bianco
come neve. 4Per lo spavento che ebbero di lui, le guar-
die furono scosse e rimasero come morte. 5L'angelo
disse alle donne: «Voi non abbiate paura! So che cer-
cate Gesù, il crocifisso. 6Non è qui. È risorto, infatti,
come aveva detto; venite, guardate il luogo dove era
stato deposto. 7Presto, andate a dire ai suoi discepoli:
"È risorto dai morti, ed ecco, vi precede in Galilea; là
lo vedrete". Ecco, io ve l'ho detto».

8Abbandonato in fretta il sepolcro con timore e
gioia grande, le donne corsero a dare l'annuncio ai
suoi discepoli. 9Ed ecco, Gesù venne loro incontro e
disse: «Salute a voi!». Ed esse si avvicinarono, gli ab-
bracciarono i piedi e lo adorarono. 10Allora Gesù disse
loro: «Non temete; andate ad annunciare ai miei fratel-
li che vadano in Galilea: là mi vedranno».

11Mentre esse erano in cammino, ecco, alcune guar-
die giunsero in città e annunciarono ai capi dei sacer-
doti tutto quanto era accaduto. 12Questi allora si riuni-
rono con gli anziani e, dopo essersi consultati, diedero
una buona somma di denaro ai soldati, 13dicendo: «Di-
te così: "I suoi discepoli sono venuti di notte e l'hanno
rubato, mentre noi dormivamo". 14E se mai la cosa ve-
nisse all'orecchio del governatore, noi lo persuadere-
mo e vi libereremo da ogni preoccupazione». 15Quelli
presero il denaro e fecero secondo le istruzioni ricevu-
te. Così questo racconto si è divulgato fra i Giudei fino
ad oggi.

[16]Gli undici discepoli, intanto, andarono in Galilea,
sul monte che Gesù aveva loro indicato. [17]Quando lo
videro, si prostrarono. Essi però dubitarono. [18]Gesù si
avvicinò e disse loro: «A me è stato dato ogni potere in
cielo e sulla terra. [19]Andate dunque e fate discepoli tut-
ti i popoli, battezzandoli nel nome del Padre e del Fi-
glio e dello Spirito Santo, [20]insegnando loro a osserva-
re tutto ciò che vi ho comandato. Ed ecco, io sono con
voi tutti i giorni, fino alla fine del mondo».

VANGELO
SECONDO MARCO

1 1Inizio del vangelo di Gesù, Cristo, Figlio di Dio.
2Come sta scritto nel profeta Isaia:

Ecco, dinanzi a te io mando il mio messaggero:
egli preparerà la tua *via.*
3*Voce di uno che grida nel deserto:*
Preparate la via del Signore,
raddrizzate i suoi *sentieri*,

4vi fu Giovanni, che battezzava nel deserto e proclama-
va un battesimo di conversione per il perdono dei pec-
cati. 5Accorrevano a lui tutta la regione della Giudea e
tutti gli abitanti di Gerusalemme. E si facevano battez-
zare da lui nel fiume Giordano, confessando i loro pec-
cati. 6Giovanni era vestito di peli di cammello, con una
cintura di pelle attorno ai fianchi, e mangiava cavallette
e miele selvatico. 7E proclamava: «Viene dopo di me co-
lui che è più forte di me: io non sono degno di chinarmi
per slegare i lacci dei suoi sandali. 8Io vi ho battezzato
con acqua, ma egli vi battezzerà in Spirito Santo».

9Ed ecco, in quei giorni, Gesù venne da Nàzaret di
Galilea e fu battezzato nel Giordano da Giovanni. 10E
subito, uscendo dall'acqua, vide squarciarsi i cieli e lo
Spirito discendere verso di lui come una colomba. 11E
venne una voce dal cielo: «Tu sei il Figlio mio, l'amato:
in te ho posto il mio compiacimento».

12E subito lo Spirito lo sospinse nel deserto 13e nel
deserto rimase quaranta giorni, tentato da Satana. Sta-

va con le bestie selvatiche e gli angeli lo servivano.
[14]Dopo che Giovanni fu arrestato, Gesù andò nella
Galilea, proclamando il vangelo di Dio, [15]e diceva: «Il
tempo è compiuto e il regno di Dio è vicino; converti-
tevi e credete nel Vangelo».
[16]Passando lungo il mare di Galilea, vide Simone e
Andrea, fratello di Simone, mentre gettavano le reti in
mare; erano infatti pescatori. [17]Gesù disse loro: «Veni-
te dietro a me, vi farò diventare pescatori di uomini».
[18]E subito lasciarono le reti e lo seguirono. [19]Andando
un poco oltre, vide Giacomo, figlio di Zebedeo, e Gio-
vanni suo fratello, mentre anch'essi nella barca ripara-
vano le reti. [20]E subito li chiamò. Ed essi lasciarono il
loro padre Zebedeo nella barca con i garzoni e andaro-
no dietro a lui.
[21]Giunsero a Cafàrnao e subito Gesù, entrato di sa-
bato nella sinagoga, insegnava. [22]Ed erano stupiti del
suo insegnamento: egli infatti insegnava loro come
uno che ha autorità, e non come gli scribi. [23]Ed ecco,
nella loro sinagoga vi era un uomo posseduto da uno
spirito impuro e cominciò a gridare, [24]dicendo: «Che
vuoi da noi, Gesù Nazareno? Sei venuto a rovinarci?
Io so chi tu sei: il santo di Dio!». [25]E Gesù gli ordinò
severamente: «Taci! Esci da lui!». [26]E lo spirito impu-
ro, straziandolo e gridando forte, uscì da lui. [27]Tutti fu-
rono presi da timore, tanto che si chiedevano a vicen-
da: «Che è mai questo? Un insegnamento nuovo, dato
con autorità. Comanda persino agli spiriti impuri e gli
obbediscono!». [28]La sua fama si diffuse subito dovun-
que, in tutta la regione della Galilea.
[29]E subito, usciti dalla sinagoga, andarono nella casa

di Simone e Andrea, in compagnia di Giacomo e Gio-
vanni. 30 La suocera di Simone era a letto con la febbre
e subito gli parlarono di lei. 31 Egli si avvicinò e la fece
alzare prendendola per mano; la febbre la lasciò ed ella
li serviva.

32 Venuta la sera, dopo il tramonto del sole, gli porta-
vano tutti i malati e gli indemoniati. 33 Tutta la città era
riunita davanti alla porta. 34 Guarì molti che erano affet-
ti da varie malattie e scacciò molti demòni; ma non per-
metteva ai demòni di parlare, perché lo conoscevano.

35 Al mattino presto si alzò quando ancora era buio
e, uscito, si ritirò in un luogo deserto, e là pregava.
36 Ma Simone e quelli che erano con lui si misero sulle
sue tracce. 37 Lo trovarono e gli dissero: «Tutti ti cerca-
no!». 38 Egli disse loro: «Andiamocene altrove, nei vil-
laggi vicini, perché io predichi anche là; per questo in-
fatti sono venuto!». 39 E andò per tutta la Galilea, pre-
dicando nelle loro sinagoghe e scacciando i demòni.

40 Venne da lui un lebbroso, che lo supplicava in gi-
nocchio e gli diceva: «Se vuoi, puoi purificarmi!». 41 Ne
ebbe compassione, tese la mano, lo toccò e gli disse:
«Lo voglio, sii purificato!». 42 E subito la lebbra scom-
parve da lui ed egli fu purificato. 43 E, ammonendolo
severamente, lo cacciò via subito 44 e gli disse: «Guarda
di non dire niente a nessuno; va', invece, a mostrarti al
sacerdote e offri per la tua purificazione quello che
Mosè ha prescritto, come testimonianza per loro».
45 Ma quello si allontanò e si mise a proclamare e a di-
vulgare il fatto, tanto che Gesù non poteva più entrare
pubblicamente in una città, ma rimaneva fuori, in luo-
ghi deserti; e venivano a lui da ogni parte.

2 [1]Entrò di nuovo a Cafàrnao, dopo alcuni giorni. Si
seppe che era in casa [2]e si radunarono tante perso-
ne che non vi era più posto neanche davanti alla porta;
ed egli annunciava loro la Parola.
[3]Si recarono da lui portando un paralitico, sorretto
da quattro persone. [4]Non potendo però portarglielo
innanzi, a causa della folla, scoperchiarono il tetto nel
punto dove egli si trovava e, fatta un'apertura, calaro-
no la barella su cui era adagiato il paralitico. [5]Gesù, ve-
dendo la loro fede, disse al paralitico: «Figlio, ti sono
perdonati i peccati».
[6]Erano seduti là alcuni scribi e pensavano in cuor
loro: [7]«Perché costui parla così? Bestemmia! Chi può
perdonare i peccati, se non Dio solo?». [8]E subito Ge-
sù, conoscendo nel suo spirito che così pensavano tra
sé, disse loro: «Perché pensate queste cose nel vostro
cuore? [9]Che cosa è più facile: dire al paralitico "Ti sono
perdonati i peccati", oppure dire "Àlzati, prendi la tua
barella e cammina"? [10]Ora, perché sappiate che il Fi-
glio dell'uomo ha il potere di perdonare i peccati sulla
terra, [11]dico a te – disse al paralitico –: àlzati, prendi la
tua barella e va' a casa tua». [12]Quello si alzò e subito
presa la sua barella, sotto gli occhi di tutti se ne andò,
e tutti si meravigliarono e lodavano Dio, dicendo:
«Non abbiamo mai visto nulla di simile!».
[13]Uscì di nuovo lungo il mare; tutta la folla veniva a
lui ed egli insegnava loro. [14]Passando, vide Levi, il fi-
glio di Alfeo, seduto al banco delle imposte, e gli disse:
«Seguimi». Ed egli si alzò e lo seguì.
[15]Mentre stava a tavola in casa di lui, anche molti
pubblicani e peccatori erano a tavola con Gesù e i suoi

discepoli; erano molti infatti quelli che lo seguivano.
16 Allora gli scribi dei farisei, vedendolo mangiare con
i peccatori e i pubblicani, dicevano ai suoi discepoli:
«Perché mangia e beve insieme ai pubblicani e ai pec-
catori?». 17 Udito questo, Gesù disse loro: «Non sono i
sani che hanno bisogno del medico, ma i malati; io non
sono venuto a chiamare i giusti, ma i peccatori».

18 I discepoli di Giovanni e i farisei stavano facendo
un digiuno. Vennero da lui e gli dissero: «Perché i di-
scepoli di Giovanni e i discepoli dei farisei digiunano,
mentre i tuoi discepoli non digiunano?». 19 Gesù disse
loro: «Possono forse digiunare gli invitati a nozze,
quando lo sposo è con loro? Finché hanno lo sposo
con loro, non possono digiunare. 20 Ma verranno giorni
quando lo sposo sarà loro tolto: allora, in quel giorno,
digiuneranno. 21 Nessuno cuce un pezzo di stoffa grez-
za su un vestito vecchio; altrimenti il rattoppo nuovo
porta via qualcosa alla stoffa vecchia e lo strappo di-
venta peggiore. 22 E nessuno versa vino nuovo in otri
vecchi, altrimenti il vino spaccherà gli otri, e si perdo-
no vino e otri. Ma vino nuovo in otri nuovi!».

23 Avvenne che di sabato Gesù passava fra campi di
grano e i suoi discepoli, mentre camminavano, si mise-
ro a cogliere le spighe. 24 I farisei gli dicevano: «Guar-
da! Perché fanno in giorno di sabato quello che non è
lecito?». 25 Ed egli rispose loro: «Non avete mai letto
quello che fece Davide quando si trovò nel bisogno e
lui e i suoi compagni ebbero fame? 26 Sotto il sommo
sacerdote Abiatàr, entrò nella casa di Dio e mangiò i
pani dell'offerta, che non è lecito mangiare se non ai
sacerdoti, e ne diede anche ai suoi compagni!». 27 E di-

ceva loro: «Il sabato è stato fatto per l'uomo e non l'uo-
mo per il sabato! [28]Perciò il Figlio dell'uomo è signore
anche del sabato».

3 [1]Entrò di nuovo nella sinagoga. Vi era lì un uomo
che aveva una mano paralizzata, [2]e stavano a vedere
se lo guariva in giorno di sabato, per accusarlo. [3]Egli
disse all'uomo che aveva la mano paralizzata: «Àlzati,
vieni qui in mezzo!». [4]Poi domandò loro: «È lecito in
giorno di sabato fare del bene o fare del male, salvare
una vita o ucciderla?». Ma essi tacevano. [5]E guardan-
doli tutt'intorno con indignazione, rattristato per la
durezza dei loro cuori, disse all'uomo: «Tendi la ma-
no!». Egli la tese e la sua mano fu guarita. [6]E i farisei
uscirono subito con gli erodiani e tennero consiglio
contro di lui per farlo morire.

[7]Gesù, intanto, con i suoi discepoli si ritirò presso il
mare e lo seguì molta folla dalla Galilea. Dalla Giudea
[8]e da Gerusalemme, dall'Idumea e da oltre il Giordano
e dalle parti di Tiro e Sidone, una grande folla, senten-
do quanto faceva, andò da lui. [9]Allora egli disse ai suoi
discepoli di tenergli pronta una barca, a causa della
folla, perché non lo schiacciassero. [10]Infatti aveva gua-
rito molti, cosicché quanti avevano qualche male si
gettavano su di lui per toccarlo. [11]Gli spiriti impuri,
quando lo vedevano, cadevano ai suoi piedi e gridava-
no: «Tu sei il Figlio di Dio!». [12]Ma egli imponeva loro
severamente di non svelare chi egli fosse.

[13]Salì poi sul monte, chiamò a sé quelli che voleva ed
essi andarono da lui. [14]Ne costituì Dodici – che chia-
mò apostoli –, perché stessero con lui e per mandarli

a predicare [15]con il potere di scacciare i demòni. [16]Co-
stituì dunque i Dodici: Simone, al quale impose il no-
me di Pietro, [17]poi Giacomo, figlio di Zebedeo, e Gio-
vanni fratello di Giacomo, ai quali diede il nome di
Boanèrghes, cioè «figli del tuono»; [18]e Andrea, Filip-
po, Bartolomeo, Matteo, Tommaso, Giacomo, figlio
di Alfeo, Taddeo, Simone il Cananeo [19]e Giuda Isca-
riota, il quale poi lo tradì.

[20]Entrò in una casa e di nuovo si radunò una folla,
tanto che non potevano neppure mangiare. [21]Allora i
suoi, sentito questo, uscirono per andare a prenderlo;
dicevano infatti: «È fuori di sé».

[22]Gli scribi, che erano scesi da Gerusalemme, dice-
vano: «Costui è posseduto da Beelzebùl e scaccia i de-
mòni per mezzo del capo dei demòni». [23]Ma egli li
chiamò e con parabole diceva loro: «Come può Satana
scacciare Satana? [24]Se un regno è diviso in se stesso,
quel regno non potrà restare in piedi; [25]se una casa è
divisa in se stessa, quella casa non potrà restare in pie-
di. [26]Anche Satana, se si ribella contro se stesso ed è
diviso, non può restare in piedi, ma è finito. [27]Nessuno
può entrare nella casa di un uomo forte e rapire i suoi
beni, se prima non lo lega. Soltanto allora potrà sac-
cheggiargli la casa. [28]In verità io vi dico: tutto sarà per-
donato ai figli degli uomini, i peccati e anche tutte le
bestemmie che diranno; [29]ma chi avrà bestemmiato
contro lo Spirito Santo non sarà perdonato in eterno:
è reo di colpa eterna». [30]Poiché dicevano: «È possedu-
to da uno spirito impuro».

[31]Giunsero sua madre e i suoi fratelli e, stando fuori,
mandarono a chiamarlo. [32]Attorno a lui era seduta una

folla, e gli dissero: «Ecco, tua madre, i tuoi fratelli e le
tue sorelle stanno fuori e ti cercano». 33Ma egli rispose
loro: «Chi è mia madre e chi sono i miei fratelli?». 34Gi-
rando lo sguardo su quelli che erano seduti attorno a
lui, disse: «Ecco mia madre e i miei fratelli! 35Perché
chi fa la volontà di Dio, costui per me è fratello, sorella
e madre».

4 1Cominciò di nuovo a insegnare lungo il mare. Si
riunì attorno a lui una folla enorme, tanto che egli,
salito su una barca, si mise a sedere stando in mare,
mentre tutta la folla era a terra lungo la riva. 2Insegna-
va loro molte cose con parabole e diceva loro nel suo
insegnamento: 3«Ascoltate. Ecco, il seminatore uscì a
seminare. 4Mentre seminava, una parte cadde lungo
la strada; vennero gli uccelli e la mangiarono. 5Un'altra
parte cadde sul terreno sassoso, dove non c'era molta
terra; e subito germogliò perché il terreno non era pro-
fondo, 6ma quando spuntò il sole, fu bruciata e, non
avendo radici, seccò. 7Un'altra parte cadde tra i rovi,
e i rovi crebbero, la soffocarono e non diede frutto.
8Altre parti caddero sul terreno buono e diedero frut-
to: spuntarono, crebbero e resero il trenta, il sessanta,
il cento per uno». 9E diceva: «Chi ha orecchi per ascol-
tare, ascolti!».

10Quando poi furono da soli, quelli che erano intor-
no a lui insieme ai Dodici lo interrogavano sulle para-
bole. 11Ed egli diceva loro: «A voi è stato dato il mistero
del regno di Dio; per quelli che sono fuori invece tutto
avviene in parabole, 12affinché

guardino, sì, ma non vedano,
ascoltino, sì, ma non comprendano,
perché non si convertano e venga loro perdonato».

13 E disse loro: «Non capite questa parabola, e come
potrete comprendere tutte le parabole? 14 Il seminatore
semina la Parola. 15 Quelli lungo la strada sono coloro
nei quali viene seminata la Parola, ma, quando l'ascol-
tano, subito viene Satana e porta via la Parola seminata
in loro. 16 Quelli seminati sul terreno sassoso sono co-
loro che, quando ascoltano la Parola, subito l'accolgo-
no con gioia, 17 ma non hanno radice in se stessi, sono
incostanti e quindi, al sopraggiungere di qualche tri-
bolazione o persecuzione a causa della Parola, subito
vengono meno. 18 Altri sono quelli seminati tra i rovi:
questi sono coloro che hanno ascoltato la Parola,
19 ma sopraggiungono le preoccupazioni del mondo e
la seduzione della ricchezza e tutte le altre passioni,
soffocano la Parola e questa rimane senza frutto. 20 Al-
tri ancora sono quelli seminati sul terreno buono: sono
coloro che ascoltano la Parola, l'accolgono e portano
frutto: il trenta, il sessanta, il cento per uno».

21 Diceva loro: «Viene forse la lampada per essere
messa sotto il moggio o sotto il letto? O non invece
per essere messa sul candelabro? 22 Non vi è infatti nul-
la di segreto che non debba essere manifestato e nulla
di nascosto che non debba essere messo in luce. 23 Se
uno ha orecchi per ascoltare, ascolti!».

24 Diceva loro: «Fate attenzione a quello che ascolta-
te. Con la misura con la quale misurate sarà misurato a
voi; anzi, vi sarà dato di più. 25 Perché a chi ha, sarà da-
to; ma a chi non ha, sarà tolto anche quello che ha».

26Diceva: «Così è il regno di Dio: come un uomo che
getta il seme sul terreno; 27dorma o vegli, di notte o di
giorno, il seme germoglia e cresce. Come, egli stesso
non lo sa. 28Il terreno produce spontaneamente prima
lo stelo, poi la spiga, poi il chicco pieno nella spiga; 29e
quando il frutto è maturo, subito egli manda la falce,
perché è arrivata la mietitura».

30Diceva: «A che cosa possiamo paragonare il regno
di Dio o con quale parabola possiamo descriverlo? 31È
come un granello di senape che, quando viene semina-
to sul terreno, è il più piccolo di tutti i semi che sono
sul terreno; 32ma, quando viene seminato, cresce e di-
venta più grande di tutte le piante dell'orto e fa rami
così grandi che *gli uccelli del cielo possono fare il nido*
alla sua ombra».

33Con molte parabole dello stesso genere annuncia-
va loro la Parola, come potevano intendere. 34Senza
parabole non parlava loro ma, in privato, ai suoi disce-
poli spiegava ogni cosa.

35In quel medesimo giorno, venuta la sera, disse lo-
ro: «Passiamo all'altra riva». 36E, congedata la folla, lo
presero con sé, così com'era, nella barca. C'erano an-
che altre barche con lui. 37Ci fu una grande tempesta di
vento e le onde si rovesciavano nella barca, tanto che
ormai era piena. 38Egli se ne stava a poppa, sul cuscino,
e dormiva. Allora lo svegliarono e gli dissero: «Mae-
stro, non t'importa che siamo perduti?». 39Si destò, mi-
nacciò il vento e disse al mare: «Taci, calmati!». Il ven-
to cessò e ci fu grande bonaccia. 40Poi disse loro: «Per-
ché avete paura? Non avete ancora fede?». 41E furono
presi da grande timore e si dicevano l'un l'altro: «Chi è

dunque costui, che anche il vento e il mare gli obbe-
discono?».

5 1Giunsero all'altra riva del mare, nel paese dei Ge-
rasèni. 2Sceso dalla barca, subito dai sepolcri gli
venne incontro un uomo posseduto da uno spirito im-
puro. 3Costui aveva la sua dimora fra le tombe e nessu-
no riusciva a tenerlo legato, neanche con catene, 4per-
ché più volte era stato legato con ceppi e catene, ma
aveva spezzato le catene e spaccato i ceppi, e nessuno
riusciva più a domarlo. 5Continuamente, notte e gior-
no, fra le tombe e sui monti, gridava e si percuoteva
con pietre. 6Visto Gesù da lontano, accorse, gli si gettò
ai piedi 7e, urlando a gran voce, disse: «Che vuoi da
me, Gesù, Figlio del Dio altissimo? Ti scongiuro, in
nome di Dio, non tormentarmi!». 8Gli diceva infatti:
«Esci, spirito impuro, da quest'uomo!». 9E gli doman-
dò: «Qual è il tuo nome?». «Il mio nome è Legione –
gli rispose – perché siamo in molti». 10E lo scongiurava
con insistenza perché non li cacciasse fuori dal paese.
11C'era là, sul monte, una numerosa mandria di porci
al pascolo. 12E lo scongiurarono: «Mandaci da quei
porci, perché entriamo in essi». 13Glielo permise. E
gli spiriti impuri, dopo essere usciti, entrarono nei por-
ci e la mandria si precipitò giù dalla rupe nel mare; era-
no circa duemila e affogarono nel mare.

14I loro mandriani allora fuggirono, portarono la
notizia nella città e nelle campagne e la gente venne a
vedere che cosa fosse accaduto. 15Giunsero da Gesù,
videro l'indemoniato seduto, vestito e sano di mente,
lui che era stato posseduto dalla Legione, ed ebbero

paura. 16 Quelli che avevano visto, spiegarono loro che
cosa era accaduto all'indemoniato e il fatto dei porci.
17 Ed essi si misero a pregarlo di andarsene dal loro ter-
ritorio.

18 Mentre risaliva nella barca, colui che era stato in-
demoniato lo supplicava di poter restare con lui. 19 Non
glielo permise, ma gli disse: «Va' nella tua casa, dai
tuoi, annuncia loro ciò che il Signore ti ha fatto e la
misericordia che ha avuto per te». 20 Egli se ne andò e
si mise a proclamare per la Decàpoli quello che Gesù
aveva fatto per lui e tutti erano meravigliati.

21 Essendo Gesù passato di nuovo in barca all'altra
riva, gli si radunò attorno molta folla ed egli stava lun-
go il mare. 22 E venne uno dei capi della sinagoga, di
nome Giàiro, il quale, come lo vide, gli si gettò ai piedi
23 e lo supplicò con insistenza: «La mia figlioletta sta
morendo: vieni a imporle le mani, perché sia salvata e
viva». 24 Andò con lui. Molta folla lo seguiva e gli si
stringeva intorno.

25 Ora una donna, che aveva perdite di sangue da do-
dici anni 26 e aveva molto sofferto per opera di molti
medici, spendendo tutti i suoi averi senza alcun van-
taggio, anzi piuttosto peggiorando, 27 udito parlare di
Gesù, venne tra la folla e da dietro toccò il suo mantel-
lo. 28 Diceva infatti: «Se riuscirò anche solo a toccare le
sue vesti, sarò salvata». 29 E subito le si fermò il flusso di
sangue e sentì nel suo corpo che era guarita dal male.

30 E subito Gesù, essendosi reso conto della forza
che era uscita da lui, si voltò alla folla dicendo: «Chi
ha toccato le mie vesti?». 31 I suoi discepoli gli dissero:
«Tu vedi la folla che si stringe intorno a te e dici: "Chi

mi ha toccato?"». 32 Egli guardava attorno, per vedere colei che aveva fatto questo. 33 E la donna, impaurita e tremante, sapendo ciò che le era accaduto, venne, gli si gettò davanti e gli disse tutta la verità. 34 Ed egli le disse: «Figlia, la tua fede ti ha salvata. Va' in pace e sii guarita dal tuo male».

35 Stava ancora parlando, quando dalla casa del capo della sinagoga vennero a dire: «Tua figlia è morta. Perché disturbi ancora il Maestro?». 36 Ma Gesù, udito quanto dicevano, disse al capo della sinagoga: «Non temere, soltanto abbi fede!». 37 E non permise a nessuno di seguirlo, fuorché a Pietro, Giacomo e Giovanni, fratello di Giacomo. 38 Giunsero alla casa del capo della sinagoga ed egli vide trambusto e gente che piangeva e urlava forte. 39 Entrato, disse loro: «Perché vi agitate e piangete? La bambina non è morta, ma dorme». 40 E lo deridevano. Ma egli, cacciati tutti fuori, prese con sé il padre e la madre della bambina e quelli che erano con lui ed entrò dove era la bambina. 41 Prese la mano della bambina e le disse: «*Talità kum*», che significa: «Fanciulla, io ti dico: àlzati!». 42 E subito la fanciulla si alzò e camminava; aveva infatti dodici anni. Essi furono presi da grande stupore. 43 E raccomandò loro con insistenza che nessuno venisse a saperlo e disse di darle da mangiare.

6 1 Partì di là e venne nella sua patria e i suoi discepoli lo seguirono. 2 Giunto il sabato, si mise a insegnare nella sinagoga. E molti, ascoltando, rimanevano stupiti e dicevano: «Da dove gli vengono queste cose? E che sapienza è quella che gli è stata data? E i prodigi come

quelli compiuti dalle sue mani? [3]Non è costui il fale-
gname, il figlio di Maria, il fratello di Giacomo, di Io-
ses, di Giuda e di Simone? E le sue sorelle, non stanno
qui da noi?». Ed era per loro motivo di scandalo. [4]Ma
Gesù disse loro: «Un profeta non è disprezzato se non
nella sua patria, tra i suoi parenti e in casa sua». [5]E lì
non poteva compiere nessun prodigio, ma solo impose
le mani a pochi malati e li guarì. [6]E si meravigliava della
loro incredulità.

Gesù percorreva i villaggi d'intorno, insegnando.

[7]Chiamò a sé i Dodici e prese a mandarli a due a due
e dava loro potere sugli spiriti impuri. [8]E ordinò loro di
non prendere per il viaggio nient'altro che un bastone:
né pane, né sacca, né denaro nella cintura; [9]ma di cal-
zare sandali e di non portare due tuniche. [10]E diceva
loro: «Dovunque entriate in una casa, rimanetevi fin-
ché non sarete partiti di lì. [11]Se in qualche luogo non vi
accogliessero e non vi ascoltassero, andatevene e scuo-
tete la polvere sotto i vostri piedi come testimonianza
per loro». [12]Ed essi, partiti, proclamarono che la gente
si convertisse, [13]scacciavano molti demòni, ungevano
con olio molti infermi e li guarivano.

[14]Il re Erode sentì parlare di Gesù, perché il suo no-
me era diventato famoso. Si diceva: «Giovanni il Batti-
sta è risorto dai morti e per questo ha il potere di fare
prodigi». [15]Altri invece dicevano: «È Elia». Altri anco-
ra dicevano: «È un profeta, come uno dei profeti».
[16]Ma Erode, al sentirne parlare, diceva: «Quel Giovan-
ni che io ho fatto decapitare, è risorto!».

[17]Proprio Erode, infatti, aveva mandato ad arrestare
Giovanni e lo aveva messo in prigione a causa di Ero-

dìade, moglie di suo fratello Filippo, perché l'aveva
sposata. [18]Giovanni infatti diceva a Erode: «Non ti è
lecito tenere con te la moglie di tuo fratello». [19]Per
questo Erodìade lo odiava e voleva farlo uccidere, ma
non poteva, [20]perché Erode temeva Giovanni, sapen-
dolo uomo giusto e santo, e vigilava su di lui; nell'a-
scoltarlo restava molto perplesso, tuttavia lo ascoltava
volentieri.

[21]Venne però il giorno propizio, quando Erode, per
il suo compleanno, fece un banchetto per i più alti fun-
zionari della sua corte, gli ufficiali dell'esercito e i no-
tabili della Galilea. [22]Entrata la figlia della stessa Ero-
dìade, danzò e piacque a Erode e ai commensali. Allo-
ra il re disse alla fanciulla: «Chiedimi quello che vuoi e
io te lo darò». [23]E le giurò più volte: «Qualsiasi cosa mi
chiederai, te la darò, fosse anche la metà del mio re-
gno». [24]Ella uscì e disse alla madre: «Che cosa devo
chiedere?». Quella rispose: «La testa di Giovanni il
Battista». [25]E subito, entrata di corsa dal re, fece la ri-
chiesta, dicendo: «Voglio che tu mi dia adesso, su un
vassoio, la testa di Giovanni il Battista». [26]Il re, fattosi
molto triste, a motivo del giuramento e dei commensali
non volle opporle un rifiuto. [27]E subito il re mandò una
guardia e ordinò che gli fosse portata la testa di Gio-
vanni. La guardia andò, lo decapitò in prigione [28]e ne
portò la testa su un vassoio, la diede alla fanciulla e la
fanciulla la diede a sua madre. [29]I discepoli di Giovan-
ni, saputo il fatto, vennero, ne presero il cadavere e lo
posero in un sepolcro.

[30]Gli apostoli si riunirono attorno a Gesù e gli rife-
rirono tutto quello che avevano fatto e quello che ave-

vano insegnato. [31]Ed egli disse loro: «Venite in dispar-
te, voi soli, in un luogo deserto, e riposatevi un po'».
Erano infatti molti quelli che andavano e venivano e
non avevano neanche il tempo di mangiare. [32]Allora
andarono con la barca verso un luogo deserto, in di-
sparte. [33]Molti però li videro partire e capirono, e da
tutte le città accorsero là a piedi e li precedettero.

[34]Sceso dalla barca, egli vide una grande folla, ebbe
compassione di loro, perché erano *come pecore che
non hanno pastore*, e si mise a insegnare loro molte co-
se. [35]Essendosi ormai fatto tardi, gli si avvicinarono i
suoi discepoli dicendo: «Il luogo è deserto ed è ormai
tardi; [36]congedali, in modo che, andando per le campa-
gne e i villaggi dei dintorni, possano comprarsi da
mangiare». [37]Ma egli rispose loro: «Voi stessi date loro
da mangiare». Gli dissero: «Dobbiamo andare a com-
prare duecento denari di pane e dare loro da mangia-
re?». [38]Ma egli disse loro: «Quanti pani avete? Andate
a vedere». Si informarono e dissero: «Cinque, e due
pesci». [39]E ordinò loro di farli sedere tutti, a gruppi,
sull'erba verde. [40]E sedettero, a gruppi di cento e di
cinquanta. [41]Prese i cinque pani e i due pesci, alzò gli
occhi al cielo, recitò la benedizione, spezzò i pani e li
dava ai suoi discepoli perché li distribuissero a loro; e
divise i due pesci fra tutti. [42]Tutti mangiarono a sazietà,
[43]e dei pezzi di pane portarono via dodici ceste piene e
quanto restava dei pesci. [44]Quelli che avevano mangia-
to i pani erano cinquemila uomini.

[45]E subito costrinse i suoi discepoli a salire sulla bar-
ca e a precederlo sull'altra riva, a Betsàida, finché non
avesse congedato la folla. [46]Quando li ebbe congedati,

andò sul monte a pregare. [47]Venuta la sera, la barca era
in mezzo al mare ed egli, da solo, a terra. [48]Vedendoli
però affaticati nel remare, perché avevano il vento con-
trario, sul finire della notte egli andò verso di loro,
camminando sul mare, e voleva oltrepassarli. [49]Essi,
vedendolo camminare sul mare, pensarono: «È un fan-
tasma!», e si misero a gridare, [50]perché tutti lo avevano
visto e ne erano rimasti sconvolti. Ma egli subito parlò
loro e disse: «Coraggio, sono io, non abbiate paura!».
[51]E salì sulla barca con loro e il vento cessò. E dentro di
sé erano fortemente meravigliati, [52]perché non aveva-
no compreso il fatto dei pani: il loro cuore era indurito.

[53]Compiuta la traversata fino a terra, giunsero a
Gennèsaret e approdarono. [54]Scesi dalla barca, la gen-
te subito lo riconobbe [55]e, accorrendo da tutta quella
regione, cominciarono a portargli sulle barelle i malati,
dovunque udivano che egli si trovasse. [56]E là dove
giungeva, in villaggi o città o campagne, deponevano i
malati nelle piazze e lo supplicavano di poter toccare
almeno il lembo del suo mantello; e quanti lo toccava-
no venivano salvati.

7 [1]Si riunirono attorno a lui i farisei e alcuni degli
scribi, venuti da Gerusalemme. [2]Avendo visto che
alcuni dei suoi discepoli prendevano cibo con mani
impure, cioè non lavate [3]– i farisei infatti e tutti i Giu-
dei non mangiano se non si sono lavati accuratamente
le mani, attenendosi alla tradizione degli antichi [4]e, tor-
nando dal mercato, non mangiano senza aver fatto le
abluzioni, e osservano molte altre cose per tradizione,
come lavature di bicchieri, di stoviglie, di oggetti di

rame e di letti –, [5]quei farisei e scribi lo interrogarono:
«Perché i tuoi discepoli non si comportano secondo la
tradizione degli antichi, ma prendono cibo con mani
impure?». [6]Ed egli rispose loro: «Bene ha profetato
Isaia di voi, ipocriti, come sta scritto:

> *Questo popolo mi onora con le labbra,*
> *ma il suo cuore è lontano da me.*
> [7]*Invano mi rendono culto,*
> *insegnando dottrine che sono precetti di uomini.*

[8]Trascurando il comandamento di Dio, voi osserva-
te la tradizione degli uomini». [9]E diceva loro: «Siete
veramente abili nel rifiutare il comandamento di Dio
per osservare la vostra tradizione. [10]Mosè infatti disse:
Onora tuo padre e tua madre, e: *Chi maledice il padre o*
la madre sia messo a morte. [11]Voi invece dite: "Se uno
dichiara al padre o alla madre: Ciò con cui dovrei aiu-
tarti è *korbàn*, cioè offerta a Dio", [12]non gli consentite
di fare più nulla per il padre o la madre. [13]Così annul-
late la parola di Dio con la tradizione che avete tra-
mandato voi. E di cose simili ne fate molte».

[14]Chiamata di nuovo la folla, diceva loro: «Ascolta-
temi tutti e comprendete bene! [15]Non c'è nulla fuori
dell'uomo che, entrando in lui, possa renderlo impuro.
Ma sono le cose che escono dall'uomo a renderlo im-
puro». [[16]]

[17]Quando entrò in una casa, lontano dalla folla, i
suoi discepoli lo interrogavano sulla parabola. [18]E dis-
se loro: «Così neanche voi siete capaci di comprende-
re? Non capite che tutto ciò che entra nell'uomo dal di
fuori non può renderlo impuro, [19]perché non gli entra
nel cuore ma nel ventre e va nella fogna?». Così rende-

va puri tutti gli alimenti. [20]E diceva: «Ciò che esce dal-
l'uomo è quello che rende impuro l'uomo. [21]Dal di
dentro infatti, cioè dal cuore degli uomini, escono i
propositi di male: impurità, furti, omicidi, [22]adultèri,
avidità, malvagità, inganno, dissolutezza, invidia, ca-
lunnia, superbia, stoltezza. [23]Tutte queste cose cattive
vengono fuori dall'interno e rendono impuro l'uomo».
[24]Partito di là, andò nella regione di Tiro. Entrato in
una casa, non voleva che alcuno lo sapesse, ma non po-
té restare nascosto. [25]Una donna, la cui figlioletta era
posseduta da uno spirito impuro, appena seppe di lui,
andò e si gettò ai suoi piedi. [26]Questa donna era di lin-
gua greca e di origine siro-fenicia. Ella lo supplicava di
scacciare il demonio da sua figlia. [27]Ed egli le risponde-
va: «Lascia prima che si sazino i figli, perché non è be-
ne prendere il pane dei figli e gettarlo ai cagnolini».
[28]Ma lei gli replicò: «Signore, anche i cagnolini sotto
la tavola mangiano le briciole dei figli». [29]Allora le dis-
se: «Per questa tua parola, va': il demonio è uscito da
tua figlia». [30]Tornata a casa sua, trovò la bambina cori-
cata sul letto e il demonio se n'era andato.
[31]Di nuovo, uscito dalla regione di Tiro, passando
per Sidone, venne verso il mare di Galilea in pieno ter-
ritorio della Decàpoli. [32]Gli portarono un sordomuto e
lo pregarono di imporgli la mano. [33]Lo prese in dispar-
te, lontano dalla folla, gli pose le dita negli orecchi e
con la saliva gli toccò la lingua; [34]guardando quindi
verso il cielo, emise un sospiro e gli disse: «*Effatà*»,
cioè: «Apriti!». [35]E subito gli si aprirono gli orecchi,
si sciolse il nodo della sua lingua e parlava corretta-
mente. [36]E comandò loro di non dirlo a nessuno. Ma

più egli lo proibiva, più essi lo proclamavano [37]e, pieni
di stupore, dicevano: «Ha fatto bene ogni cosa: fa udi-
re i sordi e fa parlare i muti!».

8 [1]In quei giorni, poiché vi era di nuovo molta folla e
non avevano da mangiare, chiamò a sé i discepoli e
disse loro: [2]«Sento compassione per la folla; ormai da
tre giorni stanno con me e non hanno da mangiare. [3]Se
li rimando digiuni alle loro case, verranno meno lungo
il cammino; e alcuni di loro sono venuti da lontano».
[4]Gli risposero i suoi discepoli: «Come riuscire a sfa-
marli di pane qui, in un deserto?». [5]Domandò loro:
«Quanti pani avete?». Dissero: «Sette». [6]Ordinò alla
folla di sedersi per terra. Prese i sette pani, rese grazie,
li spezzò e li dava ai suoi discepoli perché li distribuis-
sero; ed essi li distribuirono alla folla. [7]Avevano anche
pochi pesciolini; recitò la benedizione su di essi e fece
distribuire anche quelli. [8]Mangiarono a sazietà e porta-
rono via i pezzi avanzati: sette sporte. [9]Erano circa
quattromila. E li congedò. [10]Poi salì sulla barca con i
suoi discepoli e subito andò dalle parti di Dalmanutà.

[11]Vennero i farisei e si misero a discutere con lui,
chiedendogli un segno dal cielo, per metterlo alla pro-
va. [12]Ma egli sospirò profondamente e disse: «Perché
questa generazione chiede un segno? In verità io vi di-
co: a questa generazione non sarà dato alcun segno».
[13]Li lasciò, risalì sulla barca e partì per l'altra riva.

[14]Avevano dimenticato di prendere dei pani e non
avevano con sé sulla barca che un solo pane. [15]Allora
egli li ammoniva dicendo: «Fate attenzione, guardatevi
dal lievito dei farisei e dal lievito di Erode!». [16]Ma

quelli discutevano fra loro perché non avevano pane.
17 Si accorse di questo e disse loro: «Perché discutete
che non avete pane? Non capite ancora e non com-
prendete? Avete il cuore indurito? 18 *Avete occhi e non
vedete, avete orecchi e non udite*? E non vi ricordate,
19 quando ho spezzato i cinque pani per i cinquemila,
quante ceste colme di pezzi avete portato via?». Gli
dissero: «Dodici». 20 «E quando ho spezzato i sette pa-
ni per i quattromila, quante sporte piene di pezzi avete
portato via?». Gli dissero: «Sette». 21 E disse loro:
«Non comprendete ancora?».

22 Giunsero a Betsàida, e gli condussero un cieco,
pregandolo di toccarlo. 23 Allora prese il cieco per ma-
no, lo condusse fuori dal villaggio e, dopo avergli messo
della saliva sugli occhi, gli impose le mani e gli chiese:
«Vedi qualcosa?». 24 Quello, alzando gli occhi, diceva:
«Vedo la gente, perché vedo come degli alberi che cam-
minano». 25 Allora gli impose di nuovo le mani sugli oc-
chi ed egli ci vide chiaramente, fu guarito e da lontano
vedeva distintamente ogni cosa. 26 E lo rimandò a casa
sua dicendo: «Non entrare nemmeno nel villaggio».

27 Poi Gesù partì con i suoi discepoli verso i villaggi
intorno a Cesarèa di Filippo, e per la strada interrogava
i suoi discepoli dicendo: «La gente, chi dice che io
sia?». 28 Ed essi gli risposero: «Giovanni il Battista; altri
dicono Elia e altri uno dei profeti». 29 Ed egli domanda-
va loro: «Ma voi, chi dite che io sia?». Pietro gli rispose:
«Tu sei il Cristo». 30 E ordinò loro severamente di non
parlare di lui ad alcuno.

31 E cominciò a insegnare loro che il Figlio dell'uomo
doveva soffrire molto ed essere rifiutato dagli anziani,

dai capi dei sacerdoti e dagli scribi, venire ucciso e, do-
po tre giorni, risorgere. 32Faceva questo discorso aper-
tamente. Pietro lo prese in disparte e si mise a rimpro-
verarlo. 33Ma egli, voltatosi e guardando i suoi discepo-
li, rimproverò Pietro e disse: «Va' dietro a me, Satana!
Perché tu non pensi secondo Dio, ma secondo gli uo-
mini».

34Convocata la folla insieme ai suoi discepoli, disse
loro: «Se qualcuno vuol venire dietro a me, rinneghi
se stesso, prenda la sua croce e mi segua. 35Perché chi
vuole salvare la propria vita, la perderà; ma chi perderà
la propria vita per causa mia e del Vangelo, la salverà.
36Infatti quale vantaggio c'è che un uomo guadagni il
mondo intero e perda la propria vita? 37Che cosa po-
trebbe dare un uomo in cambio della propria vita?
38Chi si vergognerà di me e delle mie parole davanti a
questa generazione adultera e peccatrice, anche il Fi-
glio dell'uomo si vergognerà di lui, quando verrà nella
gloria del Padre suo con gli angeli santi».

9 1Diceva loro: «In verità io vi dico: vi sono alcuni,
qui presenti, che non morranno prima di aver visto
giungere il regno di Dio nella sua potenza».

2Sei giorni dopo, Gesù prese con sé Pietro, Giaco-
mo e Giovanni e li condusse su un alto monte, in di-
sparte, loro soli. Fu trasfigurato davanti a loro 3e le
sue vesti divennero splendenti, bianchissime: nessun
lavandaio sulla terra potrebbe renderle così bianche.
4E apparve loro Elia con Mosè e conversavano con Ge-
sù. 5Prendendo la parola, Pietro disse a Gesù: «Rabbì,
è bello per noi essere qui; facciamo tre capanne, una

per te, una per Mosè e una per Elia». 6Non sapeva in-
fatti che cosa dire, perché erano spaventati. 7Venne
una nube che li coprì con la sua ombra e dalla nube
uscì una voce: «Questi è il Figlio mio, l'amato: ascolta-
telo!». 8E improvvisamente, guardandosi attorno, non
videro più nessuno, se non Gesù solo, con loro.

9Mentre scendevano dal monte, ordinò loro di non
raccontare ad alcuno ciò che avevano visto, se non do-
po che il Figlio dell'uomo fosse risorto dai morti. 10Ed
essi tennero fra loro la cosa, chiedendosi che cosa vo-
lesse dire risorgere dai morti.

11E lo interrogavano: «Perché gli scribi dicono che
prima deve venire Elia?». 12Egli rispose loro: «Sì, prima
viene Elia e ristabilisce ogni cosa; ma, come sta scritto
del Figlio dell'uomo? Che deve soffrire molto ed esse-
re disprezzato. 13Io però vi dico che Elia è già venuto e
gli hanno fatto quello che hanno voluto, come sta scrit-
to di lui».

14E arrivando presso i discepoli, videro attorno a lo-
ro molta folla e alcuni scribi che discutevano con loro.
15E subito tutta la folla, al vederlo, fu presa da meravi-
glia e corse a salutarlo. 16Ed egli li interrogò: «Di che
cosa discutete con loro?». 17E dalla folla uno gli rispo-
se: «Maestro, ho portato da te mio figlio, che ha uno
spirito muto. 18Dovunque lo afferri, lo getta a terra ed
egli schiuma, digrigna i denti e si irrigidisce. Ho detto
ai tuoi discepoli di scacciarlo, ma non ci sono riusciti».
19Egli allora disse loro: «O generazione incredula! Fi-
no a quando sarò con voi? Fino a quando dovrò sop-
portarvi? Portatelo da me». 20E glielo portarono. Alla
vista di Gesù, subito lo spirito scosse con convulsioni il

ragazzo ed egli, caduto a terra, si rotolava schiumando.
21 Gesù interrogò il padre: «Da quanto tempo gli acca-
de questo?». Ed egli rispose: «Dall'infanzia; 22 anzi,
spesso lo ha buttato anche nel fuoco e nell'acqua per
ucciderlo. Ma se tu puoi qualcosa, abbi pietà di noi e
aiutaci». 23 Gesù gli disse: «Se tu puoi! Tutto è possibile
per chi crede». 24 Il padre del fanciullo rispose subito
ad alta voce: «Credo; aiuta la mia incredulità!». 25 Allo-
ra Gesù, vedendo accorrere la folla, minacciò lo spirito
impuro dicendogli: «Spirito muto e sordo, io ti ordino,
esci da lui e non vi rientrare più». 26 Gridando e scuo-
tendolo fortemente, uscì. E il fanciullo diventò come
morto, sicché molti dicevano: «È morto». 27 Ma Gesù
lo prese per mano, lo fece alzare ed egli stette in piedi.

28 Entrato in casa, i suoi discepoli gli domandavano
in privato: «Perché noi non siamo riusciti a scacciar-
lo?». 29 Ed egli disse loro: «Questa specie di demòni
non si può scacciare in alcun modo, se non con la pre-
ghiera».

30 Partiti di là, attraversavano la Galilea, ma egli non
voleva che alcuno lo sapesse. 31 Insegnava infatti ai suoi
discepoli e diceva loro: «Il Figlio dell'uomo viene con-
segnato nelle mani degli uomini e lo uccideranno; ma,
una volta ucciso, dopo tre giorni risorgerà». 32 Essi pe-
rò non capivano queste parole e avevano timore di in-
terrogarlo.

33 Giunsero a Cafàrnao. Quando fu in casa, chiese
loro: «Di che cosa stavate discutendo per la strada?».
34 Ed essi tacevano. Per la strada infatti avevano discus-
so tra loro chi fosse più grande. 35 Sedutosi, chiamò i
Dodici e disse loro: «Se uno vuole essere il primo, sia

l'ultimo di tutti e il servitore di tutti». 36E, preso un
bambino, lo pose in mezzo a loro e, abbracciandolo,
disse loro: 37«Chi accoglie uno solo di questi bambini
nel mio nome, accoglie me; e chi accoglie me, non ac-
coglie me, ma colui che mi ha mandato».

38Giovanni gli disse: «Maestro, abbiamo visto uno
che scacciava demòni nel tuo nome e volevamo impe-
dirglielo, perché non ci seguiva». 39Ma Gesù disse:
«Non glielo impedite, perché non c'è nessuno che fac-
cia un miracolo nel mio nome e subito possa parlare
male di me: 40chi non è contro di noi è per noi. 41Chiun-
que infatti vi darà da bere un bicchiere d'acqua nel mio
nome perché siete di Cristo, in verità io vi dico, non
perderà la sua ricompensa.

42Chi scandalizzerà uno solo di questi piccoli che
credono in me, è molto meglio per lui che gli venga
messa al collo una macina da mulino e sia gettato nel
mare. 43Se la tua mano ti è motivo di scandalo, tagliala:
è meglio per te entrare nella vita con una mano sola,
anziché con le due mani andare nella Geènna, nel fuo-
co inestinguibile. [44] 45E se il tuo piede ti è motivo di
scandalo, taglialo: è meglio per te entrare nella vita con
un piede solo, anziché con i due piedi essere gettato
nella Geènna. [46] 47E se il tuo occhio ti è motivo di
scandalo, gettalo via: è meglio per te entrare nel regno
di Dio con un occhio solo, anziché con due occhi esse-
re gettato nella Geènna, 48dove *il loro verme non muore
e il fuoco non si estingue*. 49Ognuno infatti sarà salato
con il fuoco. 50Buona cosa è il sale; ma se il sale diventa
insipido, con che cosa gli darete sapore? Abbiate sale
in voi stessi e siate in pace gli uni con gli altri».

10 1 Partito di là, venne nella regione della Giudea e
al di là del fiume Giordano. La folla accorse di
nuovo a lui e di nuovo egli insegnava loro, come era
solito fare. 2 Alcuni farisei si avvicinarono e, per metter-
lo alla prova, gli domandavano se è lecito a un marito
ripudiare la propria moglie. 3 Ma egli rispose loro:
«Che cosa vi ha ordinato Mosè?». 4 Dissero: «Mosè ha
permesso di scrivere un atto di ripudio e di ripudiar-
la». 5 Gesù disse loro: «Per la durezza del vostro cuore
egli scrisse per voi questa norma. 6 Ma dall'inizio della
creazione *li fece maschio e femmina;* 7 *per questo l'uomo
lascerà suo padre e sua madre e si unirà a sua moglie* 8 *e i
due diventeranno una carne sola*. Così non sono più
due, ma una sola carne. 9 Dunque l'uomo non divida
quello che Dio ha congiunto». 10 A casa, i discepoli lo
interrogavano di nuovo su questo argomento. 11 E disse
loro: «Chi ripudia la propria moglie e ne sposa un'al-
tra, commette adulterio verso di lei; 12 e se lei, ripudiato
il marito, ne sposa un altro, commette adulterio».

13 Gli presentavano dei bambini perché li toccasse,
ma i discepoli li rimproverarono. 14 Gesù, al vedere
questo, s'indignò e disse loro: «Lasciate che i bambini
vengano a me, non glielo impedite: a chi è come loro
infatti appartiene il regno di Dio. 15 In verità io vi dico:
chi non accoglie il regno di Dio come lo accoglie un
bambino, non entrerà in esso». 16 E, prendendoli tra le
braccia, li benediceva, imponendo le mani su di loro.

17 Mentre andava per la strada, un tale gli corse in-
contro e, gettandosi in ginocchio davanti a lui, gli do-
mandò: «Maestro buono, che cosa devo fare per avere
in eredità la vita eterna?». 18 Gesù gli disse: «Perché mi

chiami buono? Nessuno è buono, se non Dio solo.
[19]Tu conosci i comandamenti: *Non uccidere, non com-
mettere adulterio, non rubare, non testimoniare il falso,
non frodare, onora tuo padre e tua madre*». [20]Egli allora
gli disse: «Maestro, tutte queste cose le ho osservate fin
dalla mia giovinezza». [21]Allora Gesù fissò lo sguardo
su di lui, lo amò e gli disse: «Una cosa sola ti manca:
va', vendi quello che hai e dallo ai poveri, e avrai un
tesoro in cielo; e vieni! Seguimi!». [22]Ma a queste parole
egli si fece scuro in volto e se ne andò rattristato; pos-
sedeva infatti molti beni.

[23]Gesù, volgendo lo sguardo attorno, disse ai suoi
discepoli: «Quanto è difficile, per quelli che possiedo-
no ricchezze, entrare nel regno di Dio!». [24]I discepoli
erano sconcertati dalle sue parole; ma Gesù riprese e
disse loro: «Figli, quanto è difficile entrare nel regno di
Dio! [25]È più facile che un cammello passi per la cruna
di un ago, che un ricco entri nel regno di Dio». [26]Essi,
ancora più stupiti, dicevano tra loro: «E chi può essere
salvato?». [27]Ma Gesù, guardandoli in faccia, disse:
«Impossibile agli uomini, ma non a Dio! Perché tutto
è possibile a Dio».

[28]Pietro allora prese a dirgli: «Ecco, noi abbiamo la-
sciato tutto e ti abbiamo seguito». [29]Gesù gli rispose:
«In verità io vi dico: non c'è nessuno che abbia lasciato
casa o fratelli o sorelle o madre o padre o figli o campi
per causa mia e per causa del Vangelo, [30]che non riceva
già ora, in questo tempo, cento volte tanto in case e
fratelli e sorelle e madri e figli e campi, insieme a per-
secuzioni, e la vita eterna nel tempo che verrà. [31]Molti
dei primi saranno ultimi e gli ultimi saranno primi».

32Mentre erano sulla strada per salire a Gerusalem-
me, Gesù camminava davanti a loro ed essi erano sgo-
menti; coloro che lo seguivano erano impauriti. Presi
di nuovo in disparte i Dodici, si mise a dire loro quello
che stava per accadergli: 33«Ecco, noi saliamo a Geru-
salemme e il Figlio dell'uomo sarà consegnato ai capi
dei sacerdoti e agli scribi; lo condanneranno a morte e
lo consegneranno ai pagani, 34lo derideranno, gli spu-
teranno addosso, lo flagelleranno e lo uccideranno, e
dopo tre giorni risorgerà».
35Gli si avvicinarono Giacomo e Giovanni, i figli di
Zebedeo, dicendogli: «Maestro, vogliamo che tu faccia
per noi quello che ti chiederemo». 36Egli disse loro:
«Che cosa volete che io faccia per voi?». 37Gli rispose-
ro: «Concedici di sedere, nella tua gloria, uno alla tua
destra e uno alla tua sinistra». 38Gesù disse loro: «Voi
non sapete quello che chiedete. Potete bere il calice
che io bevo, o essere battezzati nel battesimo in cui io
sono battezzato?». 39Gli risposero: «Lo possiamo». E
Gesù disse loro: «Il calice che io bevo anche voi lo ber-
rete, e nel battesimo in cui io sono battezzato anche voi
sarete battezzati. 40Ma sedere alla mia destra o alla mia
sinistra non sta a me concederlo; è per coloro per i
quali è stato preparato».
41Gli altri dieci, avendo sentito, cominciarono a in-
dignarsi con Giacomo e Giovanni. 42Allora Gesù li
chiamò a sé e disse loro: «Voi sapete che coloro i quali
sono considerati i governanti delle nazioni dominano
su di esse e i loro capi le opprimono. 43Tra voi però
non è così; ma chi vuole diventare grande tra voi sarà
vostro servitore, 44e chi vuole essere il primo tra voi sa-

rà schiavo di tutti. [45]Anche il Figlio dell'uomo infatti
non è venuto per farsi servire, ma per servire e dare la
propria vita in riscatto per molti».
[46]E giunsero a Gerico. Mentre partiva da Gerico in-
sieme ai suoi discepoli e a molta folla, il figlio di Timeo,
Bartimeo, che era cieco, sedeva lungo la strada a men-
dicare. [47]Sentendo che era Gesù Nazareno, cominciò a
gridare e a dire: «Figlio di Davide, Gesù, abbi pietà di
me!». [48]Molti lo rimproveravano perché tacesse, ma
egli gridava ancora più forte: «Figlio di Davide, abbi
pietà di me!». [49]Gesù si fermò e disse: «Chiamatelo!».
Chiamarono il cieco, dicendogli: «Coraggio! Àlzati, ti
chiama!». [50]Egli, gettato via il suo mantello, balzò in
piedi e venne da Gesù. [51]Allora Gesù gli disse: «Che
cosa vuoi che io faccia per te?». E il cieco gli rispose:
«Rabbunì, che io veda di nuovo!». [52]E Gesù gli disse:
«Va', la tua fede ti ha salvato». E subito vide di nuovo e
lo seguiva lungo la strada.

11 [1]Quando furono vicini a Gerusalemme, verso
Bètfage e Betània, presso il monte degli Ulivi,
mandò due dei suoi discepoli [2]e disse loro: «Andate
nel villaggio di fronte a voi e subito, entrando in esso,
troverete un puledro legato, sul quale nessuno è anco-
ra salito. Slegatelo e portatelo qui. [3]E se qualcuno vi
dirà: "Perché fate questo?", rispondete: "Il Signore ne
ha bisogno, ma lo rimanderà qui subito"». [4]Andarono
e trovarono un puledro legato vicino a una porta, fuori
sulla strada, e lo slegarono. [5]Alcuni dei presenti disse-
ro loro: «Perché slegate questo puledro?». [6]Ed essi ri-
sposero loro come aveva detto Gesù. E li lasciarono

fare. [7]Portarono il puledro da Gesù, vi gettarono sopra
i loro mantelli ed egli vi salì sopra. [8]Molti stendevano i
propri mantelli sulla strada, altri invece delle fronde,
tagliate nei campi. [9]Quelli che precedevano e quelli
che seguivano, gridavano:

«*Osanna!*
Benedetto colui che viene nel nome del Signore!
[10]Benedetto il Regno che viene,
del nostro padre Davide!
Osanna nel più alto dei cieli!».

[11]Ed entrò a Gerusalemme, nel tempio. E dopo aver
guardato ogni cosa attorno, essendo ormai l'ora tarda,
uscì con i Dodici verso Betània.

[12]La mattina seguente, mentre uscivano da Betània,
ebbe fame. [13]Avendo visto da lontano un albero di fichi
che aveva delle foglie, si avvicinò per vedere se per caso vi trovasse qualcosa ma, quando vi giunse vicino,
non trovò altro che foglie. Non era infatti la stagione
dei fichi. [14]Rivolto all'albero, disse: «Nessuno mai più
in eterno mangi i tuoi frutti!». E i suoi discepoli l'udirono.

[15]Giunsero a Gerusalemme. Entrato nel tempio, si
mise a scacciare quelli che vendevano e quelli che
compravano nel tempio; rovesciò i tavoli dei cambiamonete e le sedie dei venditori di colombe [16]e non permetteva che si trasportassero cose attraverso il tempio.
[17]E insegnava loro dicendo: «Non sta forse scritto:

La mia casa sarà chiamata
casa di preghiera per tutte le nazioni?

Voi invece ne avete fatto *un covo di ladri*».

[18]Lo udirono i capi dei sacerdoti e gli scribi e cerca-
vano il modo di farlo morire. Avevano infatti paura di
lui, perché tutta la folla era stupita del suo insegnamen-
to. [19]Quando venne la sera, uscirono fuori dalla città.
[20]La mattina seguente, passando, videro l'albero di
fichi seccato fin dalle radici. [21]Pietro si ricordò e gli dis-
se: «Maestro, guarda: l'albero di fichi che hai maledetto
è seccato». [22]Rispose loro Gesù: «Abbiate fede in Dio!
[23]In verità io vi dico: se uno dicesse a questo monte:
"Lèvati e gèttati nel mare", senza dubitare in cuor suo,
ma credendo che quanto dice avviene, ciò gli avverrà.
[24]Per questo vi dico: tutto quello che chiederete nella
preghiera, abbiate fede di averlo ottenuto e vi accadrà.
[25]Quando vi mettete a pregare, se avete qualcosa contro
qualcuno, perdonate, perché anche il Padre vostro che
è nei cieli perdoni a voi le vostre colpe». [[26]]
[27]Andarono di nuovo a Gerusalemme. E, mentre
egli camminava nel tempio, vennero da lui i capi dei sa-
cerdoti, gli scribi e gli anziani [28]e gli dissero: «Con quale
autorità fai queste cose? O chi ti ha dato l'autorità di
farle?». [29]Ma Gesù disse loro: «Vi farò una sola doman-
da. Se mi rispondete, vi dirò con quale autorità faccio
questo. [30]Il battesimo di Giovanni veniva dal cielo o da-
gli uomini? Rispondetemi». [31]Essi discutevano fra loro
dicendo: «Se diciamo: "Dal cielo", risponderà: "Perché
allora non gli avete creduto?". [32]Diciamo dunque: "Da-
gli uomini"?». Ma temevano la folla, perché tutti ritene-
vano che Giovanni fosse veramente un profeta. [33]Ri-
spondendo a Gesù dissero: «Non lo sappiamo». E Ge-
sù disse loro: «Neanche io vi dico con quale autorità
faccio queste cose».

12 1Si mise a parlare loro con parabole: «Un uomo piantò una vigna, la circondò con una siepe, scavò una buca per il torchio e costruì una torre. La diede in affitto a dei contadini e se ne andò lontano. 2Al momento opportuno mandò un servo dai contadini a ritirare da loro la sua parte del raccolto della vigna. 3Ma essi lo presero, lo bastonarono e lo mandarono via a mani vuote. 4Mandò loro di nuovo un altro servo: anche quello lo picchiarono sulla testa e lo insultarono. 5Ne mandò un altro, e questo lo uccisero; poi molti altri: alcuni li bastonarono, altri li uccisero. 6Ne aveva ancora uno, un figlio amato; lo inviò loro per ultimo, dicendo: "Avranno rispetto per mio figlio!". 7Ma quei contadini dissero tra loro: "Costui è l'erede. Su, uccidiamolo e l'eredità sarà nostra!". 8Lo presero, lo uccisero e lo gettarono fuori della vigna. 9Che cosa farà dunque il padrone della vigna? Verrà e farà morire i contadini e darà la vigna ad altri. 10Non avete letto questa Scrittura:

La pietra che i costruttori hanno scartato
è diventata la pietra d'angolo;
11*questo è stato fatto dal Signore*
ed è una meraviglia ai nostri occhi?».

12E cercavano di catturarlo, ma ebbero paura della folla; avevano capito infatti che aveva detto quella parabola contro di loro. Lo lasciarono e se ne andarono.

13Mandarono da lui alcuni farisei ed erodiani, per coglierlo in fallo nel discorso. 14Vennero e gli dissero: «Maestro, sappiamo che sei veritiero e non hai soggezione di alcuno, perché non guardi in faccia a nessuno,

ma insegni la via di Dio secondo verità. È lecito o no
pagare il tributo a Cesare? Lo dobbiamo dare, o no?».
[15]Ma egli, conoscendo la loro ipocrisia, disse loro:
«Perché volete mettermi alla prova? Portatemi un de-
naro: voglio vederlo». [16]Ed essi glielo portarono. Allo-
ra disse loro: «Questa immagine e l'iscrizione, di chi
sono?». Gli risposero: «Di Cesare». [17]Gesù disse loro:
«Quello che è di Cesare rendetelo a Cesare, e quello
che è di Dio, a Dio». E rimasero ammirati di lui.

[18]Vennero da lui alcuni sadducei – i quali dicono che
non c'è risurrezione – e lo interrogavano dicendo:
[19]«Maestro, Mosè ci ha lasciato scritto che, *se muore il*
fratello di qualcuno e lascia la moglie *senza figli, suo fra-*
tello prenda la moglie e dia una discendenza al proprio
fratello. [20]C'erano sette fratelli: il primo prese moglie,
morì e non lasciò discendenza. [21]Allora la prese il se-
condo e morì senza lasciare discendenza; e il terzo
ugualmente, [22]e nessuno dei sette lasciò discendenza.
Alla fine, dopo tutti, morì anche la donna. [23]Alla risur-
rezione, quando risorgeranno, di quale di loro sarà mo-
glie? Poiché tutti e sette l'hanno avuta in moglie». [24]Ri-
spose loro Gesù: «Non è forse per questo che siete in
errore, perché non conoscete le Scritture né la potenza
di Dio? [25]Quando risorgeranno dai morti, infatti, non
prenderanno né moglie né marito, ma saranno come
angeli nei cieli. [26]Riguardo al fatto che i morti risorgo-
no, non avete letto nel libro di Mosè, nel racconto del
roveto, come Dio gli parlò dicendo: *Io sono il Dio di*
Abramo, il Dio di Isacco e il Dio di Giacobbe? [27]Non è
Dio dei morti, ma dei viventi! Voi siete in grave errore».

[28]Allora si avvicinò a lui uno degli scribi che li aveva

uditi discutere e, visto come aveva ben risposto a loro,
gli domandò: «Qual è il primo di tutti i comandamen-
ti?». 29Gesù rispose: «Il primo è: *Ascolta, Israele! Il Si-*
gnore nostro Dio è l'unico Signore; 30*amerai il Signore*
tuo Dio con tutto il tuo cuore e con tutta la tua anima,
con tutta la tua mente e con tutta la tua forza. 31Il secon-
do è questo: *Amerai il tuo prossimo come te stesso*. Non
c'è altro comandamento più grande di questi». 32Lo
scriba gli disse: «Hai detto bene, Maestro, e secondo
verità, che *Egli è unico e non vi è altri all'infuori di*
lui; 33*amarlo con tutto il cuore, con tutta l'intelligenza*
e con tutta la forza e *amare il prossimo come se stesso*
vale più di tutti gli olocausti e i sacrifici». 34Vedendo
che egli aveva risposto saggiamente, Gesù gli disse:
«Non sei lontano dal regno di Dio». E nessuno aveva
più il coraggio di interrogarlo.

35Insegnando nel tempio, Gesù diceva: «Come mai
gli scribi dicono che il Cristo è figlio di Davide? 36Disse
infatti Davide stesso, mosso dallo Spirito Santo:

Disse il Signore al mio Signore:
Siedi alla mia destra,
finché io ponga i tuoi nemici
sotto i tuoi piedi.

37Davide stesso lo chiama Signore: da dove risulta
che è suo figlio?». E la folla numerosa lo ascoltava vo-
lentieri.

38Diceva loro nel suo insegnamento: «Guardatevi
dagli scribi, che amano passeggiare in lunghe vesti, ri-
cevere saluti nelle piazze, 39avere i primi seggi nelle si-
nagoghe e i primi posti nei banchetti. 40Divorano le ca-

se delle vedove e pregano a lungo per farsi vedere. Essi
riceveranno una condanna più severa».
41 Seduto di fronte al tesoro, osservava come la folla
vi gettava monete. Tanti ricchi ne gettavano molte.
42 Ma, venuta una vedova povera, vi gettò due moneti-
ne, che fanno un soldo. 43 Allora, chiamati a sé i suoi
discepoli, disse loro: «In verità io vi dico: questa vedo-
va, così povera, ha gettato nel tesoro più di tutti gli al-
tri. 44 Tutti infatti hanno gettato parte del loro super-
fluo. Lei invece, nella sua miseria, vi ha gettato tutto
quello che aveva, tutto quanto aveva per vivere».

13 1 Mentre usciva dal tempio, uno dei suoi discepo-
li gli disse: «Maestro, guarda che pietre e che co-
struzioni!». 2 Gesù gli rispose: «Vedi queste grandi co-
struzioni? Non sarà lasciata qui pietra su pietra che
non venga distrutta».
3 Mentre stava sul monte degli Ulivi, seduto di fronte
al tempio, Pietro, Giacomo, Giovanni e Andrea lo in-
terrogavano in disparte: 4 «Di' a noi: quando accadran-
no queste cose e quale sarà il segno quando tutte que-
ste cose staranno per compiersi?».
5 Gesù si mise a dire loro: «Badate che nessuno v'in-
ganni! 6 Molti verranno nel mio nome, dicendo: "Sono
io", e trarranno molti in inganno. 7 E quando sentirete
di guerre e di rumori di guerre, non allarmatevi; deve
avvenire, ma non è ancora la fine. 8 Si solleverà infatti
nazione contro nazione e regno contro regno; vi saran-
no terremoti in diversi luoghi e vi saranno carestie:
questo è l'inizio dei dolori.

[9]Ma voi badate a voi stessi! Vi consegneranno ai si-
nedri, sarete percossi nelle sinagoghe e comparirete
davanti a governatori e re per causa mia, per dare testi-
monianza a loro. [10]Ma prima è necessario che il Vange-
lo sia proclamato a tutte le nazioni. [11]E quando vi con-
durranno via per consegnarvi, non preoccupatevi pri-
ma di quello che direte, ma dite ciò che in quell'ora vi
sarà dato: perché non siete voi a parlare, ma lo Spirito
Santo. [12]Il fratello farà morire il fratello, il padre il fi-
glio, e i figli si alzeranno ad accusare i genitori e li uc-
cideranno. [13]Sarete odiati da tutti a causa del mio no-
me. Ma chi avrà perseverato fino alla fine sarà salvato.

[14]Quando vedrete *l'abominio della devastazione*
presente là dove non è lecito – chi legge, compren-
da –, allora quelli che si trovano nella Giudea fuggano
sui monti, [15]chi si trova sulla terrazza non scenda e non
entri a prendere qualcosa nella sua casa, [16]e chi si trova
nel campo non torni indietro a prendersi il mantello.
[17]In quei giorni guai alle donne incinte e a quelle che
allattano!

[18]Pregate che ciò non accada d'inverno; [19]perché
quelli saranno giorni di tribolazione, quale non vi è
mai stata dall'inizio della creazione, fatta da Dio, fino
ad ora, e mai più vi sarà. [20]E se il Signore non abbre-
viasse quei giorni, nessuno si salverebbe. Ma, grazie
agli eletti che egli si è scelto, ha abbreviato quei giorni.

[21]Allora, se qualcuno vi dirà: "Ecco, il Cristo è qui;
ecco, è là", voi non credeteci; [22]perché sorgeranno falsi
cristi e falsi profeti e faranno segni e prodigi per ingan-
nare, se possibile, gli eletti. [23]Voi, però, fate attenzione!
Io vi ho predetto tutto.

[24]In quei giorni, dopo quella tribolazione,
il sole si oscurerà,
la luna non darà più la sua luce,
[25]*le stelle cadranno dal cielo*
e le potenze che sono nei cieli saranno sconvolte.
[26]Allora vedranno *il Figlio dell'uomo venire sulle nu-*
bi con grande potenza *e gloria.* [27]Egli manderà gli an-
geli e radunerà i suoi eletti dai quattro venti, dall'estre-
mità della terra fino all'estremità del cielo.
[28]Dalla pianta di fico imparate la parabola: quando
ormai il suo ramo diventa tenero e spuntano le foglie,
sapete che l'estate è vicina. [29]Così anche voi: quando
vedrete accadere queste cose, sappiate che egli è vici-
no, è alle porte.
[30]In verità io vi dico: non passerà questa generazio-
ne prima che tutto questo avvenga. [31]Il cielo e la terra
passeranno, ma le mie parole non passeranno.
[32]Quanto però a quel giorno o a quell'ora, nessuno
lo sa, né gli angeli nel cielo né il Figlio, eccetto il Padre.
[33]Fate attenzione, vegliate, perché non sapete quan-
do è il momento. [34]È come un uomo, che è partito dopo
aver lasciato la propria casa e dato il potere ai suoi ser-
vi, a ciascuno il suo compito, e ha ordinato al portiere
di vegliare. [35]Vegliate dunque: voi non sapete quando il
padrone di casa ritornerà, se alla sera o a mezzanotte o
al canto del gallo o al mattino; [36]fate in modo che, giun-
gendo all'improvviso, non vi trovi addormentati.
[37]Quello che dico a voi, lo dico a tutti: vegliate!».

14 [1]Mancavano due giorni alla Pasqua e agli Azzi-
mi, e i capi dei sacerdoti e gli scribi cercavano il

modo di catturarlo con un inganno per farlo morire.
[2]Dicevano infatti: «Non durante la festa, perché non
vi sia una rivolta del popolo».

[3]Gesù si trovava a Betània, nella casa di Simone il
lebbroso. Mentre era a tavola, giunse una donna che
aveva un vaso di alabastro, pieno di profumo di puro
nardo, di grande valore. Ella ruppe il vaso di alabastro
e versò il profumo sul suo capo. [4]Ci furono alcuni, fra
loro, che si indignarono: «Perché questo spreco di
profumo? [5]Si poteva venderlo per più di trecento de-
nari e darli ai poveri!». Ed erano infuriati contro di lei.

[6]Allora Gesù disse: «Lasciatela stare; perché la infa-
stidite? Ha compiuto un'azione buona verso di me. [7]I
poveri infatti li avete sempre con voi e potete far loro
del bene quando volete, ma non sempre avete me. [8]El-
la ha fatto ciò che era in suo potere, ha unto in anticipo
il mio corpo per la sepoltura. [9]In verità io vi dico: do-
vunque sarà proclamato il Vangelo, per il mondo inte-
ro, in ricordo di lei si dirà anche quello che ha fatto».

[10]Allora Giuda Iscariota, uno dei Dodici, si recò dai
capi dei sacerdoti per consegnare loro Gesù. [11]Quelli,
all'udirlo, si rallegrarono e promisero di dargli del de-
naro. Ed egli cercava come consegnarlo al momento
opportuno.

[12]Il primo giorno degli Azzimi, quando si immolava
la Pasqua, i suoi discepoli gli dissero: «Dove vuoi che
andiamo a preparare, perché tu possa mangiare la Pa-
squa?». [13]Allora mandò due dei suoi discepoli, dicen-
do loro: «Andate in città e vi verrà incontro un uomo
con una brocca d'acqua; seguitelo. [14]Là dove entrerà,
dite al padrone di casa: "Il Maestro dice: Dov'è la mia

stanza, in cui io possa mangiare la Pasqua con i miei
discepoli?". [15]Egli vi mostrerà al piano superiore una
grande sala, arredata e già pronta; lì preparate la cena
per noi». [16]I discepoli andarono e, entrati in città, tro-
varono come aveva detto loro e prepararono la Pa-
squa.

[17]Venuta la sera, egli arrivò con i Dodici. [18]Ora,
mentre erano a tavola e mangiavano, Gesù disse: «In
verità io vi dico: uno di voi, colui che mangia con me,
mi tradirà». [19]Cominciarono a rattristarsi e a dirgli,
uno dopo l'altro: «Sono forse io?». [20]Egli disse loro:
«Uno dei Dodici, colui che mette con me la mano nel
piatto. [21]Il Figlio dell'uomo se ne va, come sta scritto di
lui; ma guai a quell'uomo, dal quale il Figlio dell'uomo
viene tradito! Meglio per quell'uomo se non fosse mai
nato!».

[22]E, mentre mangiavano, prese il pane e recitò la be-
nedizione, lo spezzò e lo diede loro, dicendo: «Prende-
te, questo è il mio corpo». [23]Poi prese un calice e rese
grazie, lo diede loro e ne bevvero tutti. [24]E disse loro:
«Questo è il mio sangue dell'alleanza, che è versato per
molti. [25]In verità io vi dico che non berrò mai più del
frutto della vite fino al giorno in cui lo berrò nuovo, nel
regno di Dio».

[26]Dopo aver cantato l'inno, uscirono verso il monte
degli Ulivi. [27]Gesù disse loro: «Tutti rimarrete scanda-
lizzati, perché sta scritto:

Percuoterò il pastore
e le pecore saranno disperse.

[28]Ma, dopo che sarò risorto, vi precederò in Gali-
lea». [29]Pietro gli disse: «Anche se tutti si scandalizze-

ranno, io no!». 30Gesù gli disse: «In verità io ti dico:
proprio tu, oggi, questa notte, prima che due volte il
gallo canti, tre volte mi rinnegherai». 31Ma egli, con
grande insistenza, diceva: «Anche se dovessi morire
con te, io non ti rinnegherò». Lo stesso dicevano pure
tutti gli altri.

32Giunsero a un podere chiamato Getsèmani ed egli
disse ai suoi discepoli: «Sedetevi qui, mentre io pre-
go». 33Prese con sé Pietro, Giacomo e Giovanni e co-
minciò a sentire paura e angoscia. 34Disse loro: «*La mia
anima è triste* fino alla morte. Restate qui e vegliate».
35Poi, andato un po' innanzi, cadde a terra e pregava
che, se fosse possibile, passasse via da lui quell'ora.
36E diceva: «Abbà! Padre! Tutto è possibile a te: allon-
tana da me questo calice! Però non ciò che voglio io,
ma ciò che vuoi tu». 37Poi venne, li trovò addormentati
e disse a Pietro: «Simone, dormi? Non sei riuscito a
vegliare una sola ora? 38Vegliate e pregate per non en-
trare in tentazione. Lo spirito è pronto, ma la carne è
debole». 39Si allontanò di nuovo e pregò dicendo le
stesse parole. 40Poi venne di nuovo e li trovò addor-
mentati, perché i loro occhi si erano fatti pesanti, e
non sapevano che cosa rispondergli. 41Venne per la ter-
za volta e disse loro: «Dormite pure e riposatevi! Ba-
sta! È venuta l'ora: ecco, il Figlio dell'uomo viene con-
segnato nelle mani dei peccatori. 42Alzatevi, andiamo!
Ecco, colui che mi tradisce è vicino».

43E subito, mentre ancora egli parlava, arrivò Giu-
da, uno dei Dodici, e con lui una folla con spade e
bastoni, mandata dai capi dei sacerdoti, dagli scribi e
dagli anziani. 44Il traditore aveva dato loro un segno

convenuto, dicendo: «Quello che bacerò, è lui; arre-
statelo e conducetelo via sotto buona scorta». [45]Appe-
na giunto, gli si avvicinò e disse: «Rabbì» e lo baciò.
[46]Quelli gli misero le mani addosso e lo arrestarono.
[47]Uno dei presenti estrasse la spada, percosse il servo
del sommo sacerdote e gli staccò l'orecchio. [48]Allora
Gesù disse loro: «Come se fossi un ladro siete venuti
a prendermi con spade e bastoni. [49]Ogni giorno ero in
mezzo a voi nel tempio a insegnare, e non mi avete ar-
restato. Si compiano dunque le Scritture!».

[50]Allora tutti lo abbandonarono e fuggirono. [51]Lo
seguiva però un ragazzo, che aveva addosso soltanto
un lenzuolo, e lo afferrarono. [52]Ma egli, lasciato cadere
il lenzuolo, fuggì via nudo.

[53]Condussero Gesù dal sommo sacerdote, e là si riu-
nirono tutti i capi dei sacerdoti, gli anziani e gli scribi.
[54]Pietro lo aveva seguito da lontano, fin dentro il corti-
le del palazzo del sommo sacerdote, e se ne stava sedu-
to tra i servi, scaldandosi al fuoco.

[55]I capi dei sacerdoti e tutto il sinedrio cercavano
una testimonianza contro Gesù per metterlo a morte,
ma non la trovavano. [56]Molti infatti testimoniavano il
falso contro di lui e le loro testimonianze non erano
concordi. [57]Alcuni si alzarono a testimoniare il falso
contro di lui, dicendo: [58]«Lo abbiamo udito mentre di-
ceva: "Io distruggerò questo tempio, fatto da mani
d'uomo, e in tre giorni ne costruirò un altro, non fatto
da mani d'uomo"». [59]Ma nemmeno così la loro testi-
monianza era concorde. [60]Il sommo sacerdote, alzatosi
in mezzo all'assemblea, interrogò Gesù dicendo: «Non
rispondi nulla? Che cosa testimoniano costoro contro

di te?». 61 Ma egli taceva e non rispondeva nulla. Di nuovo il sommo sacerdote lo interrogò dicendogli: «Sei tu il Cristo, il Figlio del Benedetto?». 62 Gesù rispose: «Io lo sono!

> E vedrete il *Figlio dell'uomo*
> seduto alla destra della Potenza
> e *venire con le nubi del cielo*».

63 Allora il sommo sacerdote, stracciandosi le vesti, disse: «Che bisogno abbiamo ancora di testimoni?
64 Avete udito la bestemmia; che ve ne pare?». Tutti sentenziarono che era reo di morte.

65 Alcuni si misero a sputargli addosso, a bendargli il volto, a percuoterlo e a dirgli: «Fa' il profeta!». E i servi lo schiaffeggiavano.

66 Mentre Pietro era giù nel cortile, venne una delle
giovani serve del sommo sacerdote 67 e, vedendo Pietro
che stava a scaldarsi, lo guardò in faccia e gli disse:
«Anche tu eri con il Nazareno, con Gesù». 68 Ma egli
negò, dicendo: «Non so e non capisco che cosa dici».
Poi uscì fuori verso l'ingresso e un gallo cantò. 69 E la
serva, vedendolo, ricominciò a dire ai presenti: «Costui è uno di loro».

70 Ma egli di nuovo negava. Poco dopo i presenti dicevano di nuovo a Pietro: «È vero, tu certo sei uno di
loro; infatti sei Galileo». 71 Ma egli cominciò a imprecare e a giurare: «Non conosco quest'uomo di cui parlate». 72 E subito, per la seconda volta, un gallo cantò. E Pietro si ricordò della parola che Gesù gli aveva detto: «Prima che due volte il gallo canti, tre volte mi rinnegherai». E scoppiò in pianto.

15 1E subito, al mattino, i capi dei sacerdoti, con gli
anziani, gli scribi e tutto il sinedrio, dopo aver
tenuto consiglio, misero in catene Gesù, lo portarono
via e lo consegnarono a Pilato. 2Pilato gli domandò:
«Tu sei il re dei Giudei?». Ed egli rispose: «Tu lo dici».
3I capi dei sacerdoti lo accusavano di molte cose. 4Pila-
to lo interrogò di nuovo dicendo: «Non rispondi nul-
la? Vedi di quante cose ti accusano!». 5Ma Gesù non
rispose più nulla, tanto che Pilato rimase stupito.

6A ogni festa, egli era solito rimettere in libertà per
loro un carcerato, a loro richiesta. 7Un tale, chiamato
Barabba, si trovava in carcere insieme ai ribelli che nel-
la rivolta avevano commesso un omicidio. 8La folla,
che si era radunata, cominciò a chiedere ciò che egli
era solito concedere. 9Pilato rispose loro: «Volete che
io rimetta in libertà per voi il re dei Giudei?». 10Sapeva
infatti che i capi dei sacerdoti glielo avevano consegna-
to per invidia. 11Ma i capi dei sacerdoti incitarono la
folla perché, piuttosto, egli rimettesse in libertà per lo-
ro Barabba. 12Pilato disse loro di nuovo: «Che cosa vo-
lete dunque che io faccia di quello che voi chiamate il
re dei Giudei?». 13Ed essi di nuovo gridarono: «Croci-
figgilo!». 14Pilato diceva loro: «Che male ha fatto?».
Ma essi gridarono più forte: «Crocifiggilo!». 15Pilato,
volendo dare soddisfazione alla folla, rimise in libertà
per loro Barabba e, dopo aver fatto flagellare Gesù, lo
consegnò perché fosse crocifisso.

16Allora i soldati lo condussero dentro il cortile, cioè
nel pretorio, e convocarono tutta la truppa. 17Lo vesti-
rono di porpora, intrecciarono una corona di spine e
gliela misero attorno al capo. 18Poi presero a salutarlo:

«Salve, re dei Giudei!». 19E gli percuotevano il capo
con una canna, gli sputavano addosso e, piegando le
ginocchia, si prostravano davanti a lui. 20Dopo essersi
fatti beffe di lui, lo spogliarono della porpora e gli fe-
cero indossare le sue vesti, poi lo condussero fuori per
crocifiggerlo.

21Costrinsero a portare la sua croce un tale che pas-
sava, un certo Simone di Cirene, che veniva dalla cam-
pagna, padre di Alessandro e di Rufo.

22Condussero Gesù al luogo del Gòlgota, che signi-
fica «Luogo del cranio», 23e gli davano vino mescolato
con mirra, ma egli non ne prese. 24Poi lo crocifissero e
si divisero le sue vesti, tirando a sorte su di esse ciò che
ognuno avrebbe preso. 25Erano le nove del mattino
quando lo crocifissero. 26La scritta con il motivo della
sua condanna diceva: «Il re dei Giudei». 27Con lui cro-
cifissero anche due ladroni, uno a destra e uno alla sua
sinistra. [28]

29Quelli che passavano di là lo insultavano, scuoten-
do il capo e dicendo: «Ehi, tu che distruggi il tempio e
lo ricostruisci in tre giorni, 30salva te stesso scendendo
dalla croce!». 31Così anche i capi dei sacerdoti, con gli
scribi, fra loro si facevano beffe di lui e dicevano: «Ha
salvato altri e non può salvare se stesso! 32Il Cristo, il re
d'Israele, scenda ora dalla croce, perché vediamo e
crediamo!». E anche quelli che erano stati crocifissi
con lui lo insultavano.

33Quando fu mezzogiorno, si fece buio su tutta la
terra fino alle tre del pomeriggio. 34Alle tre, Gesù gridò
a gran voce: «*Eloì, Eloì, lemà sabactàni?*», che signifi-
ca: «*Dio mio, Dio mio, perché mi hai abbandonato?*».

35Udendo questo, alcuni dei presenti dicevano: «Ecco,
chiama Elia!». 36Uno corse a inzuppare di aceto una
spugna, la fissò su una canna e gli dava da bere, dicen-
do: «Aspettate, vediamo se viene Elia a farlo scende-
re». 37Ma Gesù, dando un forte grido, spirò.

38Il velo del tempio si squarciò in due, da cima a fon-
do. 39Il centurione, che si trovava di fronte a lui, aven-
dolo visto spirare in quel modo, disse: «Davvero que-
st'uomo era Figlio di Dio!».

40Vi erano anche alcune donne, che osservavano da
lontano, tra le quali Maria di Màgdala, Maria madre di
Giacomo il minore e di Ioses, e Salome, 41le quali,
quando era in Galilea, lo seguivano e lo servivano, e
molte altre che erano salite con lui a Gerusalemme.

42Venuta ormai la sera, poiché era la Parasceve, cioè
la vigilia del sabato, 43Giuseppe d'Arimatea, membro
autorevole del sinedrio, che aspettava anch'egli il re-
gno di Dio, con coraggio andò da Pilato e chiese il cor-
po di Gesù. 44Pilato si meravigliò che fosse già morto e,
chiamato il centurione, gli domandò se era morto da
tempo. 45Informato dal centurione, concesse la salma
a Giuseppe. 46Egli allora, comprato un lenzuolo, lo de-
pose dalla croce, lo avvolse con il lenzuolo e lo mise in
un sepolcro scavato nella roccia. Poi fece rotolare una
pietra all'entrata del sepolcro. 47Maria di Màgdala e
Maria madre di Ioses stavano a osservare dove veniva
posto.

16 1Passato il sabato, Maria di Màgdala, Maria ma-
dre di Giacomo e Salome comprarono oli aro-
matici per andare a ungerlo. 2Di buon mattino, il pri-

mo giorno della settimana, vennero al sepolcro al leva-
re del sole. 3Dicevano tra loro: «Chi ci farà rotolare via
la pietra dall'ingresso del sepolcro?». 4Alzando lo
sguardo, osservarono che la pietra era già stata fatta
rotolare, benché fosse molto grande. 5Entrate nel se-
polcro, videro un giovane, seduto sulla destra, vestito
d'una veste bianca, ed ebbero paura. 6Ma egli disse lo-
ro: «Non abbiate paura! Voi cercate Gesù Nazareno, il
crocifisso. È risorto, non è qui. Ecco il luogo dove l'a-
vevano posto. 7Ma andate, dite ai suoi discepoli e a Pie-
tro: "Egli vi precede in Galilea. Là lo vedrete, come vi
ha detto"». 8Esse uscirono e fuggirono via dal sepol-
cro, perché erano piene di spavento e di stupore. E
non dissero niente a nessuno, perché erano impaurite.

9Risorto al mattino, il primo giorno dopo il sabato,
Gesù apparve prima a Maria di Màgdala, dalla quale
aveva scacciato sette demòni. 10Questa andò ad annun-
ciarlo a quanti erano stati con lui ed erano in lutto e in
pianto. 11Ma essi, udito che era vivo e che era stato vi-
sto da lei, non credettero.

12Dopo questo, apparve sotto altro aspetto a due di
loro, mentre erano in cammino verso la campagna.
13Anch'essi ritornarono ad annunciarlo agli altri; ma
non credettero neppure a loro.

14Alla fine apparve anche agli Undici, mentre erano
a tavola, e li rimproverò per la loro incredulità e durez-
za di cuore, perché non avevano creduto a quelli che lo
avevano visto risorto. 15E disse loro: «Andate in tutto il
mondo e proclamate il Vangelo a ogni creatura. 16Chi
crederà e sarà battezzato sarà salvato, ma chi non cre-
derà sarà condannato. 17Questi saranno i segni che ac-

compagneranno quelli che credono: nel mio nome
scacceranno demòni, parleranno lingue nuove,
18 prenderanno in mano serpenti e, se berranno qualche veleno, non recherà loro danno; imporranno le mani ai malati e questi guariranno».
19 Il Signore Gesù, dopo aver parlato con loro, fu elevato in cielo e sedette alla destra di Dio.
20 Allora essi partirono e predicarono dappertutto, mentre il Signore agiva insieme con loro e confermava la Parola con i segni che la accompagnavano.

VANGELO
SECONDO LUCA

1 1Poiché molti hanno cercato di raccontare con or-
dine gli avvenimenti che si sono compiuti in mezzo
a noi, 2come ce li hanno trasmessi coloro che ne furono
testimoni oculari fin da principio e divennero ministri
della Parola, 3così anch'io ho deciso di fare ricerche
accurate su ogni circostanza, fin dagli inizi, e di scriver-
ne un resoconto ordinato per te, illustre Teòfilo, 4in
modo che tu possa renderti conto della solidità degli
insegnamenti che hai ricevuto.
5Al tempo di Erode, re della Giudea, vi era un sacer-
dote di nome Zaccaria, della classe di Abia, che aveva
in moglie una discendente di Aronne, di nome Elisa-
betta. 6Ambedue erano giusti davanti a Dio e osserva-
vano irreprensibili tutte le leggi e le prescrizioni del Si-
gnore. 7Essi non avevano figli, perché Elisabetta era
sterile e tutti e due erano avanti negli anni.
8Avvenne che, mentre Zaccaria svolgeva le sue fun-
zioni sacerdotali davanti al Signore durante il turno
della sua classe, 9gli toccò in sorte, secondo l'usanza
del servizio sacerdotale, di entrare nel tempio del Si-
gnore per fare l'offerta dell'incenso. 10Fuori, tutta l'as-
semblea del popolo stava pregando nell'ora dell'incen-
so. 11Apparve a lui un angelo del Signore, ritto alla de-
stra dell'altare dell'incenso. 12Quando lo vide,
Zaccaria si turbò e fu preso da timore. 13Ma l'angelo

gli disse: «Non temere, Zaccaria, la tua preghiera è sta-
ta esaudita e tua moglie Elisabetta ti darà un figlio, e tu
lo chiamerai Giovanni. 14Avrai gioia ed esultanza, e
molti si rallegreranno della sua nascita, 15perché egli
sarà grande davanti al Signore; *non berrà vino né be-
vande inebrianti*, sarà colmato di Spirito Santo fin dal
seno di sua madre 16e ricondurrà molti figli d'Israele al
Signore loro Dio. 17Egli camminerà innanzi a lui con lo
spirito e la potenza di Elia, per ricondurre i cuori dei
padri verso i figli e i ribelli alla saggezza dei giusti e
preparare al Signore un popolo ben disposto». 18Zac-
caria disse all'angelo: «Come potrò mai conoscere
questo? Io sono vecchio e mia moglie è avanti negli an-
ni». 19L'angelo gli rispose: «Io sono Gabriele, che sto
dinanzi a Dio e sono stato mandato a parlarti e a por-
tarti questo lieto annuncio. 20Ed ecco, tu sarai muto e
non potrai parlare fino al giorno in cui queste cose av-
verranno, perché non hai creduto alle mie parole, che
si compiranno a loro tempo».

21Intanto il popolo stava in attesa di Zaccaria e si
meravigliava per il suo indugiare nel tempio. 22Quando
poi uscì e non poteva parlare loro, capirono che nel
tempio aveva avuto una visione. Faceva loro dei cenni
e restava muto.

23Compiuti i giorni del suo servizio, tornò a casa.
24Dopo quei giorni Elisabetta, sua moglie, concepì e
si tenne nascosta per cinque mesi e diceva: 25«Ecco
che cosa ha fatto per me il Signore, nei giorni in cui si
è degnato di togliere la mia vergogna fra gli uomini».

26Al sesto mese, l'angelo Gabriele fu mandato da
Dio in una città della Galilea, chiamata Nàzaret, 27a

una vergine, promessa sposa di un uomo della casa di
Davide, di nome Giuseppe. La vergine si chiamava
Maria. 28Entrando da lei, disse: «Rallégrati, piena di
grazia: il Signore è con te».

29A queste parole ella fu molto turbata e si doman-
dava che senso avesse un saluto come questo. 30L'ange-
lo le disse: «Non temere, Maria, perché hai trovato
grazia presso Dio. 31Ed ecco, concepirai un figlio, lo
darai alla luce e lo chiamerai Gesù. 32Sarà grande e ver-
rà chiamato Figlio dell'Altissimo; il Signore Dio gli da-
rà il trono di Davide suo padre 33e regnerà per sempre
sulla casa di Giacobbe e il suo regno non avrà fine».

34Allora Maria disse all'angelo: «Come avverrà que-
sto, poiché non conosco uomo?». 35Le rispose l'ange-
lo: «Lo Spirito Santo scenderà su di te e la potenza del-
l'Altissimo ti coprirà con la sua ombra. Perciò colui
che nascerà sarà santo e sarà chiamato Figlio di Dio.
36Ed ecco, Elisabetta, tua parente, nella sua vecchiaia
ha concepito anch'essa un figlio e questo è il sesto me-
se per lei, che era detta sterile: 37nulla è impossibile a
Dio». 38Allora Maria disse: «Ecco la serva del Signore:
avvenga per me secondo la tua parola». E l'angelo si
allontanò da lei.

39In quei giorni Maria si alzò e andò in fretta verso la
regione montuosa, in una città di Giuda. 40Entrata nel-
la casa di Zaccaria, salutò Elisabetta. 41Appena Elisa-
betta ebbe udito il saluto di Maria, il bambino sussultò
nel suo grembo. Elisabetta fu colmata di Spirito Santo
42ed esclamò a gran voce: «Benedetta tu fra le donne e
benedetto il frutto del tuo grembo! 43A che cosa devo
che la madre del mio Signore venga da me? 44Ecco, ap-

pena il tuo saluto è giunto ai miei orecchi, il bambino
ha sussultato di gioia nel mio grembo. [45]E beata colei
che ha creduto nell'adempimento di ciò che il Signore
le ha detto».

[46]Allora Maria disse:

«L'anima mia magnifica il Signore
[47]e il mio spirito esulta in Dio, mio salvatore,
[48]perché ha guardato l'umiltà della sua serva.
D'ora in poi tutte le generazioni
mi chiameranno beata.
[49]Grandi cose ha fatto per me l'Onnipotente
e Santo è il suo nome;
[50]di generazione in generazione la sua misericordia
per quelli che lo temono.
[51]Ha spiegato la potenza del suo braccio,
ha disperso i superbi nei pensieri del loro cuore;
[52]ha rovesciato i potenti dai troni,
ha innalzato gli umili;
[53]ha ricolmato di beni gli affamati,
ha rimandato i ricchi a mani vuote.
[54]Ha soccorso Israele, suo servo,
ricordandosi della sua misericordia,
[55]come aveva detto ai nostri padri,
per Abramo e la sua discendenza, per sempre».

[56]Maria rimase con lei circa tre mesi, poi tornò a casa sua.

[57]Per Elisabetta intanto si compì il tempo del parto e
diede alla luce un figlio. [58]I vicini e i parenti udirono
che il Signore aveva manifestato in lei la sua grande misericordia, e si rallegravano con lei.

[59]Otto giorni dopo vennero per circoncidere il bam-
bino e volevano chiamarlo con il nome di suo padre,
Zaccaria. [60]Ma sua madre intervenne: «No, si chiamerà
Giovanni». [61]Le dissero: «Non c'è nessuno della tua
parentela che si chiami con questo nome». [62]Allora do-
mandavano con cenni a suo padre come voleva che si
chiamasse. [63]Egli chiese una tavoletta e scrisse: «Gio-
vanni è il suo nome». Tutti furono meravigliati. [64]All'i-
stante gli si aprì la bocca e gli si sciolse la lingua, e par-
lava benedicendo Dio. [65]Tutti i loro vicini furono presi
da timore, e per tutta la regione montuosa della Giu-
dea si discorreva di tutte queste cose. [66]Tutti coloro che
le udivano, le custodivano in cuor loro, dicendo: «Che
sarà mai questo bambino?». E davvero la mano del Si-
gnore era con lui.

[67]Zaccaria, suo padre, fu colmato di Spirito Santo e
profetò dicendo:

[68]«Benedetto il Signore, Dio d'Israele,
perché ha visitato e redento il suo popolo,
[69]e ha suscitato per noi un Salvatore potente
nella casa di Davide, suo servo,
[70]come aveva detto
per bocca dei suoi santi profeti d'un tempo:
[71]salvezza dai nostri nemici,
e dalle mani di quanti ci odiano.
[72]Così egli ha concesso misericordia ai nostri padri
e si è ricordato della sua santa alleanza,
[73]del giuramento fatto ad Abramo, nostro padre,
di concederci, [74]liberati dalle mani dei nemici,
di servirlo senza timore, [75]in santità e giustizia
al suo cospetto, per tutti i nostri giorni.

76E tu, bambino,
sarai chiamato profeta dell'Altissimo
perché andrai innanzi al Signore
a preparargli le strade,
77per dare al suo popolo
la conoscenza della salvezza
nella remissione dei suoi peccati.
78Grazie alla tenerezza e misericordia
del nostro Dio,
ci visiterà un sole che sorge dall'alto,
79per risplendere su quelli che stanno nelle tenebre
e nell'ombra di morte,
e dirigere i nostri passi
sulla via della pace».

80Il bambino cresceva e si fortificava nello spirito.
Visse in regioni deserte fino al giorno della sua manife-
stazione a Israele.

2 1In quei giorni un decreto di Cesare Augusto ordi-
nò che si facesse il censimento di tutta la terra.
2Questo primo censimento fu fatto quando Quirinio
era governatore della Siria. 3Tutti andavano a farsi cen-
sire, ciascuno nella propria città. 4Anche Giuseppe,
dalla Galilea, dalla città di Nàzaret, salì in Giudea alla
città di Davide chiamata Betlemme: egli apparteneva
infatti alla casa e alla famiglia di Davide. 5Doveva farsi
censire insieme a Maria, sua sposa, che era incinta.
6Mentre si trovavano in quel luogo, si compirono per
lei i giorni del parto. 7Diede alla luce il suo figlio pri-
mogenito, lo avvolse in fasce e lo pose in una mangia-
toia, perché per loro non c'era posto nell'alloggio.

8C'erano in quella regione alcuni pastori che, per-
nottando all'aperto, vegliavano tutta la notte facendo
la guardia al loro gregge. 9Un angelo del Signore si pre-
sentò a loro e la gloria del Signore li avvolse di luce.
Essi furono presi da grande timore, 10ma l'angelo disse
loro: «Non temete: ecco, vi annuncio una grande gioia,
che sarà di tutto il popolo: 11oggi, nella città di Davide,
è nato per voi un Salvatore, che è Cristo Signore.
12Questo per voi il segno: troverete un bambino avvol-
to in fasce, adagiato in una mangiatoia». 13E subito ap-
parve con l'angelo una moltitudine dell'esercito cele-
ste, che lodava Dio e diceva:

14«Gloria a Dio nel più alto dei cieli
e sulla terra pace agli uomini, che egli ama».

15Appena gli angeli si furono allontanati da loro,
verso il cielo, i pastori dicevano l'un l'altro: «Andiamo
dunque fino a Betlemme, vediamo questo avvenimen-
to che il Signore ci ha fatto conoscere». 16Andarono,
senza indugio, e trovarono Maria e Giuseppe e il bam-
bino, adagiato nella mangiatoia. 17E dopo averlo visto,
riferirono ciò che del bambino era stato detto loro.
18Tutti quelli che udivano si stupirono delle cose dette
loro dai pastori. 19Maria, da parte sua, custodiva tutte
queste cose, meditandole nel suo cuore. 20I pastori se
ne tornarono, glorificando e lodando Dio per tutto
quello che avevano udito e visto, com'era stato detto
loro.

21Quando furono compiuti gli otto giorni prescritti
per la circoncisione, gli fu messo nome Gesù, come era
stato chiamato dall'angelo prima che fosse concepito
nel grembo.

22Quando furono compiuti i giorni della loro purifi-
cazione rituale, secondo la legge di Mosè, portarono il
bambino a Gerusalemme per presentarlo al Signore –
23come è scritto nella legge del Signore: *Ogni maschio
primogenito sarà sacro al Signore* – 24e per offrire in sa-
crificio *una coppia di tortore o due giovani colombi*, co-
me prescrive la legge del Signore.

25Ora a Gerusalemme c'era un uomo di nome Si-
meone, uomo giusto e pio, che aspettava la consolazio-
ne d'Israele, e lo Spirito Santo era su di lui. 26Lo Spirito
Santo gli aveva preannunciato che non avrebbe visto la
morte senza prima aver veduto il Cristo del Signore.
27Mosso dallo Spirito, si recò al tempio e, mentre i ge-
nitori vi portavano il bambino Gesù per fare ciò che la
Legge prescriveva a suo riguardo, 28anch'egli lo accol-
se tra le braccia e benedisse Dio, dicendo:

> 29«Ora puoi lasciare, o Signore, che il tuo servo
> vada in pace, secondo la tua parola,
> 30perché i miei occhi hanno visto la tua salvezza,
> 31preparata da te davanti a tutti i popoli:
> 32luce per rivelarti alle genti
> e gloria del tuo popolo, Israele».

33Il padre e la madre di Gesù si stupivano delle cose
che si dicevano di lui. 34Simeone li benedisse e a Maria,
sua madre, disse: «Ecco, egli è qui per la caduta e la
risurrezione di molti in Israele e come segno di con-
traddizione 35– e anche a te una spada trafiggerà l'ani-
ma –, affinché siano svelati i pensieri di molti cuori».

36C'era anche una profetessa, Anna, figlia di Fanue-
le, della tribù di Aser. Era molto avanzata in età, aveva
vissuto con il marito sette anni dopo il suo matrimonio,

[37]era poi rimasta vedova e ora aveva ottantaquattro an-
ni. Non si allontanava mai dal tempio, servendo Dio
notte e giorno con digiuni e preghiere. [38]Sopraggiunta
in quel momento, si mise anche lei a lodare Dio e par-
lava del bambino a quanti aspettavano la redenzione di
Gerusalemme.

[39]Quando ebbero adempiuto ogni cosa secondo la
legge del Signore, fecero ritorno in Galilea, alla loro
città di Nàzaret. [40]Il bambino cresceva e si fortificava,
pieno di sapienza, e la grazia di Dio era su di lui.

[41]I suoi genitori si recavano ogni anno a Gerusalem-
me per la festa di Pasqua. [42]Quando egli ebbe dodici
anni, vi salirono secondo la consuetudine della festa.
[43]Ma, trascorsi i giorni, mentre riprendevano la via
del ritorno, il fanciullo Gesù rimase a Gerusalemme,
senza che i genitori se ne accorgessero. [44]Credendo
che egli fosse nella comitiva, fecero una giornata di
viaggio e poi si misero a cercarlo tra i parenti e i cono-
scenti; [45]non avendolo trovato, tornarono in cerca di
lui a Gerusalemme. [46]Dopo tre giorni lo trovarono nel
tempio, seduto in mezzo ai maestri, mentre li ascoltava
e li interrogava. [47]E tutti quelli che l'udivano erano pie-
ni di stupore per la sua intelligenza e le sue risposte.
[48]Al vederlo restarono stupiti, e sua madre gli disse:
«Figlio, perché ci hai fatto questo? Ecco, tuo padre e
io, angosciati, ti cercavamo». [49]Ed egli rispose loro:
«Perché mi cercavate? Non sapevate che io devo occu-
parmi delle cose del Padre mio?». [50]Ma essi non com-
presero ciò che aveva detto loro.

[51]Scese dunque con loro e venne a Nàzaret e stava
loro sottomesso. Sua madre custodiva tutte queste co-

se nel suo cuore. [52]E Gesù cresceva in sapienza, età e grazia davanti a Dio e agli uomini.

3 [1]Nell'anno quindicesimo dell'impero di Tiberio Cesare, mentre Ponzio Pilato era governatore della Giudea, Erode tetrarca della Galilea, e Filippo, suo fratello, tetrarca dell'Iturea e della Traconìtide, e Lisània tetrarca dell'Abilene, [2]sotto i sommi sacerdoti Anna e Caifa, la parola di Dio venne su Giovanni, figlio di Zaccaria, nel deserto. [3]Egli percorse tutta la regione del Giordano, predicando un battesimo di conversione per il perdono dei peccati, [4]com'è scritto nel libro degli oracoli del profeta Isaia:

Voce di uno che grida nel deserto:
Preparate la via del Signore,
raddrizzate i suoi sentieri!
[5]*Ogni burrone sarà riempito,*
ogni monte e ogni colle sarà abbassato;
le vie tortuose diverranno diritte
e quelle impervie, spianate.
[6]*Ogni uomo vedrà la salvezza di Dio!*

[7]Alle folle che andavano a farsi battezzare da lui, Giovanni diceva: «Razza di vipere, chi vi ha fatto credere di poter sfuggire all'ira imminente? [8]Fate dunque frutti degni della conversione e non cominciate a dire fra voi: "Abbiamo Abramo per padre!". Perché io vi dico che da queste pietre Dio può suscitare figli ad Abramo. [9]Anzi, già la scure è posta alla radice degli alberi; perciò ogni albero che non dà buon frutto viene tagliato e gettato nel fuoco».

[10]Le folle lo interrogavano: «Che cosa dobbiamo fa-
re?». [11]Rispondeva loro: «Chi ha due tuniche ne dia a
chi non ne ha, e chi ha da mangiare faccia altrettanto».
[12]Vennero anche dei pubblicani a farsi battezzare e gli
chiesero: «Maestro, che cosa dobbiamo fare?». [13]Ed
egli disse loro: «Non esigete nulla di più di quanto vi
è stato fissato». [14]Lo interrogavano anche alcuni solda-
ti: «E noi, che cosa dobbiamo fare?». Rispose loro:
«Non maltrattate e non estorcete niente a nessuno; ac-
contentatevi delle vostre paghe».

[15]Poiché il popolo era in attesa e tutti, riguardo a
Giovanni, si domandavano in cuor loro se non fosse
lui il Cristo, [16]Giovanni rispose a tutti dicendo: «Io vi
battezzo con acqua; ma viene colui che è più forte di
me, a cui non sono degno di slegare i lacci dei sandali.
Egli vi battezzerà in Spirito Santo e fuoco. [17]Tiene in
mano la pala per pulire la sua aia e per raccogliere il
frumento nel suo granaio; ma brucerà la paglia con
un fuoco inestinguibile».

[18]Con molte altre esortazioni Giovanni evangelizza-
va il popolo.

[19]Ma il tetrarca Erode, rimproverato da lui a causa
di Erodìade, moglie di suo fratello, e per tutte le mal-
vagità che aveva commesso, [20]aggiunse alle altre anche
questa: fece rinchiudere Giovanni in prigione.

[21]Ed ecco, mentre tutto il popolo veniva battezzato
e Gesù, ricevuto anche lui il battesimo, stava in pre-
ghiera, il cielo si aprì [22]e discese sopra di lui lo Spirito
Santo in forma corporea, come una colomba, e venne
una voce dal cielo: «Tu sei il Figlio mio, l'amato: in te
ho posto il mio compiacimento».

[23]Gesù, quando cominciò il suo ministero, aveva cir-
ca trent'anni ed era figlio, come si riteneva, di Giusep-
pe, figlio di Eli, [24]figlio di Mattat, figlio di Levi, figlio di
Melchi, figlio di Innai, figlio di Giuseppe, [25]figlio di
Mattatia, figlio di Amos, figlio di Naum, figlio di Esli,
figlio di Naggai, [26]figlio di Maat, figlio di Mattatia, figlio
di Semein, figlio di Iosec, figlio di Ioda, [27]figlio di Ioa-
nàn, figlio di Resa, figlio di Zorobabele, figlio di Sala-
tièl, figlio di Neri, [28]figlio di Melchi, figlio di Addi, figlio
di Cosam, figlio di Elmadàm, figlio di Er, [29]figlio di Ge-
sù, figlio di Elièzer, figlio di Iorim, figlio di Mattat, fi-
glio di Levi, [30]figlio di Simeone, figlio di Giuda, figlio di
Giuseppe, figlio di Ionam, figlio di Eliachìm, [31]figlio di
Melea, figlio di Menna, figlio di Mattatà, figlio di Na-
tam, figlio di Davide, [32]figlio di Iesse, figlio di Obed,
figlio di Booz, figlio di Sala, figlio di Naassòn, [33]figlio
di Aminadàb, figlio di Admin, figlio di Arni, figlio di
Esrom, figlio di Fares, figlio di Giuda, [34]figlio di Gia-
cobbe, figlio di Isacco, figlio di Abramo, figlio di Tare,
figlio di Nacor, [35]figlio di Seruc, figlio di Ragàu, figlio di
Falek, figlio di Eber, figlio di Sala, [36]figlio di Cainam,
figlio di Arfacsàd, figlio di Sem, figlio di Noè, figlio di
Lamec, [37]figlio di Matusalemme, figlio di Enoc, figlio di
Iaret, figlio di Maleleèl, figlio di Cainam, [38]figlio di
Enos, figlio di Set, figlio di Adamo, figlio di Dio.

4 [1]Gesù, pieno di Spirito Santo, si allontanò dal
Giordano ed era guidato dallo Spirito nel deserto,
[2]per quaranta giorni, tentato dal diavolo. Non mangiò
nulla in quei giorni, ma quando furono terminati, ebbe
fame. [3]Allora il diavolo gli disse: «Se tu sei Figlio di

Dio, di' a questa pietra che diventi pane». 4Gesù gli
risposе: «Sta scritto: *Non di solo pane vivrà l'uomo*».
5Il diavolo lo condusse in alto, gli mostrò in un
istante tutti i regni della terra 6e gli disse: «Ti darò tutto
questo potere e la loro gloria, perché a me è stata data e
io la do a chi voglio. 7Perciò, se ti prostrerai in adora-
zione dinanzi a me, tutto sarà tuo». 8Gesù gli rispose:
«Sta scritto: *Il Signore, Dio tuo, adorerai: a lui solo ren-*
derai culto».
9Lo condusse a Gerusalemme, lo pose sul punto più
alto del tempio e gli disse: «Se tu sei Figlio di Dio, gèt-
tati giù di qui; 10sta scritto infatti:

> *Ai suoi angeli darà ordini a tuo riguardo*
> *affinché essi ti custodiscano;*

11e anche:

> *Essi ti porteranno sulle loro mani*
> *perché il tuo piede non inciampi in una pietra*».

12Gesù gli rispose: «È stato detto: *Non metterai alla*
prova il Signore Dio tuo».
13Dopo aver esaurito ogni tentazione, il diavolo si
allontanò da lui fino al momento fissato.
14Gesù ritornò in Galilea con la potenza dello Spiri-
to e la sua fama si diffuse in tutta la regione. 15Insegna-
va nelle loro sinagoghe e gli rendevano lode.
16Venne a Nàzaret, dove era cresciuto, e secondo il
suo solito, di sabato, entrò nella sinagoga e si alzò a
leggere. 17Gli fu dato il rotolo del profeta Isaia; aprì il
rotolo e trovò il passo dove era scritto:

> 18*Lo Spirito del Signore è sopra di me;*
> *per questo mi ha consacrato con l'unzione*

e mi ha mandato a portare ai poveri
il lieto annuncio,
a proclamare ai prigionieri la liberazione
e ai ciechi la vista;
a rimettere in libertà gli oppressi,
19*a proclamare l'anno di grazia del Signore.*

20Riavvolse il rotolo, lo riconsegnò all'inserviente e
sedette. Nella sinagoga, gli occhi di tutti erano fissi su
di lui. 21Allora cominciò a dire loro: «Oggi si è compiu-
ta questa Scrittura che voi avete ascoltato».

22Tutti gli davano testimonianza ed erano meravi-
gliati delle parole di grazia che uscivano dalla sua boc-
ca e dicevano: «Non è costui il figlio di Giuseppe?».
23Ma egli rispose loro: «Certamente voi mi citerete
questo proverbio: "Medico, cura te stesso. Quanto ab-
biamo udito che accadde a Cafàrnao, fallo anche qui,
nella tua patria!"». 24Poi aggiunse: «In verità io vi dico:
nessun profeta è bene accetto nella sua patria. 25Anzi,
in verità io vi dico: c'erano molte vedove in Israele al
tempo di Elia, quando il cielo fu chiuso per tre anni e
sei mesi e ci fu una grande carestia in tutto il paese;
26ma a nessuna di esse fu mandato Elia, se non a una
vedova a Sarepta di Sidone. 27C'erano molti lebbrosi
in Israele al tempo del profeta Eliseo; ma nessuno di
loro fu purificato, se non Naamàn, il Siro».

28All'udire queste cose, tutti nella sinagoga si riem-
pirono di sdegno. 29Si alzarono e lo cacciarono fuori
della città e lo condussero fin sul ciglio del monte, sul
quale era costruita la loro città, per gettarlo giù. 30Ma
egli, passando in mezzo a loro, si mise in cammino.

31Poi scese a Cafàrnao, città della Galilea, e in gior-

no di sabato insegnava alla gente. [32]Erano stupiti del
suo insegnamento perché la sua parola aveva autorità.

[33]Nella sinagoga c'era un uomo che era posseduto
da un demonio impuro; cominciò a gridare forte:
[34]«Basta! Che vuoi da noi, Gesù Nazareno? Sei venuto
a rovinarci? Io so chi tu sei: il santo di Dio!». [35]Gesù gli
ordinò severamente: «Taci! Esci da lui!». E il demonio
lo gettò a terra in mezzo alla gente e uscì da lui, senza
fargli alcun male. [36]Tutti furono presi da timore e si di-
cevano l'un l'altro: «Che parola è mai questa, che co-
manda con autorità e potenza agli spiriti impuri ed essi
se ne vanno?». [37]E la sua fama si diffondeva in ogni
luogo della regione circostante.

[38]Uscito dalla sinagoga, entrò nella casa di Simone.
La suocera di Simone era in preda a una grande febbre
e lo pregarono per lei. [39]Si chinò su di lei, comandò alla
febbre e la febbre la lasciò. E subito si alzò in piedi e li
serviva.

[40]Al calar del sole, tutti quelli che avevano infermi
affetti da varie malattie li condussero a lui. Ed egli, im-
ponendo su ciascuno le mani, li guariva. [41]Da molti
uscivano anche demòni, gridando: «Tu sei il Figlio di
Dio!». Ma egli li minacciava e non li lasciava parlare,
perché sapevano che era lui il Cristo.

[42]Sul far del giorno uscì e si recò in un luogo deser-
to. Ma le folle lo cercavano, lo raggiunsero e tentarono
di trattenerlo perché non se ne andasse via. [43]Egli però
disse loro: «È necessario che io annunci la buona noti-
zia del regno di Dio anche alle altre città; per questo
sono stato mandato». [44]E andava predicando nelle si-
nagoghe della Giudea.

5 [1]Mentre la folla gli faceva ressa attorno per ascolta-
re la parola di Dio, Gesù, stando presso il lago di
Gennèsaret, [2]vide due barche accostate alla sponda. I
pescatori erano scesi e lavavano le reti. [3]Salì in una bar-
ca, che era di Simone, e lo pregò di scostarsi un poco
da terra. Sedette e insegnava alle folle dalla barca.

[4]Quando ebbe finito di parlare, disse a Simone:
«Prendi il largo e gettate le vostre reti per la pesca».
[5]Simone rispose: «Maestro, abbiamo faticato tutta la
notte e non abbiamo preso nulla; ma sulla tua parola
getterò le reti». [6]Fecero così e presero una quantità
enorme di pesci e le loro reti quasi si rompevano. [7]Al-
lora fecero cenno ai compagni dell'altra barca, che ve-
nissero ad aiutarli. Essi vennero e riempirono tutte e
due le barche fino a farle quasi affondare. [8]Al vedere
questo, Simon Pietro si gettò alle ginocchia di Gesù,
dicendo: «Signore, allontànati da me, perché sono un
peccatore». [9]Lo stupore infatti aveva invaso lui e tutti
quelli che erano con lui, per la pesca che avevano fatto;
[10]così pure Giacomo e Giovanni, figli di Zebedeo, che
erano soci di Simone. Gesù disse a Simone: «Non te-
mere; d'ora in poi sarai pescatore di uomini». [11]E, tira-
te le barche a terra, lasciarono tutto e lo seguirono.

[12]Mentre Gesù si trovava in una città, ecco, un uo-
mo coperto di lebbra lo vide e gli si gettò dinanzi, pre-
gandolo: «Signore, se vuoi, puoi purificarmi». [13]Gesù
tese la mano e lo toccò dicendo: «Lo voglio, sii purifi-
cato!». E immediatamente la lebbra scomparve da lui.
[14]Gli ordinò di non dirlo a nessuno: «Va' invece a mo-
strarti al sacerdote e fa' l'offerta per la tua purificazio-
ne, come Mosè ha prescritto, a testimonianza per lo-

ro». 15 Di lui si parlava sempre di più, e folle numerose venivano per ascoltarlo e farsi guarire dalle loro malattie. 16 Ma egli si ritirava in luoghi deserti a pregare.

17 Un giorno stava insegnando. Sedevano là anche dei farisei e maestri della Legge, venuti da ogni villaggio della Galilea e della Giudea, e da Gerusalemme. E la potenza del Signore gli faceva operare guarigioni. 18 Ed ecco, alcuni uomini, portando su un letto un uomo che era paralizzato, cercavano di farlo entrare e di metterlo davanti a lui. 19 Non trovando da quale parte farlo entrare a causa della folla, salirono sul tetto e, attraverso le tegole, lo calarono con il lettuccio davanti a Gesù nel mezzo della stanza. 20 Vedendo la loro fede, disse: «Uomo, ti sono perdonati i tuoi peccati». 21 Gli scribi e i farisei cominciarono a discutere, dicendo: «Chi è costui che dice bestemmie? Chi può perdonare i peccati, se non Dio soltanto?». 22 Ma Gesù, conosciuti i loro ragionamenti, rispose: «Perché pensate così nel vostro cuore? 23 Che cosa è più facile: dire "Ti sono perdonati i tuoi peccati", oppure dire "Àlzati e cammina"? 24 Ora, perché sappiate che il Figlio dell'uomo ha il potere sulla terra di perdonare i peccati, dico a te – disse al paralitico –: àlzati, prendi il tuo lettuccio e torna a casa tua». 25 Subito egli si alzò davanti a loro, prese il lettuccio su cui era disteso e andò a casa sua, glorificando Dio. 26 Tutti furono colti da stupore e davano gloria a Dio; pieni di timore dicevano: «Oggi abbiamo visto cose prodigiose».

27 Dopo questo egli uscì e vide un pubblicano di nome Levi, seduto al banco delle imposte, e gli disse: «Seguimi!». 28 Ed egli, lasciando tutto, si alzò e lo seguì.

[29]Poi Levi gli preparò un grande banchetto nella sua
casa. C'era una folla numerosa di pubblicani e di altra
gente, che erano con loro a tavola. [30]I farisei e i loro
scribi mormoravano e dicevano ai suoi discepoli: «Co-
me mai mangiate e bevete insieme ai pubblicani e ai
peccatori?». [31]Gesù rispose loro: «Non sono i sani
che hanno bisogno del medico, ma i malati; [32]io non
sono venuto a chiamare i giusti, ma i peccatori perché
si convertano».

[33]Allora gli dissero: «I discepoli di Giovanni digiu-
nano spesso e fanno preghiere, così pure i discepoli dei
farisei; i tuoi invece mangiano e bevono!». [34]Gesù ri-
spose loro: «Potete forse far digiunare gli invitati a
nozze quando lo sposo è con loro? [35]Ma verranno gior-
ni quando lo sposo sarà loro tolto: allora in quei giorni
digiuneranno».

[36]Diceva loro anche una parabola: «Nessuno strap-
pa un pezzo da un vestito nuovo per metterlo su un
vestito vecchio; altrimenti il nuovo lo strappa e al vec-
chio non si adatta il pezzo preso dal nuovo. [37]E nessu-
no versa vino nuovo in otri vecchi; altrimenti il vino
nuovo spaccherà gli otri, si spanderà e gli otri andran-
no perduti. [38]Il vino nuovo bisogna versarlo in otri
nuovi. [39]Nessuno poi che beve il vino vecchio desidera
il nuovo, perché dice: "Il vecchio è gradevole!"».

6 [1]Un sabato Gesù passava fra campi di grano e i suoi
discepoli coglievano e mangiavano le spighe, sfre-
gandole con le mani. [2]Alcuni farisei dissero: «Perché
fate in giorno di sabato quello che non è lecito?». [3]Ge-
sù rispose loro: «Non avete letto quello che fece Davi-

de, quando lui e i suoi compagni ebbero fame? 4Come
entrò nella casa di Dio, prese i pani dell'offerta, ne
mangiò e ne diede ai suoi compagni, sebbene non sia
lecito mangiarli se non ai soli sacerdoti?». 5E diceva lo-
ro: «Il Figlio dell'uomo è signore del sabato».

6Un altro sabato egli entrò nella sinagoga e si mise a
insegnare. C'era là un uomo che aveva la mano destra
paralizzata. 7Gli scribi e i farisei lo osservavano per ve-
dere se lo guariva in giorno di sabato, per trovare di
che accusarlo. 8Ma Gesù conosceva i loro pensieri e
disse all'uomo che aveva la mano paralizzata: «Àlzati
e mettiti qui in mezzo!». Si alzò e si mise in mezzo.
9Poi Gesù disse loro: «Domando a voi: in giorno di sa-
bato, è lecito fare del bene o fare del male, salvare una
vita o sopprimerla?». 10E guardandoli tutti intorno,
disse all'uomo: «Tendi la tua mano!». Egli lo fece e la
sua mano fu guarita. 11Ma essi, fuori di sé dalla collera,
si misero a discutere tra loro su quello che avrebbero
potuto fare a Gesù.

12In quei giorni egli se ne andò sul monte a pregare e
passò tutta la notte pregando Dio. 13Quando fu giorno,
chiamò a sé i suoi discepoli e ne scelse dodici, ai quali
diede anche il nome di apostoli: 14Simone, al quale die-
de anche il nome di Pietro; Andrea, suo fratello; Gia-
como, Giovanni, Filippo, Bartolomeo, 15Matteo, Tom-
maso; Giacomo, figlio di Alfeo; Simone, detto Zelota;
16Giuda, figlio di Giacomo; e Giuda Iscariota, che di-
venne il traditore.

17Disceso con loro, si fermò in un luogo pianeggian-
te. C'era gran folla di suoi discepoli e gran moltitudine
di gente da tutta la Giudea, da Gerusalemme e dal li-

torale di Tiro e di Sidone, [18]che erano venuti per ascol-
tarlo ed essere guariti dalle loro malattie; anche quelli
che erano tormentati da spiriti impuri venivano guari-
ti. [19]Tutta la folla cercava di toccarlo, perché da lui
usciva una forza che guariva tutti.
[20]Ed egli, alzàti gli occhi verso i suoi discepoli, diceva:

«Beati voi, poveri,
perché vostro è il regno di Dio.
[21]Beati voi, che ora avete fame,
perché sarete saziati.
Beati voi, che ora piangete,
perché riderete.

[22]Beati voi, quando gli uomini vi odieranno e quan-
do vi metteranno al bando e vi insulteranno e di-
sprezzeranno il vostro nome come infame, a causa
del Figlio dell'uomo. [23]Rallegratevi in quel giorno
ed esultate perché, ecco, la vostra ricompensa è
grande nel cielo. Allo stesso modo infatti agivano i
loro padri con i profeti.

[24]Ma guai a voi, ricchi,
perché avete già ricevuto la vostra consolazione.
[25]Guai a voi, che ora siete sazi,
perché avrete fame.
Guai a voi, che ora ridete,
perché sarete nel dolore e piangerete.

[26]Guai, quando tutti gli uomini diranno bene di voi.
Allo stesso modo infatti agivano i loro padri con i
falsi profeti.

[27]Ma a voi che ascoltate, io dico: amate i vostri nemi-
ci, fate del bene a quelli che vi odiano, [28]benedite colo-

ro che vi maledicono, pregate per coloro che vi tratta-
no male. 29A chi ti percuote sulla guancia, offri anche
l'altra; a chi ti strappa il mantello, non rifiutare nean-
che la tunica. 30Da' a chiunque ti chiede, e a chi prende
le cose tue, non chiederle indietro.

31E come volete che gli uomini facciano a voi, così
anche voi fate a loro. 32Se amate quelli che vi amano,
quale gratitudine vi è dovuta? Anche i peccatori amano
quelli che li amano. 33E se fate del bene a coloro che
fanno del bene a voi, quale gratitudine vi è dovuta? An-
che i peccatori fanno lo stesso. 34E se prestate a coloro
da cui sperate ricevere, quale gratitudine vi è dovuta?
Anche i peccatori concedono prestiti ai peccatori per
riceverne altrettanto. 35Amate invece i vostri nemici, fa-
te del bene e prestate senza sperarne nulla, e la vostra
ricompensa sarà grande e sarete figli dell'Altissimo,
perché egli è benevolo verso gli ingrati e i malvagi.

36Siate misericordiosi, come il Padre vostro è mise-
ricordioso.

37Non giudicate e non sarete giudicati; non condan-
nate e non sarete condannati; perdonate e sarete per-
donati. 38Date e vi sarà dato: una misura buona, pigia-
ta, colma e traboccante vi sarà versata nel grembo, per-
ché con la misura con la quale misurate, sarà misurato
a voi in cambio».

39Disse loro anche una parabola: «Può forse un cieco
guidare un altro cieco? Non cadranno tutti e due in un
fosso? 40Un discepolo non è più del maestro; ma ognu-
no, che sia ben preparato, sarà come il suo maestro.

41Perché guardi la pagliuzza che è nell'occhio del
tuo fratello e non ti accorgi della trave che è nel tuo

occhio? 42Come puoi dire al tuo fratello: “Fratello, la-
scia che tolga la pagliuzza che è nel tuo occhio”, men-
tre tu stesso non vedi la trave che è nel tuo occhio?
Ipocrita! Togli prima la trave dal tuo occhio e allora
ci vedrai bene per togliere la pagliuzza dall’occhio del
tuo fratello.
43Non vi è albero buono che produca un frutto cat-
tivo, né vi è d’altronde albero cattivo che produca un
frutto buono. 44Ogni albero infatti si riconosce dal suo
frutto: non si raccolgono fichi dagli spini, né si ven-
demmia uva da un rovo. 45L’uomo buono dal buon te-
soro del suo cuore trae fuori il bene; l’uomo cattivo dal
suo cattivo tesoro trae fuori il male: la sua bocca infatti
esprime ciò che dal cuore sovrabbonda.
46Perché mi invocate: “Signore, Signore!” e non fate
quello che dico? 47Chiunque viene a me e ascolta le mie
parole e le mette in pratica, vi mostrerò a chi è simile:
48è simile a un uomo che, costruendo una casa, ha sca-
vato molto profondo e ha posto le fondamenta sulla
roccia. Venuta la piena, il fiume investì quella casa,
ma non riuscì a smuoverla perché era costruita bene.
49Chi invece ascolta e non mette in pratica, è simile a
un uomo che ha costruito una casa sulla terra, senza
fondamenta. Il fiume la investì e subito crollò; e la di-
struzione di quella casa fu grande».

7 1Quando ebbe terminato di rivolgere tutte le sue
parole al popolo che stava in ascolto, Gesù entrò
in Cafàrnao. 2Il servo di un centurione era ammalato
e stava per morire. Il centurione l’aveva molto caro.
3Perciò, avendo udito parlare di Gesù, gli mandò alcu-

ni anziani dei Giudei a pregarlo di venire e di salvare il
suo servo. [4]Costoro, giunti da Gesù, lo supplicavano
con insistenza: «Egli merita che tu gli conceda quello
che chiede – dicevano –, [5]perché ama il nostro popolo
ed è stato lui a costruirci la sinagoga». [6]Gesù si incam-
minò con loro. Non era ormai molto distante dalla ca-
sa, quando il centurione mandò alcuni amici a dirgli:
«Signore, non disturbarti! Io non sono degno che tu
entri sotto il mio tetto; [7]per questo io stesso non mi so-
no ritenuto degno di venire da te; ma di' una parola e il
mio servo sarà guarito. [8]Anch'io infatti sono nella con-
dizione di subalterno e ho dei soldati sotto di me e dico
a uno: "Va'!", ed egli va; e a un altro: "Vieni!", ed egli
viene; e al mio servo: "Fa' questo!", ed egli lo fa». [9]Al-
l'udire questo, Gesù lo ammirò e, volgendosi alla folla
che lo seguiva, disse: «Io vi dico che neanche in Israele
ho trovato una fede così grande!». [10]E gli inviati, quan-
do tornarono a casa, trovarono il servo guarito.

[11]In seguito Gesù si recò in una città chiamata Nain,
e con lui camminavano i suoi discepoli e una grande
folla. [12]Quando fu vicino alla porta della città, ecco, ve-
niva portato alla tomba un morto, unico figlio di una
madre rimasta vedova; e molta gente della città era
con lei. [13]Vedendola, il Signore fu preso da grande
compassione per lei e le disse: «Non piangere!». [14]Si
avvicinò e toccò la bara, mentre i portatori si fermaro-
no. Poi disse: «Ragazzo, dico a te, àlzati!». [15]Il morto si
mise seduto e cominciò a parlare. Ed egli lo restituì a
sua madre. [16]Tutti furono presi da timore e glorificava-
no Dio, dicendo: «Un grande profeta è sorto tra noi»,
e: «Dio ha visitato il suo popolo». [17]Questa fama di lui

si diffuse per tutta quanta la Giudea e in tutta la regio-
ne circostante.
[18]Giovanni fu informato dai suoi discepoli di tutte
queste cose. Chiamati quindi due di loro, Giovanni
[19]li mandò a dire al Signore: «Sei tu colui che deve ve-
nire o dobbiamo aspettare un altro?». [20]Venuti da lui,
quegli uomini dissero: «Giovanni il Battista ci ha man-
dati da te per domandarti: "Sei tu colui che deve venire
o dobbiamo aspettare un altro?"». [21]In quello stesso
momento Gesù guarì molti da malattie, da infermità,
da spiriti cattivi e donò la vista a molti ciechi. [22]Poi die-
de loro questa risposta: «Andate e riferite a Giovanni
ciò che avete visto e udito: *i ciechi riacquistano la vista*,
gli zoppi camminano, i lebbrosi sono purificati, *i sordi
odono, i morti risuscitano*, ai poveri è annunciata la
buona notizia. [23]E beato è colui che non trova in me
motivo di scandalo!».
[24]Quando gli inviati di Giovanni furono partiti, Ge-
sù si mise a parlare di Giovanni alle folle: «Che cosa
siete andati a vedere nel deserto? Una canna sbattuta
dal vento? [25]Allora, che cosa siete andati a vedere? Un
uomo vestito con abiti di lusso? Ecco, quelli che porta-
no vesti sontuose e vivono nel lusso stanno nei palazzi
dei re. [26]Ebbene, che cosa siete andati a vedere? Un
profeta? Sì, io vi dico, anzi, più che un profeta. [27]Egli
è colui del quale sta scritto:

> *Ecco, dinanzi a te mando il mio messaggero,*
> *davanti a te egli preparerà la tua via.*

[28]Io vi dico: fra i nati da donna non vi è alcuno più
grande di Giovanni, ma il più piccolo nel regno di Dio
è più grande di lui.

29 Tutto il popolo che lo ascoltava, e anche i pubbli-
cani, ricevendo il battesimo di Giovanni, hanno rico-
nosciuto che Dio è giusto. 30 Ma i farisei e i dottori della
Legge, non facendosi battezzare da lui, hanno reso va-
no il disegno di Dio su di loro.
31 A chi dunque posso paragonare la gente di questa
generazione? A chi è simile? 32 È simile a bambini che,
seduti in piazza, gridano gli uni agli altri così:

"Vi abbiamo suonato il flauto e non avete ballato,
abbiamo cantato un lamento e non avete pianto!".

33 È venuto infatti Giovanni il Battista, che non man-
gia pane e non beve vino, e voi dite: "È indemoniato".
34 È venuto il Figlio dell'uomo, che mangia e beve, e voi
dite: "Ecco un mangione e un beone, un amico di pub-
blicani e di peccatori!". 35 Ma la Sapienza è stata rico-
nosciuta giusta da tutti i suoi figli».
36 Uno dei farisei lo invitò a mangiare da lui. Egli en-
trò nella casa del fariseo e si mise a tavola. 37 Ed ecco,
una donna, una peccatrice di quella città, saputo che si
trovava nella casa del fariseo, portò un vaso di profu-
mo; 38 stando dietro, presso i piedi di lui, piangendo,
cominciò a bagnarli di lacrime, poi li asciugava con i
suoi capelli, li baciava e li cospargeva di profumo. 39 Ve-
dendo questo, il fariseo che l'aveva invitato disse tra sé:
«Se costui fosse un profeta, saprebbe chi è, e di quale
genere è la donna che lo tocca: è una peccatrice!».
40 Gesù allora gli disse: «Simone, ho da dirti qualco-
sa». Ed egli rispose: «Di' pure, maestro». 41 «Un credi-
tore aveva due debitori: uno gli doveva cinquecento
denari, l'altro cinquanta. 42 Non avendo essi di che re-
stituire, condonò il debito a tutti e due. Chi di loro

dunque lo amerà di più?». 43Simone rispose: «Suppon-
go sia colui al quale ha condonato di più». Gli disse
Gesù: «Hai giudicato bene». 44E, volgendosi verso la
donna, disse a Simone: «Vedi questa donna? Sono en-
trato in casa tua e tu non mi hai dato l'acqua per i pie-
di; lei invece mi ha bagnato i piedi con le lacrime e li ha
asciugati con i suoi capelli. 45Tu non mi hai dato un ba-
cio; lei invece, da quando sono entrato, non ha cessato
di baciarmi i piedi. 46Tu non hai unto con olio il mio
capo; lei invece mi ha cosparso i piedi di profumo.
47Per questo io ti dico: sono perdonati i suoi molti pec-
cati, perché ha molto amato. Invece colui al quale si
perdona poco, ama poco». 48Poi disse a lei: «I tuoi pec-
cati sono perdonati». 49Allora i commensali comincia-
rono a dire tra sé: «Chi è costui che perdona anche i
peccati?». 50Ma egli disse alla donna: «La tua fede ti
ha salvata; va' in pace!».

8 1In seguito egli se ne andava per città e villaggi, pre-
dicando e annunciando la buona notizia del regno
di Dio. C'erano con lui i Dodici 2e alcune donne che
erano state guarite da spiriti cattivi e da infermità: Ma-
ria, chiamata Maddalena, dalla quale erano usciti sette
demòni; 3Giovanna, moglie di Cuza, amministratore di
Erode; Susanna e molte altre, che li servivano con i lo-
ro beni.

4Poiché una grande folla si radunava e accorreva a
lui gente da ogni città, Gesù disse con una parabola:
5«Il seminatore uscì a seminare il suo seme. Mentre se-
minava, una parte cadde lungo la strada e fu calpesta-
ta, e gli uccelli del cielo la mangiarono. 6Un'altra parte

cadde sulla pietra e, appena germogliata, seccò per
mancanza di umidità. 7Un'altra parte cadde in mezzo
ai rovi e i rovi, cresciuti insieme con essa, la soffocaro-
no. 8Un'altra parte cadde sul terreno buono, germo-
gliò e fruttò cento volte tanto». Detto questo, esclamò:
«Chi ha orecchi per ascoltare, ascolti!».

9I suoi discepoli lo interrogavano sul significato del-
la parabola. 10Ed egli disse: «A voi è dato conoscere i
misteri del regno di Dio, ma agli altri solo con parabo-
le, affinché

vedendo non vedano
e ascoltando non comprendano.

11Il significato della parabola è questo: il seme è la
parola di Dio. 12I semi caduti lungo la strada sono co-
loro che l'hanno ascoltata, ma poi viene il diavolo e
porta via la Parola dal loro cuore, perché non avvenga
che, credendo, siano salvati. 13Quelli sulla pietra sono
coloro che, quando ascoltano, ricevono la Parola con
gioia, ma non hanno radici; credono per un certo tem-
po, ma nel tempo della prova vengono meno. 14Quello
caduto in mezzo ai rovi sono coloro che, dopo aver
ascoltato, strada facendo si lasciano soffocare da pre-
occupazioni, ricchezze e piaceri della vita e non giun-
gono a maturazione. 15Quello sul terreno buono sono
coloro che, dopo aver ascoltato la Parola con cuore in-
tegro e buono, la custodiscono e producono frutto con
perseveranza.

16Nessuno accende una lampada e la copre con un
vaso o la mette sotto un letto, ma la pone su un cande-
labro, perché chi entra veda la luce. 17Non c'è nulla di
segreto che non sia manifestato, nulla di nascosto che

non sia conosciuto e venga in piena luce. 18Fate attenzione dunque a come ascoltate; perché a chi ha, sarà dato, ma a chi non ha, sarà tolto anche ciò che crede di avere».

19E andarono da lui la madre e i suoi fratelli, ma non potevano avvicinarlo a causa della folla. 20Gli fecero sapere: «Tua madre e i tuoi fratelli stanno fuori e desiderano vederti». 21Ma egli rispose loro: «Mia madre e miei fratelli sono questi: coloro che ascoltano la parola di Dio e la mettono in pratica».

22E avvenne che, uno di quei giorni, Gesù salì su una barca con i suoi discepoli e disse loro: «Passiamo all'altra riva del lago». E presero il largo. 23Ora, mentre navigavano, egli si addormentò. Una tempesta di vento si abbatté sul lago, imbarcavano acqua ed erano in pericolo. 24Si accostarono a lui e lo svegliarono dicendo: «Maestro, maestro, siamo perduti!». Ed egli, destatosi, minacciò il vento e le acque in tempesta: si calmarono e ci fu bonaccia. 25Allora disse loro: «Dov'è la vostra fede?». Essi, impauriti e stupiti, dicevano l'un l'altro: «Chi è dunque costui, che comanda anche ai venti e all'acqua, e gli obbediscono?».

26Approdarono nel paese dei Gerasèni, che sta di fronte alla Galilea. 27Era appena sceso a terra, quando dalla città gli venne incontro un uomo posseduto dai demòni. Da molto tempo non portava vestiti, né abitava in casa, ma in mezzo alle tombe. 28Quando vide Gesù, gli si gettò ai piedi urlando, e disse a gran voce: «Che vuoi da me, Gesù, Figlio del Dio altissimo? Ti prego, non tormentarmi!». 29Gesù aveva ordinato allo spirito impuro di uscire da quell'uomo. Molte volte in-

fatti si era impossessato di lui; allora lo tenevano chiu-
so, legato con catene e con i ceppi ai piedi, ma egli
spezzava i legami e veniva spinto dal demonio in luo-
ghi deserti. [30]Gesù gli domandò: «Qual è il tuo no-
me?». Rispose: «Legione», perché molti demòni erano
entrati in lui. [31]E lo scongiuravano che non ordinasse
loro di andarsene nell'abisso. [32]Vi era là una grande
mandria di porci, al pascolo sul monte. I demòni lo
scongiurarono che concedesse loro di entrare nei por-
ci. Glielo permise. [33]I demòni, usciti dall'uomo, entra-
rono nei porci e la mandria si precipitò, giù dalla rupe,
nel lago e annegò.

[34]Quando videro ciò che era accaduto, i mandriani
fuggirono e portarono la notizia nella città e nelle cam-
pagne. [35]La gente uscì per vedere l'accaduto e, quando
arrivarono da Gesù, trovarono l'uomo dal quale erano
usciti i demòni, vestito e sano di mente, che sedeva ai
piedi di Gesù, ed ebbero paura. [36]Quelli che avevano
visto riferirono come l'indemoniato era stato salvato.
[37]Allora tutta la popolazione del territorio dei Gerasè-
ni gli chiese che si allontanasse da loro, perché avevano
molta paura. Egli, salito su una barca, tornò indietro.
[38]L'uomo dal quale erano usciti i demòni gli chiese di
restare con lui, ma egli lo congedò dicendo: [39]«Torna a
casa tua e racconta quello che Dio ha fatto per te». E
quello se ne andò, proclamando per tutta la città quel-
lo che Gesù aveva fatto per lui.

[40]Al suo ritorno, Gesù fu accolto dalla folla, perché
tutti erano in attesa di lui. [41]Ed ecco, venne un uomo di
nome Giàiro, che era capo della sinagoga: si gettò ai
piedi di Gesù e lo pregava di recarsi a casa sua, [42]per-

ché l'unica figlia che aveva, di circa dodici anni, stava
per morire.
Mentre Gesù vi si recava, le folle gli si accalcavano
attorno. [43]E una donna, che aveva perdite di sangue da
dodici anni, la quale, pur avendo speso tutti i suoi beni
per i medici, non aveva potuto essere guarita da nessu-
no, [44]gli si avvicinò da dietro, gli toccò il lembo del
mantello e immediatamente l'emorragia si arrestò.
[45]Gesù disse: «Chi mi ha toccato?». Tutti negavano.
Pietro allora disse: «Maestro, la folla ti stringe da ogni
parte e ti schiaccia». [46]Ma Gesù disse: «Qualcuno mi
ha toccato. Ho sentito che una forza è uscita da me».
[47]Allora la donna, vedendo che non poteva rimanere
nascosta, tremante, venne e si gettò ai suoi piedi e di-
chiarò davanti a tutto il popolo per quale motivo l'ave-
va toccato e come era stata guarita all'istante. [48]Egli le
disse: «Figlia, la tua fede ti ha salvata. Va' in pace!».
[49]Stava ancora parlando, quando arrivò uno dalla ca-
sa del capo della sinagoga e disse: «Tua figlia è morta,
non disturbare più il maestro». [50]Ma Gesù, avendo udi-
to, rispose: «Non temere, soltanto abbi fede e sarà sal-
vata». [51]Giunto alla casa, non permise a nessuno di en-
trare con lui, fuorché a Pietro, Giovanni e Giacomo e al
padre e alla madre della fanciulla. [52]Tutti piangevano e
facevano il lamento su di lei. Gesù disse: «Non piange-
te. Non è morta, ma dorme». [53]Essi lo deridevano, sa-
pendo bene che era morta; [54]ma egli le prese la mano e
disse ad alta voce: «Fanciulla, àlzati!». [55]La vita ritornò
in lei e si alzò all'istante. Egli ordinò di darle da man-
giare. [56]I genitori ne furono sbalorditi, ma egli ordinò
loro di non raccontare a nessuno ciò che era accaduto.

9 1Convocò i Dodici e diede loro forza e potere su
tutti i demòni e di guarire le malattie. 2E li mandò
ad annunciare il regno di Dio e a guarire gli infermi.
3Disse loro: «Non prendete nulla per il viaggio, né ba-
stone, né sacca, né pane, né denaro, e non portatevi
due tuniche. 4In qualunque casa entriate, rimanete là,
e di là poi ripartite. 5Quanto a coloro che non vi accol-
gono, uscite dalla loro città e scuotete la polvere dai
vostri piedi come testimonianza contro di loro». 6Allo-
ra essi uscirono e giravano di villaggio in villaggio,
ovunque annunciando la buona notizia e operando
guarigioni.

7Il tetrarca Erode sentì parlare di tutti questi avve-
nimenti e non sapeva che cosa pensare, perché alcuni
dicevano: «Giovanni è risorto dai morti», 8altri: «È ap-
parso Elia», e altri ancora: «È risorto uno degli antichi
profeti». 9Ma Erode diceva: «Giovanni, l'ho fatto de-
capitare io; chi è dunque costui, del quale sento dire
queste cose?». E cercava di vederlo.

10Al loro ritorno, gli apostoli raccontarono a Gesù
tutto quello che avevano fatto. Allora li prese con sé e
si ritirò in disparte, verso una città chiamata Betsàida.
11Ma le folle vennero a saperlo e lo seguirono. Egli le
accolse e prese a parlare loro del regno di Dio e a gua-
rire quanti avevano bisogno di cure.

12Il giorno cominciava a declinare e i Dodici gli si
avvicinarono dicendo: «Congeda la folla perché vada
nei villaggi e nelle campagne dei dintorni, per alloggia-
re e trovare cibo: qui siamo in una zona deserta». 13Ge-
sù disse loro: «Voi stessi date loro da mangiare». Ma
essi risposero: «Non abbiamo che cinque pani e due

pesci, a meno che non andiamo noi a comprare viveri
per tutta questa gente». 14C'erano infatti circa cinque-
mila uomini. Egli disse ai suoi discepoli: «Fateli sedere
a gruppi di cinquanta circa». 15Fecero così e li fecero
sedere tutti quanti. 16Egli prese i cinque pani e i due
pesci, alzò gli occhi al cielo, recitò su di essi la benedi-
zione, li spezzò e li dava ai discepoli perché li distri-
buissero alla folla. 17Tutti mangiarono a sazietà e furo-
no portati via i pezzi loro avanzati: dodici ceste.

18Un giorno Gesù si trovava in un luogo solitario a
pregare. I discepoli erano con lui ed egli pose loro que-
sta domanda: «Le folle, chi dicono che io sia?». 19Essi
risposero: «Giovanni il Battista; altri dicono Elia; altri
uno degli antichi profeti che è risorto». 20Allora do-
mandò loro: «Ma voi, chi dite che io sia?». Pietro ri-
spose: «Il Cristo di Dio». 21Egli ordinò loro severa-
mente di non riferirlo ad alcuno.

22«Il Figlio dell'uomo – disse – deve soffrire molto,
essere rifiutato dagli anziani, dai capi dei sacerdoti e
dagli scribi, venire ucciso e risorgere il terzo giorno».

23Poi, a tutti, diceva: «Se qualcuno vuole venire die-
tro a me, rinneghi se stesso, prenda la sua croce ogni
giorno e mi segua. 24Chi vuole salvare la propria vita, la
perderà, ma chi perderà la propria vita per causa mia,
la salverà. 25Infatti, quale vantaggio ha un uomo che
guadagna il mondo intero, ma perde o rovina se stes-
so? 26Chi si vergognerà di me e delle mie parole, di lui
si vergognerà il Figlio dell'uomo quando verrà nella
gloria sua e del Padre e degli angeli santi. 27In verità
io vi dico: vi sono alcuni, qui presenti, che non morran-
no prima di aver visto il regno di Dio».

28 Circa otto giorni dopo questi discorsi, Gesù prese
con sé Pietro, Giovanni e Giacomo e salì sul monte a
pregare. 29 Mentre pregava, il suo volto cambiò d'aspet-
to e la sua veste divenne candida e sfolgorante. 30 Ed
ecco, due uomini conversavano con lui: erano Mosè
ed Elia, 31 apparsi nella gloria, e parlavano del suo eso-
do, che stava per compiersi a Gerusalemme. 32 Pietro e
i suoi compagni erano oppressi dal sonno; ma, quando
si svegliarono, videro la sua gloria e i due uomini che
stavano con lui. 33 Mentre questi si separavano da lui,
Pietro disse a Gesù: «Maestro, è bello per noi essere
qui. Facciamo tre capanne, una per te, una per Mosè
e una per Elia». Egli non sapeva quello che diceva.
34 Mentre parlava così, venne una nube e li coprì con
la sua ombra. All'entrare nella nube, ebbero paura.
35 E dalla nube uscì una voce, che diceva: «Questi è il
Figlio mio, l'eletto; ascoltatelo!». 36 Appena la voce ces-
sò, restò Gesù solo. Essi tacquero e in quei giorni non
riferirono a nessuno ciò che avevano visto.

37 Il giorno seguente, quando furono discesi dal
monte, una grande folla gli venne incontro. 38 A un trat-
to, dalla folla un uomo si mise a gridare: «Maestro, ti
prego, volgi lo sguardo a mio figlio, perché è l'unico
che ho! 39 Ecco, uno spirito lo afferra e improvvisamen-
te si mette a gridare, lo scuote, provocandogli bava alla
bocca, se ne allontana a stento e lo lascia sfinito. 40 Ho
pregato i tuoi discepoli di scacciarlo, ma non ci sono
riusciti». 41 Gesù rispose: «O generazione incredula e
perversa, fino a quando sarò con voi e vi sopporterò?
Conduci qui tuo figlio». 42 Mentre questi si avvicinava,
il demonio lo gettò a terra scuotendolo con convulsio-

ni. Gesù minacciò lo spirito impuro, guarì il fanciullo e
lo consegnò a suo padre. [43]E tutti restavano stupiti di
fronte alla grandezza di Dio.

Mentre tutti erano ammirati di tutte le cose che
faceva, disse ai suoi discepoli: [44]«Mettetevi bene in
mente queste parole: il Figlio dell'uomo sta per essere
consegnato nelle mani degli uomini». [45]Essi però non
capivano queste parole: restavano per loro così miste-
riose che non ne coglievano il senso, e avevano timore
di interrogarlo su questo argomento.

[46]Nacque poi una discussione tra loro, chi di loro
fosse più grande. [47]Allora Gesù, conoscendo il pensie-
ro del loro cuore, prese un bambino, se lo mise vicino
[48]e disse loro: «Chi accoglierà questo bambino nel mio
nome, accoglie me; e chi accoglie me, accoglie colui
che mi ha mandato. Chi infatti è il più piccolo fra tutti
voi, questi è grande».

[49]Giovanni prese la parola dicendo: «Maestro, ab-
biamo visto uno che scacciava demòni nel tuo nome e
glielo abbiamo impedito, perché non ti segue insieme
con noi». [50]Ma Gesù gli rispose: «Non lo impedite,
perché chi non è contro di voi, è per voi».

[51]Mentre stavano compiendosi i giorni in cui sareb-
be stato elevato in alto, egli prese la ferma decisione di
mettersi in cammino verso Gerusalemme [52]e mandò
messaggeri davanti a sé. Questi si incamminarono ed
entrarono in un villaggio di Samaritani per preparargli
l'ingresso. [53]Ma essi non vollero riceverlo, perché era
chiaramente in cammino verso Gerusalemme. [54]Quan-
do videro ciò, i discepoli Giacomo e Giovanni dissero:
«Signore, vuoi che diciamo che scenda un fuoco dal

cielo e li consumi?». [55]Si voltò e li rimproverò. [56]E si
misero in cammino verso un altro villaggio.
[57]Mentre camminavano per la strada, un tale gli dis-
se: «Ti seguirò dovunque tu vada». [58]E Gesù gli rispo-
se: «Le volpi hanno le loro tane e gli uccelli del cielo i
loro nidi, ma il Figlio dell'uomo non ha dove posare il
capo». [59]A un altro disse: «Seguimi». E costui rispose:
«Signore, permettimi di andare prima a seppellire mio
padre». [60]Gli replicò: «Lascia che i morti seppelliscano
i loro morti; tu invece va' e annuncia il regno di Dio».
[61]Un altro disse: «Ti seguirò, Signore; prima però lascia
che io mi congedi da quelli di casa mia». [62]Ma Gesù gli
rispose: «Nessuno che mette mano all'aratro e poi si
volge indietro è adatto per il regno di Dio».

10 [1]Dopo questi fatti il Signore designò altri settan-
tadue e li inviò a due a due davanti a sé in ogni
città e luogo dove stava per recarsi. [2]Diceva loro: «La
messe è abbondante, ma sono pochi gli operai! Prega-
te dunque il signore della messe, perché mandi operai
nella sua messe! [3]Andate: ecco, vi mando come agnelli
in mezzo a lupi; [4]non portate borsa, né sacca, né sanda-
li e non fermatevi a salutare nessuno lungo la strada.
[5]In qualunque casa entriate, prima dite: "Pace a questa
casa!". [6]Se vi sarà un figlio della pace, la vostra pace
scenderà su di lui, altrimenti ritornerà su di voi. [7]Resta-
te in quella casa, mangiando e bevendo di quello che
hanno, perché chi lavora ha diritto alla sua ricompen-
sa. Non passate da una casa all'altra. [8]Quando entrere-
te in una città e vi accoglieranno, mangiate quello che
vi sarà offerto, [9]guarite i malati che vi si trovano, e dite

loro: "È vicino a voi il regno di Dio". [10]Ma quando en-
trerete in una città e non vi accoglieranno, uscite sulle
sue piazze e dite: [11]"Anche la polvere della vostra città,
che si è attaccata ai nostri piedi, noi la scuotiamo con-
tro di voi; sappiate però che il regno di Dio è vicino".
[12]Io vi dico che, in quel giorno, Sòdoma sarà trattata
meno duramente di quella città.

[13]Guai a te, Corazìn, guai a te, Betsàida! Perché, se a
Tiro e a Sidone fossero avvenuti i prodigi che avvenne-
ro in mezzo a voi, già da tempo, vestite di sacco e co-
sparse di cenere, si sarebbero convertite. [14]Ebbene, nel
giudizio, Tiro e Sidone saranno trattate meno dura-
mente di voi. [15]E tu, Cafàrnao, sarai forse innalzata fi-
no al cielo? Fino agli inferi precipiterai!

[16]Chi ascolta voi ascolta me, chi disprezza voi di-
sprezza me. E chi disprezza me disprezza colui che mi
ha mandato».

[17]I settantadue tornarono pieni di gioia, dicendo:
«Signore, anche i demòni si sottomettono a noi nel
tuo nome». [18]Egli disse loro: «Vedevo Satana cadere
dal cielo come una folgore. [19]Ecco, io vi ho dato il po-
tere di camminare sopra serpenti e scorpioni e sopra
tutta la potenza del nemico: nulla potrà danneggiarvi.
[20]Non rallegratevi però perché i demòni si sottometto-
no a voi; rallegratevi piuttosto perché i vostri nomi so-
no scritti nei cieli».

[21]In quella stessa ora Gesù esultò di gioia nello Spi-
rito Santo e disse: «Ti rendo lode, o Padre, Signore del
cielo e della terra, perché hai nascosto queste cose ai
sapienti e ai dotti e le hai rivelate ai piccoli. Sì, o Padre,
perché così hai deciso nella tua benevolenza. [22]Tutto è

stato dato a me dal Padre mio e nessuno sa chi è il Fi-
glio se non il Padre, né chi è il Padre se non il Figlio e
colui al quale il Figlio vorrà rivelarlo».

23E, rivolto ai discepoli, in disparte, disse: «Beati gli
occhi che vedono ciò che voi vedete. 24Io vi dico che
molti profeti e re hanno voluto vedere ciò che voi guar-
date, ma non lo videro, e ascoltare ciò che voi ascolta-
te, ma non lo ascoltarono».

25Ed ecco, un dottore della Legge si alzò per metter-
lo alla prova e chiese: «Maestro, che cosa devo fare per
ereditare la vita eterna?». 26Gesù gli disse: «Che cosa
sta scritto nella Legge? Come leggi?». 27Costui rispose:
«*Amerai il Signore tuo Dio con tutto il tuo cuore, con*
tutta la tua anima, con tutta la tua forza e con tutta la
tua mente, e il tuo prossimo come te stesso». 28Gli disse:
«Hai risposto bene; fa' questo e vivrai».

29Ma quello, volendo giustificarsi, disse a Gesù: «E
chi è mio prossimo?». 30Gesù riprese: «Un uomo scen-
deva da Gerusalemme a Gerico e cadde nelle mani dei
briganti, che gli portarono via tutto, lo percossero a
sangue e se ne andarono, lasciandolo mezzo morto.
31Per caso, un sacerdote scendeva per quella medesima
strada e, quando lo vide, passò oltre. 32Anche un levita,
giunto in quel luogo, vide e passò oltre. 33Invece un Sa-
maritano, che era in viaggio, passandogli accanto, vide
e ne ebbe compassione. 34Gli si fece vicino, gli fasciò le
ferite, versandovi olio e vino; poi lo caricò sulla sua ca-
valcatura, lo portò in un albergo e si prese cura di lui.
35Il giorno seguente, tirò fuori due denari e li diede al-
l'albergatore, dicendo: "Abbi cura di lui; ciò che spen-
derai in più, te lo pagherò al mio ritorno". 36Chi di que-

sti tre ti sembra sia stato prossimo di colui che è caduto
nelle mani dei briganti?». [37]Quello rispose: «Chi ha
avuto compassione di lui». Gesù gli disse: «Va' e anche
tu fa' così».

[38]Mentre erano in cammino, entrò in un villaggio e
una donna, di nome Marta, lo ospitò. [39]Ella aveva una
sorella, di nome Maria, la quale, seduta ai piedi del Si-
gnore, ascoltava la sua parola. [40]Marta invece era di-
stolta per i molti servizi. Allora si fece avanti e disse:
«Signore, non t'importa nulla che mia sorella mi abbia
lasciata sola a servire? Dille dunque che mi aiuti». [41]Ma
il Signore le rispose: «Marta, Marta, tu ti affanni e ti
agiti per molte cose, [42]ma di una cosa sola c'è biso-
gno. Maria ha scelto la parte migliore, che non le sarà
tolta».

11 [1]Gesù si trovava in un luogo a pregare; quando
ebbe finito, uno dei suoi discepoli gli disse: «Si-
gnore, insegnaci a pregare, come anche Giovanni ha
insegnato ai suoi discepoli». [2]Ed egli disse loro:
«Quando pregate, dite:

Padre,
sia santificato il tuo nome,
venga il tuo regno;
[3]dacci ogni giorno il nostro pane quotidiano,
[4]e perdona a noi i nostri peccati,
anche noi infatti perdoniamo a ogni nostro debitore,
e non abbandonarci alla tentazione».

[5]Poi disse loro: «Se uno di voi ha un amico e a mez-
zanotte va da lui a dirgli: "Amico, prestami tre pani,

6perché è giunto da me un amico da un viaggio e non
ho nulla da offrirgli", 7e se quello dall'interno gli ri-
sponde: "Non m'importunare, la porta è già chiusa, io
e i miei bambini siamo a letto, non posso alzarmi per
darti i pani", 8vi dico che, anche se non si alzerà a dar-
glieli perché è suo amico, almeno per la sua invadenza
si alzerà a dargliene quanti gliene occorrono.

9Ebbene, io vi dico: chiedete e vi sarà dato, cercate e
troverete, bussate e vi sarà aperto. 10Perché chiunque
chiede riceve e chi cerca trova e a chi bussa sarà aper-
to. 11Quale padre tra voi, se il figlio gli chiede un pesce,
gli darà una serpe al posto del pesce? 12O se gli chiede
un uovo, gli darà uno scorpione? 13Se voi dunque, che
siete cattivi, sapete dare cose buone ai vostri figli,
quanto più il Padre vostro del cielo darà lo Spirito San-
to a quelli che glielo chiedono!».

14Gesù stava scacciando un demonio che era muto.
Uscito il demonio, il muto cominciò a parlare e le folle
furono prese da stupore. 15Ma alcuni dissero: «È per
mezzo di Beelzebùl, capo dei demòni, che egli scaccia
i demòni». 16Altri poi, per metterlo alla prova, gli do-
mandavano un segno dal cielo. 17Egli, conoscendo le
loro intenzioni, disse: «Ogni regno diviso in se stesso
va in rovina e una casa cade sull'altra. 18Ora, se anche
Satana è diviso in se stesso, come potrà stare in piedi il
suo regno? Voi dite che io scaccio i demòni per mezzo
di Beelzebùl. 19Ma se io scaccio i demòni per mezzo di
Beelzebùl, i vostri figli per mezzo di chi li scacciano?
Per questo saranno loro i vostri giudici. 20Se invece io
scaccio i demòni con il dito di Dio, allora è giunto a voi
il regno di Dio.

21Quando un uomo forte, bene armato, fa la guardia
al suo palazzo, ciò che possiede è al sicuro. 22Ma se ar-
riva uno più forte di lui e lo vince, gli strappa via le
armi nelle quali confidava e ne spartisce il bottino.
23Chi non è con me è contro di me, e chi non raccoglie
con me disperde.

24Quando lo spirito impuro esce dall'uomo, si aggi-
ra per luoghi deserti cercando sollievo e, non trovan-
done, dice: "Ritornerò nella mia casa, da cui sono usci-
to". 25Venuto, la trova spazzata e adorna. 26Allora va,
prende altri sette spiriti peggiori di lui, vi entrano e vi
prendono dimora. E l'ultima condizione di quell'uo-
mo diventa peggiore della prima».

27Mentre diceva questo, una donna dalla folla alzò la
voce e gli disse: «Beato il grembo che ti ha portato e il
seno che ti ha allattato!». 28Ma egli disse: «Beati piut-
tosto coloro che ascoltano la parola di Dio e la osserva-
no!».

29Mentre le folle si accalcavano, Gesù cominciò a
dire: «Questa generazione è una generazione mal-
vagia; essa cerca un segno, ma non le sarà dato alcun
segno, se non il segno di Giona. 30Poiché, come Giona
fu un segno per quelli di Ninive, così anche il Figlio
dell'uomo lo sarà per questa generazione. 31Nel giorno
del giudizio, la regina del Sud si alzerà contro gli uomi-
ni di questa generazione e li condannerà, perché ella
venne dagli estremi confini della terra per ascoltare la
sapienza di Salomone. Ed ecco, qui vi è uno più grande
di Salomone. 32Nel giorno del giudizio, gli abitanti di
Ninive si alzeranno contro questa generazione e la
condanneranno, perché essi alla predicazione di Gio-

na si convertirono. Ed ecco, qui vi è uno più grande
di Giona.

33 Nessuno accende una lampada e poi la mette in un
luogo nascosto o sotto il moggio, ma sul candelabro,
perché chi entra veda la luce. 34 La lampada del corpo
è il tuo occhio. Quando il tuo occhio è semplice, anche
tutto il tuo corpo è luminoso; ma se è cattivo, anche il
tuo corpo è tenebroso. 35 Bada dunque che la luce che è
in te non sia tenebra. 36 Se dunque il tuo corpo è tutto
luminoso, senza avere alcuna parte nelle tenebre, sarà
tutto nella luce, come quando la lampada ti illumina
con il suo fulgore».

37 Mentre stava parlando, un fariseo lo invitò a pran-
zo. Egli andò e si mise a tavola. 38 Il fariseo vide e si me-
ravigliò che non avesse fatto le abluzioni prima del
pranzo. 39 Allora il Signore gli disse: «Voi farisei pulite
l'esterno del bicchiere e del piatto, ma il vostro interno
è pieno di avidità e di cattiveria. 40 Stolti! Colui che ha
fatto l'esterno non ha forse fatto anche l'interno? 41 Da-
te piuttosto in elemosina quello che c'è dentro, ed ec-
co, per voi tutto sarà puro. 42 Ma guai a voi, farisei, che
pagate la decima sulla menta, sulla ruta e su tutte le
erbe, e lasciate da parte la giustizia e l'amore di Dio.
Queste invece erano le cose da fare, senza trascurare
quelle. 43 Guai a voi, farisei, che amate i primi posti nel-
le sinagoghe e i saluti sulle piazze. 44 Guai a voi, perché
siete come quei sepolcri che non si vedono e la gente vi
passa sopra senza saperlo».

45 Intervenne uno dei dottori della Legge e gli dis-
se: «Maestro, dicendo questo, tu offendi anche noi».
46 Egli rispose: «Guai anche a voi, dottori della Leg-

ge, che caricate gli uomini di pesi insopportabili, e quei
pesi voi non li toccate nemmeno con un dito! [47]Guai
a voi, che costruite i sepolcri dei profeti, e i vostri pa-
dri li hanno uccisi. [48]Così voi testimoniate e appro-
vate le opere dei vostri padri: essi li uccisero e voi
costruite. [49]Per questo la sapienza di Dio ha detto:
"Manderò loro profeti e apostoli ed essi li uccideran-
no e perseguiteranno", [50]perché a questa generazione
sia chiesto conto del sangue di tutti i profeti, versa-
to fin dall'inizio del mondo: [51]dal sangue di Abele fi-
no al sangue di Zaccaria, che fu ucciso tra l'altare e il
santuario. Sì, io vi dico, ne sarà chiesto conto a questa
generazione. [52]Guai a voi, dottori della Legge, che ave-
te portato via la chiave della conoscenza; voi non siete
entrati, e a quelli che volevano entrare voi l'avete impe-
dito».

[53]Quando fu uscito di là, gli scribi e i farisei comin-
ciarono a trattarlo in modo ostile e a farlo parlare su
molti argomenti, [54]tendendogli insidie, per sorpren-
derlo in qualche parola uscita dalla sua stessa bocca.

12 [1]Intanto si erano radunate migliaia di persone, al
punto che si calpestavano a vicenda, e Gesù co-
minciò a dire anzitutto ai suoi discepoli: «Guardatevi
bene dal lievito dei farisei, che è l'ipocrisia. [2]Non c'è
nulla di nascosto che non sarà svelato, né di segreto
che non sarà conosciuto. [3]Quindi ciò che avrete detto
nelle tenebre sarà udito in piena luce, e ciò che avrete
detto all'orecchio nelle stanze più interne sarà annun-
ciato dalle terrazze.

4Dico a voi, amici miei: non abbiate paura di quelli
che uccidono il corpo e dopo questo non possono fare
più nulla. 5Vi mostrerò invece di chi dovete aver paura:
temete colui che, dopo aver ucciso, ha il potere di get-
tare nella Geènna. Sì, ve lo dico, temete costui. 6Cin-
que passeri non si vendono forse per due soldi? Eppu-
re nemmeno uno di essi è dimenticato davanti a Dio.
7Anche i capelli del vostro capo sono tutti contati. Non
abbiate paura: valete più di molti passeri!

8Io vi dico: chiunque mi riconoscerà davanti agli uo-
mini, anche il Figlio dell'uomo lo riconoscerà davanti
agli angeli di Dio; 9ma chi mi rinnegherà davanti agli
uomini, sarà rinnegato davanti agli angeli di Dio.

10Chiunque parlerà contro il Figlio dell'uomo, gli
sarà perdonato; ma a chi bestemmierà lo Spirito Santo,
non sarà perdonato.

11Quando vi porteranno davanti alle sinagoghe, ai
magistrati e alle autorità, non preoccupatevi di come
o di che cosa discolparvi, o di che cosa dire, 12perché
lo Spirito Santo vi insegnerà in quel momento ciò che
bisogna dire».

13Uno della folla gli disse: «Maestro, di' a mio fratel-
lo che divida con me l'eredità». 14Ma egli rispose: «O
uomo, chi mi ha costituito giudice o mediatore sopra
di voi?». 15E disse loro: «Fate attenzione e tenetevi lon-
tani da ogni cupidigia perché, anche se uno è nell'ab-
bondanza, la sua vita non dipende da ciò che egli pos-
siede».

16Poi disse loro una parabola: «La campagna di un
uomo ricco aveva dato un raccolto abbondante. 17Egli
ragionava tra sé: "Che farò, poiché non ho dove mette-

re i miei raccolti? 18Farò così – disse –: demolirò i miei
magazzini e ne costruirò altri più grandi e vi raccoglie-
rò tutto il grano e i miei beni. 19Poi dirò a me stesso:
Anima mia, hai a disposizione molti beni, per molti an-
ni; ripòsati, mangia, bevi e divèrtiti!". 20Ma Dio gli dis-
se: "Stolto, questa notte stessa ti sarà richiesta la tua
vita. E quello che hai preparato, di chi sarà?". 21Così è
di chi accumula tesori per sé e non si arricchisce presso
Dio».

22Poi disse ai suoi discepoli: «Per questo io vi dico:
non preoccupatevi per la vita, di quello che mangerete;
né per il corpo, di quello che indosserete. 23La vita in-
fatti vale più del cibo e il corpo più del vestito. 24Guar-
date i corvi: non séminano e non mietono, non hanno
dispensa né granaio, eppure Dio li nutre. Quanto più
degli uccelli valete voi! 25Chi di voi, per quanto si pre-
occupi, può allungare anche di poco la propria vita?
26Se non potete fare neppure così poco, perché vi pre-
occupate per il resto? 27Guardate come crescono i gi-
gli: non faticano e non filano. Eppure io vi dico: nean-
che Salomone, con tutta la sua gloria, vestiva come uno
di loro. 28Se dunque Dio veste così bene l'erba nel cam-
po, che oggi c'è e domani si getta nel forno, quanto più
farà per voi, gente di poca fede. 29E voi, non state a do-
mandarvi che cosa mangerete e berrete, e non state in
ansia: 30di tutte queste cose vanno in cerca i pagani di
questo mondo; ma il Padre vostro sa che ne avete biso-
gno. 31Cercate piuttosto il suo regno, e queste cose vi
saranno date in aggiunta.

32Non temere, piccolo gregge, perché al Padre vo-
stro è piaciuto dare a voi il Regno.

33Vendete ciò che possedete e datelo in elemosi-
na; fatevi borse che non invecchiano, un tesoro sicuro
nei cieli, dove ladro non arriva e tarlo non consuma.
34Perché, dov'è il vostro tesoro, là sarà anche il vostro
cuore.

35Siate pronti, con le vesti strette ai fianchi e le lam-
pade accese; 36siate simili a quelli che aspettano il loro
padrone quando torna dalle nozze, in modo che, quan-
do arriva e bussa, gli aprano subito. 37Beati quei servi
che il padrone al suo ritorno troverà ancora svegli; in
verità io vi dico, si stringerà le vesti ai fianchi, li farà
mettere a tavola e passerà a servirli. 38E se, giungendo
nel mezzo della notte o prima dell'alba, li troverà così,
beati loro! 39Cercate di capire questo: se il padrone di
casa sapesse a quale ora viene il ladro, non si lascereb-
be scassinare la casa. 40Anche voi tenetevi pronti per-
ché, nell'ora che non immaginate, viene il Figlio del-
l'uomo».

41Allora Pietro disse: «Signore, questa parabola la
dici per noi o anche per tutti?». 42Il Signore rispose:
«Chi è dunque l'amministratore fidato e prudente,
che il padrone metterà a capo della sua servitù per dare
la razione di cibo a tempo debito? 43Beato quel servo
che il padrone, arrivando, troverà ad agire così. 44Dav-
vero io vi dico che lo metterà a capo di tutti i suoi averi.
45Ma se quel servo dicesse in cuor suo: "Il mio padrone
tarda a venire" e cominciasse a percuotere i servi e le
serve, a mangiare, a bere e a ubriacarsi, 46il padrone di
quel servo arriverà un giorno in cui non se l'aspetta e a
un'ora che non sa, lo punirà severamente e gli infligge-
rà la sorte che meritano gli infedeli.

47Il servo che, conoscendo la volontà del padrone,
non avrà disposto o agito secondo la sua volontà, rice-
verà molte percosse; 48quello invece che, non cono-
scendola, avrà fatto cose meritevoli di percosse, ne ri-
ceverà poche. A chiunque fu dato molto, molto sarà
chiesto; a chi fu affidato molto, sarà richiesto molto
di più.

49Sono venuto a gettare fuoco sulla terra, e quanto
vorrei che fosse già acceso! 50Ho un battesimo nel qua-
le sarò battezzato, e come sono angosciato finché non
sia compiuto!

51Pensate che io sia venuto a portare pace sulla ter-
ra? No, io vi dico, ma divisione. 52D'ora innanzi, se in
una famiglia vi sono cinque persone, saranno divisi tre
contro due e due contro tre; 53si divideranno padre
contro figlio e *figlio contro padre*, madre contro figlia
e *figlia contro madre*, suocera contro nuora e *nuora
contro suocera*».

54Diceva ancora alle folle: «Quando vedete una nu-
vola salire da ponente, subito dite: "Arriva la pioggia",
e così accade. 55E quando soffia lo scirocco, dite: "Farà
caldo", e così accade. 56Ipocriti! Sapete valutare l'a-
spetto della terra e del cielo; come mai questo tempo
non sapete valutarlo? 57E perché non giudicate voi
stessi ciò che è giusto? 58Quando vai con il tuo avversa-
rio davanti al magistrato, lungo la strada cerca di tro-
vare un accordo con lui, per evitare che ti trascini da-
vanti al giudice e il giudice ti consegni all'esattore dei
debiti e costui ti getti in prigione. 59Io ti dico: non usci-
rai di là finché non avrai pagato fino all'ultimo spic-
ciolo».

13 1In quello stesso tempo si presentarono alcuni a
riferirgli il fatto di quei Galilei, il cui sangue Pi-
lato aveva fatto scorrere insieme a quello dei loro sacri-
fici. 2Prendendo la parola, Gesù disse loro: «Credete
che quei Galilei fossero più peccatori di tutti i Galilei,
per aver subìto tale sorte? 3No, io vi dico, ma se non vi
convertite, perirete tutti allo stesso modo. 4O quelle di-
ciotto persone, sulle quali crollò la torre di Sìloe e le
uccise, credete che fossero più colpevoli di tutti gli abi-
tanti di Gerusalemme? 5No, io vi dico, ma se non vi
convertite, perirete tutti allo stesso modo».

6Diceva anche questa parabola: «Un tale ave-
va piantato un albero di fichi nella sua vigna e ven-
ne a cercarvi frutti, ma non ne trovò. 7Allora disse al
vignaiolo: "Ecco, sono tre anni che vengo a cerca-
re frutti su quest'albero, ma non ne trovo. Taglialo
dunque! Perché deve sfruttare il terreno?". 8Ma quello
gli rispose: "Padrone, lascialo ancora quest'anno, fin-
ché gli avrò zappato attorno e avrò messo il concime.
9Vedremo se porterà frutti per l'avvenire; se no, lo ta-
glierai"».

10Stava insegnando in una sinagoga in giorno di sa-
bato. 11C'era là una donna che uno spirito teneva infer-
ma da diciotto anni; era curva e non riusciva in alcun
modo a stare diritta. 12Gesù la vide, la chiamò a sé e le
disse: «Donna, sei liberata dalla tua malattia». 13Impo-
se le mani su di lei e subito quella si raddrizzò e glori-
ficava Dio.

14Ma il capo della sinagoga, sdegnato perché Gesù
aveva operato quella guarigione di sabato, prese la pa-
rola e disse alla folla: «Ci sono sei giorni in cui si deve

lavorare; in quelli dunque venite a farvi guarire e non
in giorno di sabato». 15 Il Signore gli replicò: «Ipocriti,
non è forse vero che, di sabato, ciascuno di voi slega il
suo bue o l'asino dalla mangiatoia, per condurlo ad ab-
beverarsi? 16 E questa figlia di Abramo, che Satana ha
tenuto prigioniera per ben diciotto anni, non doveva
essere liberata da questo legame nel giorno di saba-
to?». 17 Quando egli diceva queste cose, tutti i suoi av-
versari si vergognavano, mentre la folla intera esultava
per tutte le meraviglie da lui compiute.

18 Diceva dunque: «A che cosa è simile il regno di
Dio, e a che cosa lo posso paragonare? 19 È simile a un
granello di senape, che un uomo prese e gettò nel suo
giardino; crebbe, divenne un albero e *gli uccelli del cie-
lo vennero a fare il nido fra i suoi rami*».

20 E disse ancora: «A che cosa posso paragonare il
regno di Dio? 21 È simile al lievito, che una donna prese
e mescolò in tre misure di farina, finché non fu tutta
lievitata».

22 Passava insegnando per città e villaggi, mentre era
in cammino verso Gerusalemme. 23 Un tale gli chiese:
«Signore, sono pochi quelli che si salvano?». Disse lo-
ro: 24 «Sforzatevi di entrare per la porta stretta, perché
molti, io vi dico, cercheranno di entrare, ma non ci riu-
sciranno. 25 Quando il padrone di casa si alzerà e chiu-
derà la porta, voi, rimasti fuori, comincerete a bussare
alla porta, dicendo: "Signore, aprici!". Ma egli vi ri-
sponderà: "Non so di dove siete". 26 Allora comincerete
a dire: "Abbiamo mangiato e bevuto in tua presenza e
tu hai insegnato nelle nostre piazze". 27 Ma egli vi di-
chiarerà: "Voi, non so di dove siete. *Allontanatevi da*

me, voi tutti operatori di ingiustizia!". [28]Là ci sarà pian-
to e stridore di denti, quando vedrete Abramo, Isacco
e Giacobbe e tutti i profeti nel regno di Dio, voi invece
cacciati fuori. [29]Verranno da oriente e da occidente, da
settentrione e da mezzogiorno e siederanno a mensa
nel regno di Dio. [30]Ed ecco, vi sono ultimi che saranno
primi, e vi sono primi che saranno ultimi».

[31]In quel momento si avvicinarono alcuni farisei a
dirgli: «Parti e vattene via di qui, perché Erode ti vuole
uccidere». [32]Egli rispose loro: «Andate a dire a quella
volpe: "Ecco, io scaccio demòni e compio guarigioni
oggi e domani; e il terzo giorno la mia opera è compiu-
ta. [33]Però è necessario che oggi, domani e il giorno se-
guente io prosegua nel cammino, perché non è possi-
bile che un profeta muoia fuori di Gerusalemme".

[34]Gerusalemme, Gerusalemme, tu che uccidi i pro-
feti e lapidi quelli che sono stati mandati a te: quante
volte ho voluto raccogliere i tuoi figli, come una chioc-
cia i suoi pulcini sotto le ali, e voi non avete voluto!
[35]Ecco, la vostra casa è abbandonata a voi! Vi dico in-
fatti che non mi vedrete, finché verrà il tempo in cui
direte: *Benedetto colui che viene nel nome del Signo-
re!*».

14 [1]Un sabato si recò a casa di uno dei capi dei fari-
sei per pranzare ed essi stavano a osservarlo. [2]Ed
ecco, davanti a lui vi era un uomo malato di idropisìa.
[3]Rivolgendosi ai dottori della Legge e ai farisei, Gesù
disse: «È lecito o no guarire di sabato?». [4]Ma essi tac-
quero. Egli lo prese per mano, lo guarì e lo congedò.
[5]Poi disse loro: «Chi di voi, se un figlio o un bue gli

cade nel pozzo, non lo tirerà fuori subito in giorno di
sabato?». 6E non potevano rispondere nulla a queste
parole.

7Diceva agli invitati una parabola, notando come
sceglievano i primi posti: 8«Quando sei invitato a noz-
ze da qualcuno, non metterti al primo posto, perché
non ci sia un altro invitato più degno di te, 9e colui
che ha invitato te e lui venga a dirti: "Cedigli il posto!".
Allora dovrai con vergogna occupare l'ultimo posto.
10Invece, quando sei invitato, va' a metterti all'ultimo
posto, perché quando viene colui che ti ha invitato ti
dica: "Amico, vieni più avanti!". Allora ne avrai onore
davanti a tutti i commensali. 11Perché chiunque si esal-
ta sarà umiliato, e chi si umilia sarà esaltato».

12Disse poi a colui che l'aveva invitato: «Quando of-
fri un pranzo o una cena, non invitare i tuoi amici né i
tuoi fratelli né i tuoi parenti né i ricchi vicini, perché a
loro volta non ti invitino anch'essi e tu abbia il contrac-
cambio. 13Al contrario, quando offri un banchetto, in-
vita poveri, storpi, zoppi, ciechi; 14e sarai beato perché
non hanno da ricambiarti. Riceverai infatti la tua ri-
compensa alla risurrezione dei giusti».

15Uno dei commensali, avendo udito questo, gli dis-
se: «Beato chi prenderà cibo nel regno di Dio!». 16Gli
rispose: «Un uomo diede una grande cena e fece molti
inviti. 17All'ora della cena, mandò il suo servo a dire
agli invitati: "Venite, è pronto". 18Ma tutti, uno dopo
l'altro, cominciarono a scusarsi. Il primo gli disse:
"Ho comprato un campo e devo andare a vederlo; ti
prego di scusarmi". 19Un altro disse: "Ho comprato
cinque paia di buoi e vado a provarli; ti prego di scu-

sarmi". 20Un altro disse: "Mi sono appena sposato e
perciò non posso venire". 21Al suo ritorno il servo riferì
tutto questo al suo padrone. Allora il padrone di casa,
adirato, disse al servo: "Esci subito per le piazze e per
le vie della città e conduci qui i poveri, gli storpi, i cie-
chi e gli zoppi". 22Il servo disse: "Signore, è stato fatto
come hai ordinato, ma c'è ancora posto". 23Il padrone
allora disse al servo: "Esci per le strade e lungo le siepi
e costringili ad entrare, perché la mia casa si riempia.
24Perché io vi dico: nessuno di quelli che erano stati
invitati gusterà la mia cena"».

25Una folla numerosa andava con lui. Egli si voltò
e disse loro: 26«Se uno viene a me e non mi ama più
di quanto ami suo padre, la madre, la moglie, i figli, i
fratelli, le sorelle e perfino la propria vita, non può es-
sere mio discepolo. 27Colui che non porta la propria
croce e non viene dietro a me, non può essere mio di-
scepolo.

28Chi di voi, volendo costruire una torre, non siede
prima a calcolare la spesa e a vedere se ha i mezzi per
portarla a termine? 29Per evitare che, se getta le fonda-
menta e non è in grado di finire il lavoro, tutti coloro
che vedono comincino a deriderlo, 30dicendo: "Costui
ha iniziato a costruire, ma non è stato capace di finire il
lavoro". 31Oppure quale re, partendo in guerra contro
un altro re, non siede prima a esaminare se può affron-
tare con diecimila uomini chi gli viene incontro con
ventimila? 32Se no, mentre l'altro è ancora lontano, gli
manda dei messaggeri per chiedere pace. 33Così chiun-
que di voi non rinuncia a tutti i suoi averi, non può es-
sere mio discepolo.

34Buona cosa è il sale, ma se anche il sale perde il
sapore, con che cosa verrà salato? 35Non serve né per
la terra né per il concime e così lo buttano via. Chi ha
orecchi per ascoltare, ascolti».

15 1Si avvicinavano a lui tutti i pubblicani e i pecca-
tori per ascoltarlo. 2I farisei e gli scribi mormora-
vano dicendo: «Costui accoglie i peccatori e mangia
con loro». 3Ed egli disse loro questa parabola:
4«Chi di voi, se ha cento pecore e ne perde una, non
lascia le novantanove nel deserto e va in cerca di quella
perduta, finché non la trova? 5Quando l'ha trovata,
pieno di gioia se la carica sulle spalle, 6va a casa, chia-
ma gli amici e i vicini, e dice loro: "Rallegratevi con me,
perché ho trovato la mia pecora, quella che si era per-
duta". 7Io vi dico: così vi sarà gioia nel cielo per un solo
peccatore che si converte, più che per novantanove
giusti i quali non hanno bisogno di conversione.
8Oppure, quale donna, se ha dieci monete e ne per-
de una, non accende la lampada e spazza la casa e cerca
accuratamente finché non la trova? 9E dopo averla tro-
vata, chiama le amiche e le vicine, e dice: "Rallegratevi
con me, perché ho trovato la moneta che avevo perdu-
to". 10Così, io vi dico, vi è gioia davanti agli angeli di
Dio per un solo peccatore che si converte».
11Disse ancora: «Un uomo aveva due figli. 12Il più
giovane dei due disse al padre: "Padre, dammi la parte
di patrimonio che mi spetta". Ed egli divise tra loro le
sue sostanze. 13Pochi giorni dopo, il figlio più giovane,
raccolte tutte le sue cose, partì per un paese lontano e
là sperperò il suo patrimonio vivendo in modo dissolu-

to. [14]Quando ebbe speso tutto, sopraggiunse in quel
paese una grande carestia ed egli cominciò a trovarsi
nel bisogno. [15]Allora andò a mettersi al servizio di
uno degli abitanti di quella regione, che lo mandò nei
suoi campi a pascolare i porci. [16]Avrebbe voluto saziar-
si con le carrube di cui si nutrivano i porci; ma nessuno
gli dava nulla. [17]Allora ritornò in sé e disse: "Quanti
salariati di mio padre hanno pane in abbondanza e io
qui muoio di fame! [18]Mi alzerò, andrò da mio padre e
gli dirò: Padre, ho peccato verso il Cielo e davanti a te;
[19]non sono più degno di essere chiamato tuo figlio.
Trattami come uno dei tuoi salariati". [20]Si alzò e tornò
da suo padre.

Quando era ancora lontano, suo padre lo vide, ebbe
compassione, gli corse incontro, gli si gettò al collo e lo
baciò. [21]Il figlio gli disse: "Padre, ho peccato verso il
Cielo e davanti a te; non sono più degno di essere chia-
mato tuo figlio". [22]Ma il padre disse ai servi: "Presto,
portate qui il vestito più bello e fateglielo indossare,
mettetegli l'anello al dito e i sandali ai piedi. [23]Prendete
il vitello grasso, ammazzatelo, mangiamo e facciamo
festa, [24]perché questo mio figlio era morto ed è tornato
in vita, era perduto ed è stato ritrovato". E cominciaro-
no a far festa.

[25]Il figlio maggiore si trovava nei campi. Al ritorno,
quando fu vicino a casa, udì la musica e le danze;
[26]chiamò uno dei servi e gli domandò che cosa fosse
tutto questo. [27]Quello gli rispose: "Tuo fratello è qui e
tuo padre ha fatto ammazzare il vitello grasso, perché
lo ha riavuto sano e salvo". [28]Egli si indignò, e non vo-
leva entrare. Suo padre allora uscì a supplicarlo. [29]Ma

egli rispose a suo padre: "Ecco, io ti servo da tanti anni
e non ho mai disobbedito a un tuo comando, e tu non
mi hai mai dato un capretto per far festa con i miei ami-
ci. [30]Ma ora che è tornato questo tuo figlio, il quale ha
divorato le tue sostanze con le prostitute, per lui hai
ammazzato il vitello grasso". [31]Gli rispose il padre: "Fi-
glio, tu sei sempre con me e tutto ciò che è mio è tuo;
[32]ma bisognava far festa e rallegrarsi, perché questo
tuo fratello era morto ed è tornato in vita, era perduto
ed è stato ritrovato"».

16 [1]Diceva anche ai discepoli: «Un uomo ricco ave-
va un amministratore, e questi fu accusato di-
nanzi a lui di sperperare i suoi averi. [2]Lo chiamò e gli
disse: "Che cosa sento dire di te? Rendi conto della tua
amministrazione, perché non potrai più amministra-
re". [3]L'amministratore disse tra sé: "Che cosa farò, ora
che il mio padrone mi toglie l'amministrazione? Zap-
pare, non ne ho la forza; mendicare, mi vergogno. [4]So
io che cosa farò perché, quando sarò stato allontanato
dall'amministrazione, ci sia qualcuno che mi accolga in
casa sua". [5]Chiamò uno per uno i debitori del suo pa-
drone e disse al primo: "Tu quanto devi al mio padro-
ne?". [6]Quello rispose: "Cento barili d'olio". Gli disse:
"Prendi la tua ricevuta, siediti subito e scrivi cinquan-
ta". [7]Poi disse a un altro: "Tu quanto devi?". Rispose:
"Cento misure di grano". Gli disse: "Prendi la tua rice-
vuta e scrivi ottanta". [8]Il padrone lodò quell'ammini-
stratore disonesto, perché aveva agito con scaltrezza.
I figli di questo mondo, infatti, verso i loro pari sono
più scaltri dei figli della luce. [9]Ebbene, io vi dico: fatevi

degli amici con la ricchezza disonesta, perché, quando
questa verrà a mancare, essi vi accolgano nelle dimore
eterne.

10 Chi è fedele in cose di poco conto, è fedele anche
in cose importanti; e chi è disonesto in cose di poco
conto, è disonesto anche in cose importanti. 11 Se dun-
que non siete stati fedeli nella ricchezza disonesta, chi
vi affiderà quella vera? 12 E se non siete stati fedeli nella
ricchezza altrui, chi vi darà la vostra?

13 Nessun servitore può servire due padroni, perché
o odierà l'uno e amerà l'altro, oppure si affezionerà al-
l'uno e disprezzerà l'altro. Non potete servire Dio e la
ricchezza».

14 I farisei, che erano attaccati al denaro, ascoltavano
tutte queste cose e si facevano beffe di lui. 15 Egli disse
loro: «Voi siete quelli che si ritengono giusti davanti
agli uomini, ma Dio conosce i vostri cuori: ciò che fra
gli uomini viene esaltato, davanti a Dio è cosa abomi-
nevole.

16 La Legge e i Profeti fino a Giovanni: da allora in
poi viene annunciato il regno di Dio e ognuno si sforza
di entrarvi.

17 È più facile che passino il cielo e la terra, anziché
cada un solo trattino della Legge.

18 Chiunque ripudia la propria moglie e ne sposa
un'altra, commette adulterio; chi sposa una donna ri-
pudiata dal marito, commette adulterio.

19 C'era un uomo ricco, che indossava vestiti di por-
pora e di lino finissimo, e ogni giorno si dava a lauti
banchetti. 20 Un povero, di nome Lazzaro, stava alla
sua porta, coperto di piaghe, 21 bramoso di sfamarsi

con quello che cadeva dalla tavola del ricco; ma erano i
cani che venivano a leccare le sue piaghe. 22Un giorno
il povero morì e fu portato dagli angeli accanto ad
Abramo. Morì anche il ricco e fu sepolto. 23Stando ne-
gli inferi fra i tormenti, alzò gli occhi e vide di lontano
Abramo, e Lazzaro accanto a lui. 24Allora gridando
disse: "Padre Abramo, abbi pietà di me e manda Laz-
zaro a intingere nell'acqua la punta del dito e a bagnar-
mi la lingua, perché soffro terribilmente in questa
fiamma". 25Ma Abramo rispose: "Figlio, ricòrdati che,
nella vita, tu hai ricevuto i tuoi beni, e Lazzaro i suoi
mali; ma ora in questo modo lui è consolato, tu invece
sei in mezzo ai tormenti. 26Per di più, tra noi e voi è
stato fissato un grande abisso: coloro che di qui voglio-
no passare da voi, non possono, né di lì possono giun-
gere fino a noi". 27E quello replicò: "Allora, padre, ti
prego di mandare Lazzaro a casa di mio padre, 28per-
ché ho cinque fratelli. Li ammonisca severamente, per-
ché non vengano anch'essi in questo luogo di tormen-
to". 29Ma Abramo rispose: "Hanno Mosè e i Profeti;
ascoltino loro". 30E lui replicò: "No, padre Abramo,
ma se dai morti qualcuno andrà da loro, si convertiran-
no". 31Abramo rispose: "Se non ascoltano Mosè e i
Profeti, non saranno persuasi neanche se uno risorges-
se dai morti"».

17 1Disse ai suoi discepoli: «È inevitabile che ven-
gano scandali, ma guai a colui a causa del quale
vengono. 2È meglio per lui che gli venga messa al collo
una macina da mulino e sia gettato nel mare, piuttosto

che scandalizzare uno di questi piccoli. 3State attenti a
voi stessi!

Se il tuo fratello commetterà una colpa, rimprovera-
lo; ma se si pentirà, perdonagli. 4E se commetterà una
colpa sette volte al giorno contro di te e sette volte ri-
tornerà a te dicendo: “Sono pentito”, tu gli perdone-
rai».

5Gli apostoli dissero al Signore: 6«Accresci in noi la
fede!». Il Signore rispose: «Se aveste fede quanto un
granello di senape, potreste dire a questo gelso: “Sràdi-
cati e vai a piantarti nel mare”, ed esso vi obbedirebbe.

7Chi di voi, se ha un servo ad arare o a pascolare il
gregge, gli dirà, quando rientra dal campo: “Vieni su-
bito e mettiti a tavola”? 8Non gli dirà piuttosto: “Pre-
para da mangiare, stringiti le vesti ai fianchi e servimi,
finché avrò mangiato e bevuto, e dopo mangerai e ber-
rai tu”? 9Avrà forse gratitudine verso quel servo, per-
ché ha eseguito gli ordini ricevuti? 10Così anche voi,
quando avrete fatto tutto quello che vi è stato ordina-
to, dite: “Siamo servi inutili. Abbiamo fatto quanto do-
vevamo fare”».

11Lungo il cammino verso Gerusalemme, Gesù at-
traversava la Samaria e la Galilea. 12Entrando in un vil-
laggio, gli vennero incontro dieci lebbrosi, che si fer-
marono a distanza 13e dissero ad alta voce: «Gesù, mae-
stro, abbi pietà di noi!». 14Appena li vide, Gesù disse
loro: «Andate a presentarvi ai sacerdoti». E mentre essi
andavano, furono purificati. 15Uno di loro, vedendosi
guarito, tornò indietro lodando Dio a gran voce, 16e si
prostrò davanti a Gesù, ai suoi piedi, per ringraziarlo.
Era un Samaritano. 17Ma Gesù osservò: «Non ne sono

stati purificati dieci? E gli altri nove dove sono? [18]Non
si è trovato nessuno che tornasse indietro a rendere
gloria a Dio, all'infuori di questo straniero?». [19]E gli
disse: «Àlzati e va'; la tua fede ti ha salvato!».
[20]I farisei gli domandarono: «Quando verrà il regno
di Dio?». Egli rispose loro: «Il regno di Dio non viene
in modo da attirare l'attenzione, [21]e nessuno dirà: "Ec-
colo qui", oppure: "Eccolo là". Perché, ecco, il regno
di Dio è in mezzo a voi!».
[22]Disse poi ai discepoli: «Verranno giorni in cui de-
sidererete vedere anche uno solo dei giorni del Figlio
dell'uomo, ma non lo vedrete. [23]Vi diranno: "Eccolo
là", oppure: "Eccolo qui"; non andateci, non seguiteli.
[24]Perché come la folgore, guizzando, brilla da un capo
all'altro del cielo, così sarà il Figlio dell'uomo nel suo
giorno. [25]Ma prima è necessario che egli soffra molto e
venga rifiutato da questa generazione. [26]Come avvenne
nei giorni di Noè, così sarà nei giorni del Figlio dell'uo-
mo: [27]mangiavano, bevevano, prendevano moglie,
prendevano marito, fino al giorno in cui Noè entrò
nell'arca e venne il diluvio e li fece morire tutti. [28]Come
avvenne anche nei giorni di Lot: mangiavano, beveva-
no, compravano, vendevano, piantavano, costruivano;
[29]ma, nel giorno in cui Lot uscì da Sòdoma, piovve fuo-
co e zolfo dal cielo e li fece morire tutti. [30]Così accadrà
nel giorno in cui il Figlio dell'uomo si manifesterà. [31]In
quel giorno, chi si troverà sulla terrazza e avrà lasciato
le sue cose in casa, non scenda a prenderle; così, chi si
troverà nel campo, non torni indietro. [32]Ricordatevi
della moglie di Lot. [33]Chi cercherà di salvare la propria
vita, la perderà; ma chi la perderà, la manterrà viva.

34Io vi dico: in quella notte, due si troveranno nello
stesso letto: l'uno verrà portato via e l'altro lasciato;
35due donne staranno a macinare nello stesso luogo:
l'una verrà portata via e l'altra lasciata». [36] 37Allora
gli chiesero: «Dove, Signore?». Ed egli disse loro:
«Dove sarà il cadavere, lì si raduneranno insieme an-
che gli avvoltoi».

18 1Diceva loro una parabola sulla necessità di pre-
gare sempre, senza stancarsi mai: 2«In una città
viveva un giudice, che non temeva Dio né aveva riguar-
do per alcuno. 3In quella città c'era anche una vedova,
che andava da lui e gli diceva: "Fammi giustizia contro
il mio avversario". 4Per un po' di tempo egli non volle;
ma poi disse tra sé: "Anche se non temo Dio e non ho
riguardo per alcuno, 5dato che questa vedova mi dà
tanto fastidio, le farò giustizia perché non venga conti-
nuamente a importunarmi"». 6E il Signore soggiunse:
«Ascoltate ciò che dice il giudice disonesto. 7E Dio
non farà forse giustizia ai suoi eletti, che gridano gior-
no e notte verso di lui? Li farà forse aspettare a lungo?
8Io vi dico che farà loro giustizia prontamente. Ma il
Figlio dell'uomo, quando verrà, troverà la fede sulla
terra?».

9Disse ancora questa parabola per alcuni che aveva-
no l'intima presunzione di essere giusti e disprezzava-
no gli altri: 10«Due uomini salirono al tempio a prega-
re: uno era fariseo e l'altro pubblicano. 11Il fariseo,
stando in piedi, pregava così tra sé: "O Dio, ti ringrazio
perché non sono come gli altri uomini, ladri, ingiusti,
adùlteri, e neppure come questo pubblicano. 12Digiu-

no due volte alla settimana e pago le decime di tutto
quello che possiedo". [13]Il pubblicano invece, fermatosi
a distanza, non osava nemmeno alzare gli occhi al cie-
lo, ma si batteva il petto dicendo: "O Dio, abbi pietà di
me peccatore". [14]Io vi dico: questi, a differenza dell'al-
tro, tornò a casa sua giustificato, perché chiunque si
esalta sarà umiliato, chi invece si umilia sarà esaltato».

[15]Gli presentavano anche i bambini piccoli perché li
toccasse, ma i discepoli, vedendo ciò, li rimproverava-
no. [16]Allora Gesù li chiamò a sé e disse: «Lasciate che i
bambini vengano a me e non glielo impedite; a chi è
come loro, infatti, appartiene il regno di Dio. [17]In veri-
tà io vi dico: chi non accoglie il regno di Dio come l'ac-
coglie un bambino, non entrerà in esso».

[18]Un notabile lo interrogò: «Maestro buono, che co-
sa devo fare per avere in eredità la vita eterna?». [19]Ge-
sù gli rispose: «Perché mi chiami buono? Nessuno è
buono, se non Dio solo. [20]Tu conosci i comandamenti:
*Non commettere adulterio, non uccidere, non rubare,
non testimoniare il falso, onora tuo padre e tua madre*».
[21]Costui disse: «Tutte queste cose le ho osservate fin
dalla giovinezza». [22]Udito ciò, Gesù gli disse: «Una co-
sa ancora ti manca: vendi tutto quello che hai, distri-
buiscilo ai poveri e avrai un tesoro nei cieli; e vieni!
Seguimi!». [23]Ma quello, udite queste parole, divenne
assai triste perché era molto ricco.

[24]Quando Gesù lo vide così triste, disse: «Quanto è
difficile, per quelli che possiedono ricchezze, entrare
nel regno di Dio. [25]È più facile infatti per un cammello
passare per la cruna di un ago, che per un ricco entrare
nel regno di Dio!». [26]Quelli che ascoltavano dissero:

«E chi può essere salvato?». 27Rispose: «Ciò che è im-
possibile agli uomini, è possibile a Dio».
28Pietro allora disse: «Noi abbiamo lasciato i nostri
beni e ti abbiamo seguito». 29Ed egli rispose: «In verità
io vi dico, non c'è nessuno che abbia lasciato casa o
moglie o fratelli o genitori o figli per il regno di Dio,
30che non riceva molto di più nel tempo presente e la
vita eterna nel tempo che verrà».
31Poi prese con sé i Dodici e disse loro: «Ecco, noi
saliamo a Gerusalemme, e si compirà tutto ciò che fu
scritto dai profeti riguardo al Figlio dell'uomo: 32verrà
infatti consegnato ai pagani, verrà deriso e insultato, lo
copriranno di sputi 33e, dopo averlo flagellato, lo ucci-
deranno e il terzo giorno risorgerà». 34Ma quelli non
compresero nulla di tutto questo; quel parlare restava
oscuro per loro e non capivano ciò che egli aveva detto.
35Mentre si avvicinava a Gerico, un cieco era seduto
lungo la strada a mendicare. 36Sentendo passare la gen-
te, domandò che cosa accadesse. 37Gli annunciarono:
«Passa Gesù, il Nazareno!». 38Allora gridò dicendo:
«Gesù, figlio di Davide, abbi pietà di me!». 39Quelli
che camminavano avanti lo rimproveravano perché ta-
cesse; ma egli gridava ancora più forte: «Figlio di Da-
vide, abbi pietà di me!». 40Gesù allora si fermò e ordi-
nò che lo conducessero da lui. Quando fu vicino, gli
domandò: 41«Che cosa vuoi che io faccia per te?». Egli
rispose: «Signore, che io veda di nuovo!». 42E Gesù gli
disse: «Abbi di nuovo la vista! La tua fede ti ha salva-
to». 43Subito ci vide di nuovo e cominciò a seguirlo glo-
rificando Dio. E tutto il popolo, vedendo, diede lode a
Dio.

19 1Entrò nella città di Gerico e la stava attraver-
sando, 2quand'ecco un uomo, di nome Zaccheo,
capo dei pubblicani e ricco, 3cercava di vedere chi era
Gesù, ma non gli riusciva a causa della folla, perché era
piccolo di statura. 4Allora corse avanti e, per riuscire a
vederlo, salì su un sicomòro, perché doveva passare di
là. 5Quando giunse sul luogo, Gesù alzò lo sguardo e
gli disse: «Zaccheo, scendi subito, perché oggi devo
fermarmi a casa tua». 6Scese in fretta e lo accolse pieno
di gioia. 7Vedendo ciò, tutti mormoravano: «È entrato
in casa di un peccatore!». 8Ma Zaccheo, alzatosi, disse
al Signore: «Ecco, Signore, io do la metà di ciò che
possiedo ai poveri e, se ho rubato a qualcuno, restitui-
sco quattro volte tanto». 9Gesù gli rispose: «Oggi per
questa casa è venuta la salvezza, perché anch'egli è fi-
glio di Abramo. 10Il Figlio dell'uomo infatti è venuto a
cercare e a salvare ciò che era perduto».

11Mentre essi stavano ad ascoltare queste cose, disse
ancora una parabola, perché era vicino a Gerusalem-
me ed essi pensavano che il regno di Dio dovesse ma-
nifestarsi da un momento all'altro. 12Disse dunque:
«Un uomo di nobile famiglia partì per un paese lonta-
no, per ricevere il titolo di re e poi ritornare. 13Chiama-
ti dieci dei suoi servi, consegnò loro dieci monete d'o-
ro, dicendo: "Fatele fruttare fino al mio ritorno". 14Ma i
suoi cittadini lo odiavano e mandarono dietro di lui
una delegazione a dire: "Non vogliamo che costui ven-
ga a regnare su di noi". 15Dopo aver ricevuto il titolo di
re, egli ritornò e fece chiamare quei servi a cui aveva
consegnato il denaro, per sapere quanto ciascuno
avesse guadagnato. 16Si presentò il primo e disse: "Si-

gnore, la tua moneta d'oro ne ha fruttate dieci". [17]Gli
disse: "Bene, servo buono! Poiché ti sei mostrato fede-
le nel poco, ricevi il potere sopra dieci città". [18]Poi si
presentò il secondo e disse: "Signore, la tua moneta
d'oro ne ha fruttate cinque". [19]Anche a questo disse:
"Tu pure sarai a capo di cinque città". [20]Venne poi an-
che un altro e disse: "Signore, ecco la tua moneta d'o-
ro, che ho tenuto nascosta in un fazzoletto; [21]avevo
paura di te, che sei un uomo severo: prendi quello
che non hai messo in deposito e mieti quello che non
hai seminato". [22]Gli rispose: "Dalle tue stesse parole ti
giudico, servo malvagio! Sapevi che sono un uomo se-
vero, che prendo quello che non ho messo in deposito
e mieto quello che non ho seminato: [23]perché allora
non hai consegnato il mio denaro a una banca? Al
mio ritorno l'avrei riscosso con gli interessi". [24]Disse
poi ai presenti: "Toglietegli la moneta d'oro e datela a
colui che ne ha dieci". [25]Gli risposero: "Signore, ne ha
già dieci!". [26]"Io vi dico: A chi ha, sarà dato; invece a
chi non ha, sarà tolto anche quello che ha. [27]E quei
miei nemici, che non volevano che io diventassi loro
re, conduceteli qui e uccideteli davanti a me"».

[28]Dette queste cose, Gesù camminava davanti a tutti
salendo verso Gerusalemme. [29]Quando fu vicino a Bètfage
e a Betània, presso il monte detto degli Ulivi, inviò
due discepoli [30]dicendo: «Andate nel villaggio di fron-
te; entrando, troverete un puledro legato, sul quale
non è mai salito nessuno. Slegatelo e conducetelo qui.
[31]E se qualcuno vi domanda: "Perché lo slegate?", ri-
sponderete così: "Il Signore ne ha bisogno"». [32]Gli in-
viati andarono e trovarono come aveva loro detto.

[33]Mentre slegavano il puledro, i proprietari dissero lo-
ro: «Perché slegate il puledro?». [34]Essi risposero: «Il
Signore ne ha bisogno». [35]Lo condussero allora da Ge-
sù; e gettati i loro mantelli sul puledro, vi fecero salire
Gesù. [36]Mentre egli avanzava, stendevano i loro man-
telli sulla strada.

[37]Era ormai vicino alla discesa del monte degli Ulivi,
quando tutta la folla dei discepoli, pieni di gioia, co-
minciò a lodare Dio a gran voce per tutti i prodigi che
avevano veduto, [38]dicendo:

«*Benedetto colui che viene*,
il re, *nel nome del Signore*.
Pace in cielo
e gloria nel più alto dei cieli!».

[39]Alcuni farisei tra la folla gli dissero: «Maestro,
rimprovera i tuoi discepoli». [40]Ma egli rispose: «Io vi
dico che, se questi taceranno, grideranno le pietre».

[41]Quando fu vicino, alla vista della città pianse su di
essa [42]dicendo: «Se avessi compreso anche tu, in que-
sto giorno, quello che porta alla pace! Ma ora è stato
nascosto ai tuoi occhi. [43]Per te verranno giorni in cui i
tuoi nemici ti circonderanno di trincee, ti assedieranno
e ti stringeranno da ogni parte; [44]distruggeranno te e i
tuoi figli dentro di te e non lasceranno in te pietra su
pietra, perché non hai riconosciuto il tempo in cui sei
stata visitata».

[45]Ed entrato nel tempio, si mise a scacciare quelli
che vendevano, [46]dicendo loro: «Sta scritto:

La mia casa sarà casa di preghiera.
Voi invece ne avete fatto un covo di ladri».

47Ogni giorno insegnava nel tempio. I capi dei sacer-
doti e gli scribi cercavano di farlo morire e così anche i
capi del popolo; 48ma non sapevano che cosa fare, per-
ché tutto il popolo pendeva dalle sue labbra nell'ascol-
tarlo.

20 1Un giorno, mentre istruiva il popolo nel tempio
e annunciava il Vangelo, sopraggiunsero i capi
dei sacerdoti e gli scribi con gli anziani 2e si rivolsero
a lui dicendo: «Spiegaci con quale autorità fai queste
cose o chi è che ti ha dato questa autorità». 3E Gesù
rispose loro: «Anch'io vi farò una domanda. Ditemi:
4il battesimo di Giovanni veniva dal cielo o dagli uomi-
ni?». 5Allora essi ragionavano fra loro dicendo: «Se di-
ciamo: "Dal cielo", risponderà: "Perché non gli avete
creduto?". 6Se invece diciamo: "Dagli uomini", tutto
il popolo ci lapiderà, perché è convinto che Giovanni
sia un profeta». 7Risposero quindi di non saperlo. 8E
Gesù disse loro: «Neanch'io vi dico con quale autorità
faccio queste cose».
9Poi prese a dire al popolo questa parabola: «Un uo-
mo piantò una vigna, la diede in affitto a dei contadini
e se ne andò lontano per molto tempo. 10Al momento
opportuno, mandò un servo dai contadini perché gli
dessero la sua parte del raccolto della vigna. Ma i con-
tadini lo bastonarono e lo mandarono via a mani vuo-
te. 11Mandò un altro servo, ma essi bastonarono anche
questo, lo insultarono e lo mandarono via a mani vuo-
te. 12Ne mandò ancora un terzo, ma anche questo lo
ferirono e lo cacciarono via. 13Disse allora il padrone

della vigna: "Che cosa devo fare? Manderò mio figlio,
l'amato, forse avranno rispetto per lui!". 14Ma i conta-
dini, appena lo videro, fecero tra loro questo ragiona-
mento: "Costui è l'erede. Uccidiamolo e così l'eredità
sarà nostra!". 15Lo cacciarono fuori della vigna e lo uc-
cisero. Che cosa farà dunque a costoro il padrone della
vigna? 16Verrà, farà morire quei contadini e darà la vi-
gna ad altri».

Udito questo, dissero: «Non sia mai!». 17Allora egli
fissò lo sguardo su di loro e disse: «Che cosa significa
dunque questa parola della Scrittura:

La pietra che i costruttori hanno scartato
è diventata la pietra d'angolo?

18Chiunque cadrà su quella pietra si sfracellerà e co-
lui sul quale essa cadrà verrà stritolato».

19In quel momento gli scribi e i capi dei sacerdoti
cercarono di mettergli le mani addosso, ma ebbero
paura del popolo. Avevano capito infatti che quella pa-
rabola l'aveva detta per loro.

20Si misero a spiarlo e mandarono informatori, che
si fingessero persone giuste, per coglierlo in fallo nel
parlare e poi consegnarlo all'autorità e al potere del
governatore. 21Costoro lo interrogarono: «Maestro,
sappiamo che parli e insegni con rettitudine e non
guardi in faccia a nessuno, ma insegni qual è la via di
Dio secondo verità. 22È lecito, o no, che noi paghiamo
la tassa a Cesare?». 23Rendendosi conto della loro ma-
lizia, disse: 24«Mostratemi un denaro: di chi porta l'im-
magine e l'iscrizione?». Risposero: «Di Cesare». 25Ed
egli disse: «Rendete dunque quello che è di Cesare a

Cesare e quello che è di Dio a Dio». [26]Così non riusci-
rono a coglierlo in fallo nelle sue parole di fronte al
popolo e, meravigliati della sua risposta, tacquero.

[27]Gli si avvicinarono alcuni sadducei – i quali dico-
no che non c'è risurrezione – e gli posero questa do-
manda: [28]«Maestro, Mosè ci ha prescritto: *Se muore il*
fratello di qualcuno che ha moglie, *ma è senza figli, suo*
fratello prenda la moglie e dia una discendenza al pro-
prio fratello. [29]C'erano dunque sette fratelli: il primo,
dopo aver preso moglie, morì senza figli. [30]Allora la
prese il secondo [31]e poi il terzo e così tutti e sette mo-
rirono senza lasciare figli. [32]Da ultimo morì anche la
donna. [33]La donna dunque, alla risurrezione, di chi sa-
rà moglie? Poiché tutti e sette l'hanno avuta in mo-
glie». [34]Gesù rispose loro: «I figli di questo mondo
prendono moglie e prendono marito; [35]ma quelli che
sono giudicati degni della vita futura e della risurrezio-
ne dai morti, non prendono né moglie né marito: [36]in-
fatti non possono più morire, perché sono uguali agli
angeli e, poiché sono figli della risurrezione, sono figli
di Dio. [37]Che poi i morti risorgano, lo ha indicato an-
che Mosè a proposito del roveto, quando dice: *Il Si-*
gnore è il Dio di Abramo, Dio di Isacco e Dio di Giacob-
be. [38]Dio non è dei morti, ma dei viventi; perché tutti
vivono per lui».

[39]Dissero allora alcuni scribi: «Maestro, hai parla-
to bene». [40]E non osavano più rivolgergli alcuna do-
manda.

[41]Allora egli disse loro: «Come mai si dice che il Cri-
sto è figlio di Davide, [42]se Davide stesso nel libro dei
Salmi dice:

Disse il Signore al mio Signore:
Siedi alla mia destra
43 *finché io ponga i tuoi nemici*
come sgabello dei tuoi piedi?

44 Davide dunque lo chiama Signore; perciò, come
può essere suo figlio?».
45 Mentre tutto il popolo ascoltava, disse ai suoi di-
scepoli: 46 «Guardatevi dagli scribi, che vogliono pas-
seggiare in lunghe vesti e si compiacciono di essere sa-
lutati nelle piazze, di avere i primi seggi nelle sinago-
ghe e i primi posti nei banchetti; 47 divorano le case
delle vedove e pregano a lungo per farsi vedere. Essi
riceveranno una condanna più severa».

21 1 Alzàti gli occhi, vide i ricchi che gettavano le lo-
ro offerte nel tesoro del tempio. 2 Vide anche una
vedova povera, che vi gettava due monetine, 3 e disse:
«In verità vi dico: questa vedova, così povera, ha get-
tato più di tutti. 4 Tutti costoro, infatti, hanno gettato
come offerta parte del loro superfluo. Ella invece, nel-
la sua miseria, ha gettato tutto quello che aveva per
vivere».
5 Mentre alcuni parlavano del tempio, che era orna-
to di belle pietre e di doni votivi, disse: 6 «Verranno
giorni nei quali, di quello che vedete, non sarà lasciata
pietra su pietra che non sarà distrutta».
7 Gli domandarono: «Maestro, quando dunque ac-
cadranno queste cose e quale sarà il segno, quando es-
se staranno per accadere?». 8 Rispose: «Badate di non
lasciarvi ingannare. Molti infatti verranno nel mio no-
me dicendo: "Sono io", e: "Il tempo è vicino". Non an-

date dietro a loro! 9Quando sentirete di guerre e di rivoluzioni, non vi terrorizzate, perché prima devono avvenire queste cose, ma non è subito la fine».

10Poi diceva loro: «Si solleverà nazione contro nazione e regno contro regno, 11e vi saranno in diversi luoghi terremoti, carestie e pestilenze; vi saranno anche fatti terrificanti e segni grandiosi dal cielo.

12Ma prima di tutto questo metteranno le mani su di voi e vi perseguiteranno, consegnandovi alle sinagoghe e alle prigioni, trascinandovi davanti a re e governatori, a causa del mio nome. 13Avrete allora occasione di dare testimonianza. 14Mettetevi dunque in mente di non preparare prima la vostra difesa; 15io vi darò parola e sapienza, cosicché tutti i vostri avversari non potranno resistere né controbattere. 16Sarete traditi perfino dai genitori, dai fratelli, dai parenti e dagli amici, e uccideranno alcuni di voi; 17sarete odiati da tutti a causa del mio nome. 18Ma nemmeno un capello del vostro capo andrà perduto. 19Con la vostra perseveranza salverete la vostra vita.

20Quando vedrete Gerusalemme circondata da eserciti, allora sappiate che la sua devastazione è vicina. 21Allora coloro che si trovano nella Giudea fuggano verso i monti, coloro che sono dentro la città se ne allontanino, e quelli che stanno in campagna non tornino in città; 22quelli infatti saranno giorni di vendetta, affinché tutto ciò che è stato scritto si compia. 23In quei giorni guai alle donne che sono incinte e a quelle che allattano, perché vi sarà grande calamità nel paese e ira contro questo popolo. 24Cadranno a fil di spada e saranno condotti prigionieri in tutte le nazioni; Gerusa-

lemme sarà calpestata dai pagani finché i tempi dei pa-
gani non siano compiuti.
[25]Vi saranno segni nel sole, nella luna e nelle stelle, e
sulla terra angoscia di popoli in ansia per il fragore del
mare e dei flutti, [26]mentre gli uomini moriranno per la
paura e per l'attesa di ciò che dovrà accadere sulla ter-
ra. *Le potenze dei cieli* infatti saranno sconvolte. [27]Allo-
ra vedranno *il Figlio dell'uomo venire su una nube* con
grande potenza e gloria. [28]Quando cominceranno ad
accadere queste cose, risollevatevi e alzate il capo, per-
ché la vostra liberazione è vicina».
[29]E disse loro una parabola: «Osservate la pianta di
fico e tutti gli alberi: [30]quando già germogliano, capite
voi stessi, guardandoli, che ormai l'estate è vicina.
[31]Così anche voi: quando vedrete accadere queste co-
se, sappiate che il regno di Dio è vicino. [32]In verità io vi
dico: non passerà questa generazione prima che tutto
avvenga. [33]Il cielo e la terra passeranno, ma le mie pa-
role non passeranno.
[34]State attenti a voi stessi, che i vostri cuori non si
appesantiscano in dissipazioni, ubriachezze e affanni
della vita e che quel giorno non vi piombi addosso al-
l'improvviso; [35]come un laccio infatti esso si abbatterà
sopra tutti coloro che abitano sulla faccia di tutta la
terra. [36]Vegliate in ogni momento pregando, perché
abbiate la forza di sfuggire a tutto ciò che sta per acca-
dere e di comparire davanti al Figlio dell'uomo».
[37]Durante il giorno insegnava nel tempio; la notte,
usciva e pernottava all'aperto sul monte detto degli
Ulivi. [38]E tutto il popolo di buon mattino andava da
lui nel tempio per ascoltarlo.

22 1Si avvicinava la festa degli Azzimi, chiamata Pa-
squa, 2e i capi dei sacerdoti e gli scribi cercavano
in che modo toglierlo di mezzo, ma temevano il popolo.
3Allora Satana entrò in Giuda, detto Iscariota, che era
uno dei Dodici. 4Ed egli andò a trattare con i capi dei
sacerdoti e i capi delle guardie sul modo di consegnarlo
a loro. 5Essi si rallegrarono e concordarono di dargli
del denaro. 6Egli fu d'accordo e cercava l'occasione
propizia per consegnarlo a loro, di nascosto dalla folla.

7Venne il giorno degli Azzimi, nel quale si doveva
immolare la Pasqua. 8Gesù mandò Pietro e Giovanni
dicendo: «Andate a preparare per noi, perché possia-
mo mangiare la Pasqua». 9Gli chiesero: «Dove vuoi
che prepariamo?». 10Ed egli rispose loro: «Appena en-
trati in città, vi verrà incontro un uomo che porta una
brocca d'acqua; seguitelo nella casa in cui entrerà.
11Direte al padrone di casa: "Il Maestro ti dice: Dov'è
la stanza in cui posso mangiare la Pasqua con i miei
discepoli?". 12Egli vi mostrerà al piano superiore una
sala, grande e arredata; lì preparate». 13Essi andarono
e trovarono come aveva detto loro e prepararono la
Pasqua.

14Quando venne l'ora, prese posto a tavola e gli apo-
stoli con lui, 15e disse loro: «Ho tanto desiderato man-
giare questa Pasqua con voi, prima della mia passione,
16perché io vi dico: non la mangerò più, finché essa non
si compia nel regno di Dio». 17E, ricevuto un calice, re-
se grazie e disse: «Prendetelo e fatelo passare tra voi,
18perché io vi dico: da questo momento non berrò più
del frutto della vite, finché non verrà il regno di Dio».
19Poi prese il pane, rese grazie, lo spezzò e lo diede loro

dicendo: «Questo è il mio corpo, che è dato per voi;
fate questo in memoria di me». 20 E, dopo aver cenato,
fece lo stesso con il calice dicendo: «Questo calice è la
nuova alleanza nel mio sangue, che è versato per voi».

21 «Ma ecco, la mano di colui che mi tradisce è con
me, sulla tavola. 22 Il Figlio dell'uomo se ne va, secondo
quanto è stabilito, ma guai a quell'uomo dal quale egli
viene tradito!». 23 Allora essi cominciarono a domandarsi
l'un l'altro chi di loro avrebbe fatto questo.

24 E nacque tra loro anche una discussione: chi di loro
fosse da considerare più grande. 25 Egli disse: «I re
delle nazioni le governano, e coloro che hanno potere
su di esse sono chiamati benefattori. 26 Voi però non fate
così; ma chi tra voi è più grande diventi come il più
giovane, e chi governa come colui che serve. 27 Infatti
chi è più grande, chi sta a tavola o chi serve? Non è
forse colui che sta a tavola? Eppure io sto in mezzo a
voi come colui che serve.

28 Voi siete quelli che avete perseverato con me nelle
mie prove 29 e io preparo per voi un regno, come il Padre
mio l'ha preparato per me, 30 perché mangiate e beviate
alla mia mensa nel mio regno. E siederete in trono
a giudicare le dodici tribù d'Israele.

31 Simone, Simone, ecco: Satana vi ha cercati per vagliarvi
come il grano; 32 ma io ho pregato per te, perché
la tua fede non venga meno. E tu, una volta convertito,
conferma i tuoi fratelli». 33 E Pietro gli disse: «Signore,
con te sono pronto ad andare anche in prigione e alla
morte». 34 Gli rispose: «Pietro, io ti dico: oggi il gallo
non canterà prima che tu, per tre volte, abbia negato
di conoscermi».

35Poi disse loro: «Quando vi ho mandato senza bor-
sa, né sacca, né sandali, vi è forse mancato qualcosa?».
Risposero: «Nulla». 36Ed egli soggiunse: «Ma ora, chi
ha una borsa la prenda, e così chi ha una sacca; chi non
ha spada, venda il mantello e ne compri una. 37Perché
io vi dico: deve compiersi in me questa parola della
Scrittura: *E fu annoverato tra gli empi*. Infatti tutto
quello che mi riguarda volge al suo compimento».
38Ed essi dissero: «Signore, ecco qui due spade». Ma
egli disse: «Basta!».

39Uscì e andò, come al solito, al monte degli Ulivi;
anche i discepoli lo seguirono. 40Giunto sul luogo, dis-
se loro: «Pregate, per non entrare in tentazione». 41Poi
si allontanò da loro circa un tiro di sasso, cadde in gi-
nocchio e pregava dicendo: 42«Padre, se vuoi, allonta-
na da me questo calice! Tuttavia non sia fatta la mia,
ma la tua volontà». 43Gli apparve allora un angelo dal
cielo per confortarlo. 44Entrato nella lotta, pregava più
intensamente, e il suo sudore diventò come gocce di
sangue che cadono a terra. 45Poi, rialzatosi dalla pre-
ghiera, andò dai discepoli e li trovò che dormivano
per la tristezza. 46E disse loro: «Perché dormite? Alza-
tevi e pregate, per non entrare in tentazione».

47Mentre ancora egli parlava, ecco giungere una fol-
la; colui che si chiamava Giuda, uno dei Dodici, li pre-
cedeva e si avvicinò a Gesù per baciarlo. 48Gesù gli dis-
se: «Giuda, con un bacio tu tradisci il Figlio dell'uo-
mo?». 49Allora quelli che erano con lui, vedendo ciò
che stava per accadere, dissero: «Signore, dobbiamo
colpire con la spada?». 50E uno di loro colpì il servo
del sommo sacerdote e gli staccò l'orecchio destro.

51 Ma Gesù intervenne dicendo: «Lasciate! Basta co-
sì!». E, toccandogli l'orecchio, lo guarì.
52 Poi Gesù disse a coloro che erano venuti contro di
lui, capi dei sacerdoti, capi delle guardie del tempio e
anziani: «Come se fossi un ladro siete venuti con spade
e bastoni. 53 Ogni giorno ero con voi nel tempio e non
avete mai messo le mani su di me; ma questa è l'ora
vostra e il potere delle tenebre».
54 Dopo averlo catturato, lo condussero via e lo fece-
ro entrare nella casa del sommo sacerdote. Pietro lo se-
guiva da lontano. 55 Avevano acceso un fuoco in mezzo
al cortile e si erano seduti attorno; anche Pietro sedette
in mezzo a loro. 56 Una giovane serva lo vide seduto vi-
cino al fuoco e, guardandolo attentamente, disse: «An-
che questi era con lui». 57 Ma egli negò dicendo: «O
donna, non lo conosco!». 58 Poco dopo un altro lo vide
e disse: «Anche tu sei uno di loro!». Ma Pietro rispose:
«O uomo, non lo sono!». 59 Passata circa un'ora, un al-
tro insisteva: «In verità, anche questi era con lui; infatti
è Galileo». 60 Ma Pietro disse: «O uomo, non so quello
che dici». E in quell'istante, mentre ancora parlava, un
gallo cantò. 61 Allora il Signore si voltò e fissò lo sguardo
su Pietro, e Pietro si ricordò della parola che il Signore
gli aveva detto: «Prima che il gallo canti, oggi mi rinne-
gherai tre volte». 62 E, uscito fuori, pianse amaramente.
63 E intanto gli uomini che avevano in custodia Gesù
lo deridevano e lo picchiavano, 64 gli bendavano gli oc-
chi e gli dicevano: «Fa' il profeta! Chi è che ti ha colpi-
to?». 65 E molte altre cose dicevano contro di lui, insul-
tandolo.
66 Appena fu giorno, si riunì il consiglio degli anziani

del popolo, con i capi dei sacerdoti e gli scribi; lo con-
dussero davanti al loro sinedrio [67]e gli dissero: «Se tu
sei il Cristo, dillo a noi». Rispose loro: «Anche se ve lo
dico, non mi crederete; [68]se vi interrogo, non mi ri-
sponderete. [69]Ma d'ora in poi il Figlio dell'uomo siede-
rà alla destra della potenza di Dio». [70]Allora tutti disse-
ro: «Tu dunque sei il Figlio di Dio?». Ed egli rispose
loro: «Voi stessi dite che io lo sono». [71]E quelli dissero:
«Che bisogno abbiamo ancora di testimonianza? L'ab-
biamo udito noi stessi dalla sua bocca».

23 [1]Tutta l'assemblea si alzò; lo condussero da Pila-
to [2]e cominciarono ad accusarlo: «Abbiamo tro-
vato costui che metteva in agitazione il nostro popolo,
impediva di pagare tributi a Cesare e affermava di es-
sere Cristo re». [3]Pilato allora lo interrogò: «Sei tu il re
dei Giudei?». Ed egli rispose: «Tu lo dici». [4]Pilato dis-
se ai capi dei sacerdoti e alla folla: «Non trovo in que-
st'uomo alcun motivo di condanna». [5]Ma essi insiste-
vano dicendo: «Costui solleva il popolo, insegnando
per tutta la Giudea, dopo aver cominciato dalla Gali-
lea, fino a qui».

[6]Udito ciò, Pilato domandò se quell'uomo era Gali-
leo [7]e, saputo che stava sotto l'autorità di Erode, lo rin-
viò a Erode, che in quei giorni si trovava anch'egli a
Gerusalemme.

[8]Vedendo Gesù, Erode si rallegrò molto. Da molto
tempo infatti desiderava vederlo, per averne sentito
parlare, e sperava di vedere qualche miracolo fatto da
lui. [9]Lo interrogò, facendogli molte domande, ma egli
non gli rispose nulla. [10]Erano presenti anche i capi dei

sacerdoti e gli scribi, e insistevano nell'accusarlo. [11]Al-
lora anche Erode, con i suoi soldati, lo insultò, si fece
beffe di lui, gli mise addosso una splendida veste e lo
rimandò a Pilato. [12]In quel giorno Erode e Pilato di-
ventarono amici tra loro; prima infatti tra loro vi era
stata inimicizia.

[13]Pilato, riuniti i capi dei sacerdoti, le autorità e il
popolo, [14]disse loro: «Mi avete portato quest'uomo co-
me agitatore del popolo. Ecco, io l'ho esaminato da-
vanti a voi, ma non ho trovato in quest'uomo nessuna
delle colpe di cui lo accusate; [15]e neanche Erode: infatti
ce l'ha rimandato. Ecco, egli non ha fatto nulla che me-
riti la morte. [16]Perciò, dopo averlo punito, lo rimetterò
in libertà». [17] [18]Ma essi si misero a gridare tutti insie-
me: «Togli di mezzo costui! Rimettici in libertà Barab-
ba!». [19]Questi era stato messo in prigione per una ri-
volta, scoppiata in città, e per omicidio.

[20]Pilato parlò loro di nuovo, perché voleva rimettere
in libertà Gesù. [21]Ma essi urlavano: «Crocifiggilo! Cro-
cifiggilo!». [22]Ed egli, per la terza volta, disse loro: «Ma
che male ha fatto costui? Non ho trovato in lui nulla
che meriti la morte. Dunque, lo punirò e lo rimetterò
in libertà». [23]Essi però insistevano a gran voce, chie-
dendo che venisse crocifisso, e le loro grida crescева-
no. [24]Pilato allora decise che la loro richiesta venisse
eseguita. [25]Rimise in libertà colui che era stato messo
in prigione per rivolta e omicidio, e che essi richiede-
vano, e consegnò Gesù al loro volere.

[26]Mentre lo conducevano via, fermarono un certo
Simone di Cirene, che tornava dai campi, e gli misero
addosso la croce, da portare dietro a Gesù.

[27]Lo seguiva una grande moltitudine di popolo e di
donne, che si battevano il petto e facevano lamenti su
di lui. [28]Ma Gesù, voltandosi verso di loro, disse: «Fi-
glie di Gerusalemme, non piangete su di me, ma pian-
gete su voi stesse e sui vostri figli. [29]Ecco, verranno
giorni nei quali si dirà: "Beate le sterili, i grembi che
non hanno generato e i seni che non hanno allattato".
[30]Allora cominceranno a *dire ai monti*: *"Cadete su di
noi!"*, *e alle colline: "Copriteci!"*. [31]Perché, se si tratta
così il legno verde, che avverrà del legno secco?». [32]In-
sieme con lui venivano condotti a morte anche altri
due, che erano malfattori.

[33]Quando giunsero sul luogo chiamato Cranio, vi
crocifissero lui e i malfattori, uno a destra e l'altro a
sinistra. [34]Gesù diceva: «Padre, perdona loro perché
non sanno quello che fanno». *Poi dividendo le sue ve-
sti, le tirarono a sorte*.

[35]Il popolo stava a vedere; i capi invece lo deride-
vano dicendo: «Ha salvato altri! Salvi se stesso, se è
lui il Cristo di Dio, l'eletto». [36]Anche i soldati lo deri-
devano, gli si accostavano per porgergli dell'aceto [37]e
dicevano: «Se tu sei il re dei Giudei, salva te stesso».
[38]Sopra di lui c'era anche una scritta: «Costui è il re
dei Giudei».

[39]Uno dei malfattori appesi alla croce lo insultava:
«Non sei tu il Cristo? Salva te stesso e noi!». [40]L'altro
invece lo rimproverava dicendo: «Non hai alcun timo-
re di Dio, tu che sei condannato alla stessa pena?
[41]Noi, giustamente, perché riceviamo quello che ab-
biamo meritato per le nostre azioni; egli invece non
ha fatto nulla di male». [42]E disse: «Gesù, ricòrdati di

me quando entrerai nel tuo regno». 43Gli rispose: «In
verità io ti dico: oggi con me sarai nel paradiso».
44Era già verso mezzogiorno e si fece buio su tutta la
terra fino alle tre del pomeriggio, 45perché il sole si era
eclissato. Il velo del tempio si squarciò a metà. 46Gesù,
gridando a gran voce, disse: «Padre, *nelle tue mani*
consegno il mio spirito». Detto questo, spirò.
47Visto ciò che era accaduto, il centurione dava glo-
ria a Dio dicendo: «Veramente quest'uomo era giu-
sto». 48Così pure tutta la folla che era venuta a vedere
questo spettacolo, ripensando a quanto era accaduto,
se ne tornava battendosi il petto. 49Tutti i suoi cono-
scenti, e le donne che lo avevano seguito fin dalla Ga-
lilea, stavano da lontano a guardare tutto questo.
50Ed ecco, vi era un uomo di nome Giuseppe, mem-
bro del sinedrio, buono e giusto. 51Egli non aveva ade-
rito alla decisione e all'operato degli altri. Era di Ari-
matea, una città della Giudea, e aspettava il regno di
Dio. 52Egli si presentò a Pilato e chiese il corpo di Ge-
sù. 53Lo depose dalla croce, lo avvolse con un lenzuolo
e lo mise in un sepolcro scavato nella roccia, nel quale
nessuno era stato ancora sepolto. 54Era il giorno della
Parasceve e già splendevano le luci del sabato. 55Le
donne che erano venute con Gesù dalla Galilea segui-
vano Giuseppe; esse osservarono il sepolcro e come
era stato posto il corpo di Gesù, 56poi tornarono indie-
tro e prepararono aromi e oli profumati. Il giorno di
sabato osservarono il riposo come era prescritto.

24 1Il primo giorno della settimana, al mattino pre-
sto esse si recarono al sepolcro, portando con sé

gli aromi che avevano preparato. 2Trovarono che la
pietra era stata rimossa dal sepolcro 3e, entrate, non
trovarono il corpo del Signore Gesù. 4Mentre si do-
mandavano che senso avesse tutto questo, ecco due
uomini presentarsi a loro in abito sfolgorante. 5Le don-
ne, impaurite, tenevano il volto chinato a terra, ma
quelli dissero loro: «Perché cercate tra i morti colui
che è vivo? 6Non è qui, è risorto. Ricordatevi come vi
parlò quando era ancora in Galilea 7e diceva: "Bisogna
che il Figlio dell'uomo sia consegnato in mano ai pec-
catori, sia crocifisso e risorga il terzo giorno"». 8Ed es-
se si ricordarono delle sue parole 9e, tornate dal sepol-
cro, annunciarono tutto questo agli Undici e a tutti gli
altri. 10Erano Maria Maddalena, Giovanna e Maria ma-
dre di Giacomo. Anche le altre, che erano con loro,
raccontavano queste cose agli apostoli. 11Quelle parole
parvero a loro come un vaneggiamento e non credeva-
no ad esse. 12Pietro tuttavia si alzò, corse al sepolcro e,
chinatosi, vide soltanto i teli. E tornò indietro, pieno di
stupore per l'accaduto.

13Ed ecco, in quello stesso giorno due di loro erano
in cammino per un villaggio di nome Èmmaus, distan-
te circa undici chilometri da Gerusalemme, 14e conver-
savano tra loro di tutto quello che era accaduto.
15Mentre conversavano e discutevano insieme, Gesù
in persona si avvicinò e camminava con loro. 16Ma i lo-
ro occhi erano impediti a riconoscerlo. 17Ed egli disse
loro: «Che cosa sono questi discorsi che state facendo
tra voi lungo il cammino?». Si fermarono, col volto tri-
ste; 18uno di loro, di nome Clèopa, gli rispose: «Solo tu
sei forestiero a Gerusalemme! Non sai ciò che vi è ac-

caduto in questi giorni?». [19]Domandò loro: «Che co-
sa?». Gli risposero: «Ciò che riguarda Gesù, il Nazare-
no, che fu profeta potente in opere e in parole, davanti
a Dio e a tutto il popolo; [20]come i capi dei sacerdoti e le
nostre autorità lo hanno consegnato per farlo condan-
nare a morte e lo hanno crocifisso. [21]Noi speravamo
che egli fosse colui che avrebbe liberato Israele; con
tutto ciò, sono passati tre giorni da quando queste cose
sono accadute. [22]Ma alcune donne, delle nostre, ci
hanno sconvolti; si sono recate al mattino alla tomba
[23]e, non avendo trovato il suo corpo, sono venute a dir-
ci di aver avuto anche una visione di angeli, i quali af-
fermano che egli è vivo. [24]Alcuni dei nostri sono andati
alla tomba e hanno trovato come avevano detto le don-
ne, ma lui non l'hanno visto».

[25]Disse loro: «Stolti e lenti di cuore a credere in tut-
to ciò che hanno detto i profeti! [26]Non bisognava che
il Cristo patisse queste sofferenze per entrare nella sua
gloria?». [27]E, cominciando da Mosè e da tutti i pro-
feti, spiegò loro in tutte le Scritture ciò che si riferi-
va a lui.

[28]Quando furono vicini al villaggio dove erano di-
retti, egli fece come se dovesse andare più lontano.
[29]Ma essi insistettero: «Resta con noi, perché si fa sera
e il giorno è ormai al tramonto». Egli entrò per rima-
nere con loro. [30]Quando fu a tavola con loro, prese il
pane, recitò la benedizione, lo spezzò e lo diede loro.
[31]Allora si aprirono loro gli occhi e lo riconobbero. Ma
egli sparì dalla loro vista. [32]Ed essi dissero l'un l'altro:
«Non ardeva forse in noi il nostro cuore mentre egli
conversava con noi lungo la via, quando ci spiegava le

Scritture?». [33]Partirono senza indugio e fecero ritorno
a Gerusalemme, dove trovarono riuniti gli Undici e gli
altri che erano con loro, [34]i quali dicevano: «Davvero il
Signore è risorto ed è apparso a Simone!». [35]Ed essi
narravano ciò che era accaduto lungo la via e come l'a-
vevano riconosciuto nello spezzare il pane.

[36]Mentre essi parlavano di queste cose, Gesù in per-
sona stette in mezzo a loro e disse: «Pace a voi!».
[37]Sconvolti e pieni di paura, credevano di vedere un
fantasma. [38]Ma egli disse loro: «Perché siete turbati, e
perché sorgono dubbi nel vostro cuore? [39]Guardate
le mie mani e i miei piedi: sono proprio io! Toccate-
mi e guardate; un fantasma non ha carne e ossa, come
vedete che io ho». [40]Dicendo questo, mostrò loro le
mani e i piedi. [41]Ma poiché per la gioia non credevano
ancora ed erano pieni di stupore, disse: «Avete qui
qualche cosa da mangiare?». [42]Gli offrirono una por-
zione di pesce arrostito; [43]egli lo prese e lo mangiò da-
vanti a loro.

[44]Poi disse: «Sono queste le parole che io vi dissi
quando ero ancora con voi: bisogna che si compiano
tutte le cose scritte su di me nella legge di Mosè, nei
Profeti e nei Salmi». [45]Allora aprì loro la mente per
comprendere le Scritture [46]e disse loro: «Così sta scrit-
to: il Cristo patirà e risorgerà dai morti il terzo giorno,
[47]e nel suo nome saranno predicati a tutti i popoli la
conversione e il perdono dei peccati, cominciando da
Gerusalemme. [48]Di questo voi siete testimoni. [49]Ed ec-
co, io mando su di voi colui che il Padre mio ha pro-
messo; ma voi restate in città, finché non siate rivestiti
di potenza dall'alto».

[50]Poi li condusse fuori verso Betània e, alzate le ma-
ni, li benedisse. [51]Mentre li benediceva, si staccò da lo-
ro e veniva portato su, in cielo. [52]Ed essi si prostrarono
davanti a lui; poi tornarono a Gerusalemme con gran-
de gioia [53]e stavano sempre nel tempio lodando Dio.

VANGELO SECONDO GIOVANNI

1 [1]In principio era il Verbo,
e il Verbo era presso Dio
e il Verbo era Dio.
[2]Egli era, in principio, presso Dio:
[3]tutto è stato fatto per mezzo di lui
e senza di lui nulla è stato fatto di ciò che esiste.
[4]In lui era la vita
e la vita era la luce degli uomini;
[5]la luce splende nelle tenebre
e le tenebre non l'hanno vinta.
[6]Venne un uomo mandato da Dio:
il suo nome era Giovanni.
[7]Egli venne come testimone
per dare testimonianza alla luce,
perché tutti credessero per mezzo di lui.
[8]Non era lui la luce,
ma doveva dare testimonianza alla luce.
[9]Veniva nel mondo la luce vera,
quella che illumina ogni uomo.
[10]Era nel mondo
e il mondo è stato fatto per mezzo di lui;
eppure il mondo non lo ha riconosciuto.
[11]Venne fra i suoi,
e i suoi non lo hanno accolto.

12 A quanti però lo hanno accolto
ha dato potere di diventare figli di Dio:
a quelli che credono nel suo nome,
13 i quali, non da sangue
né da volere di carne
né da volere di uomo,
ma da Dio sono stati generati.
14 E il Verbo si fece carne
e venne ad abitare in mezzo a noi;
e noi abbiamo contemplato la sua gloria,
gloria come del Figlio unigenito
che viene dal Padre,
pieno di grazia e di verità.
15 Giovanni gli dà testimonianza e proclama:
«Era di lui che io dissi:
Colui che viene dopo di me
è avanti a me,
perché era prima di me».
16 Dalla sua pienezza
noi tutti abbiamo ricevuto:
grazia su grazia.
17 Perché la Legge fu data per mezzo di Mosè,
la grazia e la verità
vennero per mezzo di Gesù Cristo.
18 Dio, nessuno lo ha mai visto:
il Figlio unigenito, che è Dio
ed è nel seno del Padre,
è lui che lo ha rivelato.

19 Questa è la testimonianza di Giovanni, quando i
Giudei gli inviarono da Gerusalemme sacerdoti e leviti

a interrogarlo: «Tu, chi sei?». 20 Egli confessò e non ne-
gò. Confessò: «Io non sono il Cristo». 21 Allora gli chie-
sero: «Chi sei, dunque? Sei tu Elia?». «Non lo sono»,
disse. «Sei tu il profeta?». «No», rispose. 22 Gli dissero
allora: «Chi sei? Perché possiamo dare una risposta a
coloro che ci hanno mandato. Che cosa dici di te stes-
so?». 23 Rispose:

«Io sono *voce di uno che grida nel deserto:*
Rendete diritta la via del Signore,

come disse il profeta Isaia».

24 Quelli che erano stati inviati venivano dai farisei.
25 Essi lo interrogarono e gli dissero: «Perché dunque
tu battezzi, se non sei il Cristo, né Elia, né il profeta?».
26 Giovanni rispose loro: «Io battezzo nell'acqua. In
mezzo a voi sta uno che voi non conoscete, 27 colui
che viene dopo di me: a lui io non sono degno di sle-
gare il laccio del sandalo». 28 Questo avvenne in Betà-
nia, al di là del Giordano, dove Giovanni stava battez-
zando.

29 Il giorno dopo, vedendo Gesù venire verso di lui,
disse: «Ecco l'agnello di Dio, colui che toglie il peccato
del mondo! 30 Egli è colui del quale ho detto: "Dopo di
me viene un uomo che è avanti a me, perché era prima
di me". 31 Io non lo conoscevo, ma sono venuto a bat-
tezzare nell'acqua, perché egli fosse manifestato a
Israele».

32 Giovanni testimoniò dicendo: «Ho contemplato
lo Spirito discendere come una colomba dal cielo e ri-
manere su di lui. 33 Io non lo conoscevo, ma proprio
colui che mi ha inviato a battezzare nell'acqua mi dis-
se: "Colui sul quale vedrai discendere e rimanere lo

Spirito, è lui che battezza nello Spirito Santo". 34E io
ho visto e ho testimoniato che questi è il Figlio di Dio».
35Il giorno dopo Giovanni stava ancora là con due
dei suoi discepoli 36e, fissando lo sguardo su Gesù che
passava, disse: «Ecco l'agnello di Dio!». 37E i suoi due
discepoli, sentendolo parlare così, seguirono Gesù.
38Gesù allora si voltò e, osservando che essi lo seguivano, disse loro: «Che cosa cercate?». Gli risposero:
«Rabbì – che, tradotto, significa Maestro –, dove dimori?». 39Disse loro: «Venite e vedrete». Andarono
dunque e videro dove egli dimorava e quel giorno rimasero con lui; erano circa le quattro del pomeriggio.

40Uno dei due che avevano udito le parole di Giovanni e lo avevano seguito, era Andrea, fratello di Simon Pietro. 41Egli incontrò per primo suo fratello Simone e gli disse: «Abbiamo trovato il Messia» – che si
traduce Cristo – 42e lo condusse da Gesù. Fissando lo
sguardo su di lui, Gesù disse: «Tu sei Simone, il figlio di Giovanni; sarai chiamato Cefa» – che significa
Pietro.

43Il giorno dopo Gesù volle partire per la Galilea;
trovò Filippo e gli disse: «Seguimi!». 44Filippo era di
Betsàida, la città di Andrea e di Pietro. 45Filippo trovò
Natanaele e gli disse: «Abbiamo trovato colui del quale hanno scritto Mosè, nella Legge, e i Profeti: Gesù, il
figlio di Giuseppe, di Nàzaret». 46Natanaele gli disse:
«Da Nàzaret può venire qualcosa di buono?». Filippo
gli rispose: «Vieni e vedi». 47Gesù intanto, visto Natanaele che gli veniva incontro, disse di lui: «Ecco davvero un Israelita in cui non c'è falsità». 48Natanaele gli
domandò: «Come mi conosci?». Gli rispose Gesù:

«Prima che Filippo ti chiamasse, io ti ho visto quando
eri sotto l'albero di fichi». 49Gli replicò Natanaele:
«Rabbì, tu sei il Figlio di Dio, tu sei il re d'Israele!».
50Gli rispose Gesù: «Perché ti ho detto che ti avevo vi-
sto sotto l'albero di fichi, tu credi? Vedrai cose più
grandi di queste!». 51Poi gli disse: «In verità, in verità
io vi dico: vedrete *il cielo* aperto *e gli angeli di Dio salire*
e scendere sopra il Figlio dell'uomo».

2 1Il terzo giorno vi fu una festa di nozze a Cana di
Galilea e c'era la madre di Gesù. 2Fu invitato alle
nozze anche Gesù con i suoi discepoli. 3Venuto a man-
care il vino, la madre di Gesù gli disse: «Non hanno
vino». 4E Gesù le rispose: «Donna, che vuoi da me?
Non è ancora giunta la mia ora». 5Sua madre disse ai
servitori: «Qualsiasi cosa vi dica, fatela».
6Vi erano là sei anfore di pietra per la purificazione
rituale dei Giudei, contenenti ciascuna da ottanta a
centoventi litri. 7E Gesù disse loro: «Riempite d'acqua
le anfore»; e le riempirono fino all'orlo. 8Disse loro di
nuovo: «Ora prendetene e portatene a colui che dirige
il banchetto». Ed essi gliene portarono. 9Come ebbe
assaggiato l'acqua diventata vino, colui che dirigeva il
banchetto – il quale non sapeva da dove venisse, ma lo
sapevano i servitori che avevano preso l'acqua – chia-
mò lo sposo 10e gli disse: «Tutti mettono in tavola il vi-
no buono all'inizio e, quando si è già bevuto molto,
quello meno buono. Tu invece hai tenuto da parte il
vino buono finora».
11Questo, a Cana di Galilea, fu l'inizio dei segni

compiuti da Gesù; egli manifestò la sua gloria e i suoi
discepoli credettero in lui.

12 Dopo questo fatto scese a Cafàrnao, insieme a sua
madre, ai suoi fratelli e ai suoi discepoli. Là rimasero
pochi giorni.

13 Si avvicinava intanto la Pasqua dei Giudei e Gesù
salì a Gerusalemme. 14 Trovò nel tempio gente che ven-
deva buoi, pecore e colombe e, là seduti, i cambiamo-
nete. 15 Allora fece una frusta di cordicelle e scacciò tut-
ti fuori dal tempio, con le pecore e i buoi; gettò a terra
il denaro dei cambiamonete e ne rovesciò i banchi, 16 e
ai venditori di colombe disse: «Portate via di qui que-
ste cose e non fate della casa del Padre mio un merca-
to!». 17 I suoi discepoli si ricordarono che sta scritto: *Lo
zelo per la tua casa mi divorerà*.

18 Allora i Giudei presero la parola e gli dissero:
«Quale segno ci mostri per fare queste cose?». 19 Rispo-
se loro Gesù: «Distruggete questo tempio e in tre gior-
ni lo farò risorgere». 20 Gli dissero allora i Giudei:
«Questo tempio è stato costruito in quarantasei anni
e tu in tre giorni lo farai risorgere?». 21 Ma egli parlava
del tempio del suo corpo. 22 Quando poi fu risuscitato
dai morti, i suoi discepoli si ricordarono che aveva det-
to questo, e credettero alla Scrittura e alla parola detta
da Gesù.

23 Mentre era a Gerusalemme per la Pasqua, durante
la festa, molti, vedendo i segni che egli compiva, cre-
dettero nel suo nome. 24 Ma lui, Gesù, non si fidava di
loro, perché conosceva tutti 25 e non aveva bisogno che
alcuno desse testimonianza sull'uomo. Egli infatti co-
nosceva quello che c'è nell'uomo.

3 [1]Vi era tra i farisei un uomo di nome Nicodèmo,
uno dei capi dei Giudei. [2]Costui andò da Gesù, di
notte, e gli disse: «Rabbì, sappiamo che sei venuto da
Dio come maestro; nessuno infatti può compiere que-
sti segni che tu compi, se Dio non è con lui». [3]Gli ri-
spose Gesù: «In verità, in verità io ti dico, se uno non
nasce dall'alto, non può vedere il regno di Dio».
[4]Gli disse Nicodèmo: «Come può nascere un uomo
quando è vecchio? Può forse entrare una seconda vol-
ta nel grembo di sua madre e rinascere?». [5]Rispose Ge-
sù: «In verità, in verità io ti dico, se uno non nasce da
acqua e Spirito, non può entrare nel regno di Dio.
[6]Quello che è nato dalla carne è carne, e quello che è
nato dallo Spirito è spirito. [7]Non meravigliarti se ti ho
detto: dovete nascere dall'alto. [8]Il vento soffia dove
vuole e ne senti la voce, ma non sai da dove viene né
dove va: così è chiunque è nato dallo Spirito».
[9]Gli replicò Nicodèmo: «Come può accadere que-
sto?». [10]Gli rispose Gesù: «Tu sei maestro d'Israele e
non conosci queste cose? [11]In verità, in verità io ti dico:
noi parliamo di ciò che sappiamo e testimoniamo ciò
che abbiamo veduto; ma voi non accogliete la nostra
testimonianza. [12]Se vi ho parlato di cose della terra e
non credete, come crederete se vi parlerò di cose del
cielo? [13]Nessuno è mai salito al cielo, se non colui che
è disceso dal cielo, il Figlio dell'uomo. [14]E come Mosè
innalzò il serpente nel deserto, così bisogna che sia in-
nalzato il Figlio dell'uomo, [15]perché chiunque crede in
lui abbia la vita eterna.
[16]Dio infatti ha tanto amato il mondo da dare il Fi-
glio unigenito, perché chiunque crede in lui non vada

perduto, ma abbia la vita eterna. [17]Dio, infatti, non ha
mandato il Figlio nel mondo per condannare il mondo,
ma perché il mondo sia salvato per mezzo di lui. [18]Chi
crede in lui non è condannato; ma chi non crede è già
stato condannato, perché non ha creduto nel nome
dell'unigenito Figlio di Dio.

[19]E il giudizio è questo: la luce è venuta nel mondo,
ma gli uomini hanno amato più le tenebre che la luce,
perché le loro opere erano malvagie. [20]Chiunque infat-
ti fa il male, odia la luce, e non viene alla luce perché le
sue opere non vengano riprovate. [21]Invece chi fa la ve-
rità viene verso la luce, perché appaia chiaramente che
le sue opere sono state fatte in Dio».

[22]Dopo queste cose, Gesù andò con i suoi discepoli
nella regione della Giudea, e là si tratteneva con loro e
battezzava. [23]Anche Giovanni battezzava a Ennòn, vi-
cino a Salìm, perché là c'era molta acqua; e la gente
andava a farsi battezzare. [24]Giovanni, infatti, non era
ancora stato gettato in prigione.

[25]Nacque allora una discussione tra i discepoli di
Giovanni e un Giudeo riguardo alla purificazione ri-
tuale. [26]Andarono da Giovanni e gli dissero: «Rabbì,
colui che era con te dall'altra parte del Giordano e al
quale hai dato testimonianza, ecco, sta battezzando e
tutti accorrono a lui».

[27]Giovanni rispose: «Nessuno può prendersi qual-
cosa se non gli è stata data dal cielo. [28]Voi stessi mi siete
testimoni che io ho detto: "Non sono io il Cristo", ma:
"Sono stato mandato avanti a lui". [29]Lo sposo è colui al
quale appartiene la sposa; ma l'amico dello sposo, che
è presente e l'ascolta, esulta di gioia alla voce dello spo-

so. Ora questa mia gioia è piena. [30]Lui deve crescere; io, invece, diminuire».

[31]Chi viene dall'alto è al di sopra di tutti; ma chi viene dalla terra, appartiene alla terra e parla secondo la terra. Chi viene dal cielo è al di sopra di tutti. [32]Egli attesta ciò che ha visto e udito, eppure nessuno accetta la sua testimonianza. [33]Chi ne accetta la testimonianza, conferma che Dio è veritiero. [34]Colui infatti che Dio ha mandato dice le parole di Dio: senza misura egli dà lo Spirito. [35]Il Padre ama il Figlio e gli ha dato in mano ogni cosa. [36]Chi crede nel Figlio ha la vita eterna; chi non obbedisce al Figlio non vedrà la vita, ma l'ira di Dio rimane su di lui.

4 [1]Gesù venne a sapere che i farisei avevano sentito dire: «Gesù fa più discepoli e battezza più di Giovanni» – [2]sebbene non fosse Gesù in persona a battezzare, ma i suoi discepoli –, [3]lasciò allora la Giudea e si diresse di nuovo verso la Galilea. [4]Doveva perciò attraversare la Samaria.

[5]Giunse così a una città della Samaria chiamata Sicar, vicina al terreno che Giacobbe aveva dato a Giuseppe suo figlio: [6]qui c'era un pozzo di Giacobbe. Gesù dunque, affaticato per il viaggio, sedeva presso il pozzo. Era circa mezzogiorno. [7]Giunge una donna samaritana ad attingere acqua. Le dice Gesù: «Dammi da bere». [8]I suoi discepoli erano andati in città a fare provvista di cibi. [9]Allora la donna samaritana gli dice: «Come mai tu, che sei giudeo, chiedi da bere a me, che sono una donna samaritana?». I Giudei infatti non hanno rapporti con i Samaritani.

10Gesù le risponde: «Se tu conoscessi il dono di Dio
e chi è colui che ti dice: "Dammi da bere!", tu avresti
chiesto a lui ed egli ti avrebbe dato acqua viva». 11Gli
dice la donna: «Signore, non hai un secchio e il pozzo
è profondo; da dove prendi dunque quest'acqua viva?
12Sei tu forse più grande del nostro padre Giacobbe,
che ci diede il pozzo e ne bevve lui con i suoi figli e il
suo bestiame?». 13Gesù le risponde: «Chiunque beve
di quest'acqua avrà di nuovo sete; 14ma chi berrà del-
l'acqua che io gli darò, non avrà più sete in eterno.
Anzi, l'acqua che io gli darò diventerà in lui una sor-
gente d'acqua che zampilla per la vita eterna». 15«Si-
gnore – gli dice la donna –, dammi quest'acqua, per-
ché io non abbia più sete e non continui a venire qui
ad attingere acqua». 16Le dice: «Va' a chiamare tuo
marito e ritorna qui». 17Gli risponde la donna: «Io
non ho marito». Le dice Gesù: «Hai detto bene: "Io
non ho marito". 18Infatti hai avuto cinque mariti e
quello che hai ora non è tuo marito; in questo hai det-
to il vero». 19Gli replica la donna: «Signore, vedo che
tu sei un profeta! 20I nostri padri hanno adorato su
questo monte; voi invece dite che è a Gerusalemme il
luogo in cui bisogna adorare».

21Gesù le dice: «Credimi, donna, viene l'ora in cui
né su questo monte né a Gerusalemme adorerete il Pa-
dre. 22Voi adorate ciò che non conoscete, noi adoriamo
ciò che conosciamo, perché la salvezza viene dai Giu-
dei. 23Ma viene l'ora – ed è questa – in cui i veri adora-
tori adoreranno il Padre in spirito e verità: così infatti il
Padre vuole che siano quelli che lo adorano. 24Dio è
spirito, e quelli che lo adorano devono adorare in spi-

rito e verità». 25 Gli rispose la donna: «So che deve ve-
nire il Messia, chiamato Cristo: quando egli verrà, ci
annuncerà ogni cosa». 26 Le dice Gesù: «Sono io, che
parlo con te».

27 In quel momento giunsero i suoi discepoli e si me-
ravigliavano che parlasse con una donna. Nessuno tut-
tavia disse: «Che cosa cerchi?», o: «Di che cosa parli
con lei?». 28 La donna intanto lasciò la sua anfora, andò
in città e disse alla gente: 29 «Venite a vedere un uomo
che mi ha detto tutto quello che ho fatto. Che sia lui il
Cristo?». 30 Uscirono dalla città e andavano da lui.

31 Intanto i discepoli lo pregavano: «Rabbì, mangia».
32 Ma egli rispose loro: «Io ho da mangiare un cibo che
voi non conoscete». 33 E i discepoli si domandavano
l'un l'altro: «Qualcuno gli ha forse portato da mangia-
re?». 34 Gesù disse loro: «Il mio cibo è fare la volontà di
colui che mi ha mandato e compiere la sua opera. 35 Voi
non dite forse: "Ancora quattro mesi e poi viene la
mietitura"? Ecco, io vi dico: alzate i vostri occhi e guar-
date i campi che già biondeggiano per la mietitura.
36 Chi miete riceve il salario e raccoglie frutto per la vita
eterna, perché chi semina gioisca insieme a chi miete.
37 In questo infatti si dimostra vero il proverbio: uno
semina e l'altro miete. 38 Io vi ho mandati a mietere ciò
per cui non avete faticato; altri hanno faticato e voi sie-
te subentrati nella loro fatica».

39 Molti Samaritani di quella città credettero in lui
per la parola della donna, che testimoniava: «Mi ha
detto tutto quello che ho fatto». 40 E quando i Samari-
tani giunsero da lui, lo pregavano di rimanere da loro
ed egli rimase là due giorni. 41 Molti di più credettero

per la sua parola [42]e alla donna dicevano: «Non è più
per i tuoi discorsi che noi crediamo, ma perché noi
stessi abbiamo udito e sappiamo che questi è veramen-
te il salvatore del mondo».

[43]Trascorsi due giorni, partì di là per la Galilea.
[44]Gesù stesso infatti aveva dichiarato che un profeta
non riceve onore nella propria patria. [45]Quando dun-
que giunse in Galilea, i Galilei lo accolsero, perché
avevano visto tutto quello che aveva fatto a Gerusa-
lemme, durante la festa; anch'essi infatti erano andati
alla festa.

[46]Andò dunque di nuovo a Cana di Galilea, dove
aveva cambiato l'acqua in vino. Vi era un funzionario
del re, che aveva un figlio malato a Cafàrnao. [47]Costui,
udito che Gesù era venuto dalla Giudea in Galilea, si
recò da lui e gli chiedeva di scendere a guarire suo fi-
glio, perché stava per morire. [48]Gesù gli disse: «Se non
vedete segni e prodigi, voi non credete». [49]Il funziona-
rio del re gli disse: «Signore, scendi prima che il mio
bambino muoia». [50]Gesù gli rispose: «Va', tuo figlio vi-
ve». Quell'uomo credette alla parola che Gesù gli ave-
va detto e si mise in cammino. [51]Proprio mentre scen-
deva, gli vennero incontro i suoi servi a dirgli: «Tuo fi-
glio vive!».

[52]Volle sapere da loro a che ora avesse cominciato a
star meglio. Gli dissero: «Ieri, un'ora dopo mezzogior-
no, la febbre lo ha lasciato». [53]Il padre riconobbe che
proprio a quell'ora Gesù gli aveva detto: «Tuo figlio
vive», e credette lui con tutta la sua famiglia. [54]Questo
fu il secondo segno, che Gesù fece quando tornò dalla
Giudea in Galilea.

5 1Dopo questi fatti, ricorreva una festa dei Giudei e
Gesù salì a Gerusalemme. 2A Gerusalemme, pres-
so la porta delle Pecore, vi è una piscina, chiamata in
ebraico Betzatà, con cinque portici, 3sotto i quali gia-
ceva un grande numero di infermi, ciechi, zoppi e pa-
ralitici. [4] 5Si trovava lì un uomo che da trentotto anni
era malato. 6Gesù, vedendolo giacere e sapendo che da
molto tempo era così, gli disse: «Vuoi guarire?». 7Gli
rispose il malato: «Signore, non ho nessuno che mi im-
merga nella piscina quando l'acqua si agita. Mentre in-
fatti sto per andarvi, un altro scende prima di me».
8Gesù gli disse: «Àlzati, prendi la tua barella e cammi-
na». 9E all'istante quell'uomo guarì: prese la sua barel-
la e cominciò a camminare.

Quel giorno però era un sabato. 10Dissero dunque i
Giudei all'uomo che era stato guarito: «È sabato e non
ti è lecito portare la tua barella». 11Ma egli rispose loro:
«Colui che mi ha guarito mi ha detto: "Prendi la tua
barella e cammina"». 12Gli domandarono allora: «Chi
è l'uomo che ti ha detto: "Prendi e cammina"?». 13Ma
colui che era stato guarito non sapeva chi fosse; Gesù
infatti si era allontanato perché vi era folla in quel luo-
go. 14Poco dopo Gesù lo trovò nel tempio e gli disse:
«Ecco: sei guarito! Non peccare più, perché non ti ac-
cada qualcosa di peggio». 15Quell'uomo se ne andò e
riferì ai Giudei che era stato Gesù a guarirlo. 16Per
questo i Giudei perseguitavano Gesù, perché faceva
tali cose di sabato. 17Ma Gesù disse loro: «Il Padre
mio agisce anche ora e anch'io agisco». 18Per questo i
Giudei cercavano ancor più di ucciderlo, perché non
soltanto violava il sabato, ma chiamava Dio suo Padre,
facendosi uguale a Dio.

[19]Gesù riprese a parlare e disse loro: «In verità, in
verità io vi dico: il Figlio da se stesso non può fare nul-
la, se non ciò che vede fare dal Padre; quello che egli
fa, anche il Figlio lo fa allo stesso modo. [20]Il Padre in-
fatti ama il Figlio, gli manifesta tutto quello che fa e gli
manifesterà opere ancora più grandi di queste, perché
voi ne siate meravigliati. [21]Come il Padre risuscita i
morti e dà la vita, così anche il Figlio dà la vita a chi egli
vuole. [22]Il Padre infatti non giudica nessuno, ma ha da-
to ogni giudizio al Figlio, [23]perché tutti onorino il Fi-
glio come onorano il Padre. Chi non onora il Figlio,
non onora il Padre che lo ha mandato.

[24]In verità, in verità io vi dico: chi ascolta la mia pa-
rola e crede a colui che mi ha mandato, ha la vita eterna
e non va incontro al giudizio, ma è passato dalla morte
alla vita. [25]In verità, in verità io vi dico: viene l'ora – ed
è questa – in cui i morti udranno la voce del Figlio di
Dio e quelli che l'avranno ascoltata, vivranno. [26]Come
infatti il Padre ha la vita in se stesso, così ha concesso
anche al Figlio di avere la vita in se stesso, [27]e gli ha
dato il potere di giudicare, perché è Figlio dell'uomo.
[28]Non meravigliatevi di questo: viene l'ora in cui tutti
coloro che sono nei sepolcri udranno la sua voce [29]e
usciranno, quanti fecero il bene per una risurrezione
di vita e quanti fecero il male per una risurrezione di
condanna. [30]Da me, io non posso fare nulla. Giudico
secondo quello che ascolto e il mio giudizio è giusto,
perché non cerco la mia volontà, ma la volontà di colui
che mi ha mandato.

[31]Se fossi io a testimoniare di me stesso, la mia testi-
monianza non sarebbe vera. [32]C'è un altro che dà testi-

monianza di me, e so che la testimonianza che egli dà
di me è vera. 33 Voi avete inviato dei messaggeri a Gio-
vanni ed egli ha dato testimonianza alla verità. 34 Io non
ricevo testimonianza da un uomo; ma vi dico queste
cose perché siate salvati. 35 Egli era la lampada che arde
e risplende, e voi solo per un momento avete voluto
rallegrarvi alla sua luce.

36 Io però ho una testimonianza superiore a quella
di Giovanni: le opere che il Padre mi ha dato da com-
piere, quelle stesse opere che io sto facendo, testimo-
niano di me che il Padre mi ha mandato. 37 E anche il
Padre, che mi ha mandato, ha dato testimonianza di
me. Ma voi non avete mai ascoltato la sua voce né ave-
te mai visto il suo volto, 38 e la sua parola non rimane in
voi; infatti non credete a colui che egli ha mandato.
39 Voi scrutate le Scritture, pensando di avere in esse
la vita eterna: sono proprio esse che danno testimo-
nianza di me. 40 Ma voi non volete venire a me per ave-
re vita.

41 Io non ricevo gloria dagli uomini. 42 Ma vi conosco:
non avete in voi l'amore di Dio. 43 Io sono venuto nel
nome del Padre mio e voi non mi accogliete; se un altro
venisse nel proprio nome, lo accogliereste. 44 E come
potete credere, voi che ricevete gloria gli uni dagli altri,
e non cercate la gloria che viene dall'unico Dio?

45 Non crediate che sarò io ad accusarvi davanti al
Padre; vi è già chi vi accusa: Mosè, nel quale riponete
la vostra speranza. 46 Se infatti credeste a Mosè, crede-
reste anche a me; perché egli ha scritto di me. 47 Ma se
non credete ai suoi scritti, come potrete credere alle
mie parole?».

6 1Dopo questi fatti, Gesù passò all'altra riva del ma-
re di Galilea, cioè di Tiberìade, 2e lo seguiva una
grande folla, perché vedeva i segni che compiva su-
gli infermi. 3Gesù salì sul monte e là si pose a sedere
con i suoi discepoli. 4Era vicina la Pasqua, la festa dei
Giudei.

5Allora Gesù, alzàti gli occhi, vide che una grande
folla veniva da lui e disse a Filippo: «Dove potremo
comprare il pane perché costoro abbiano da mangia-
re?». 6Diceva così per metterlo alla prova; egli infatti
sapeva quello che stava per compiere. 7Gli rispose Fi-
lippo: «Duecento denari di pane non sono sufficienti
neppure perché ognuno possa riceverne un pezzo».
8Gli disse allora uno dei suoi discepoli, Andrea, fratel-
lo di Simon Pietro: 9«C'è qui un ragazzo che ha cinque
pani d'orzo e due pesci; ma che cos'è questo per tanta
gente?». 10Rispose Gesù: «Fateli sedere». C'era molta
erba in quel luogo. Si misero dunque a sedere ed erano
circa cinquemila uomini. 11Allora Gesù prese i pani e,
dopo aver reso grazie, li diede a quelli che erano sedu-
ti, e lo stesso fece dei pesci, quanto ne volevano. 12E
quando furono saziati, disse ai suoi discepoli: «Racco-
gliete i pezzi avanzati, perché nulla vada perduto». 13Li
raccolsero e riempirono dodici canestri con i pezzi dei
cinque pani d'orzo, avanzati a coloro che avevano
mangiato.

14Allora la gente, visto il segno che egli aveva com-
piuto, diceva: «Questi è davvero il profeta, colui che
viene nel mondo!». 15Ma Gesù, sapendo che venivano
a prenderlo per farlo re, si ritirò di nuovo sul monte,
lui da solo.

[16]Venuta intanto la sera, i suoi discepoli scesero al
mare, [17]salirono in barca e si avviarono verso l'altra ri-
va del mare in direzione di Cafàrnao. Era ormai buio e
Gesù non li aveva ancora raggiunti; [18]il mare era agita-
to, perché soffiava un forte vento. [19]Dopo aver remato
per circa tre o quattro miglia, videro Gesù che cammi-
nava sul mare e si avvicinava alla barca, ed ebbero pau-
ra. [20]Ma egli disse loro: «Sono io, non abbiate paura!».
[21]Allora vollero prenderlo sulla barca, e subito la barca
toccò la riva alla quale erano diretti.

[22]Il giorno dopo, la folla, rimasta dall'altra parte del
mare, vide che c'era soltanto una barca e che Gesù non
era salito con i suoi discepoli sulla barca, ma i suoi di-
scepoli erano partiti da soli. [23]Altre barche erano giun-
te da Tiberìade, vicino al luogo dove avevano mangiato
il pane, dopo che il Signore aveva reso grazie. [24]Quan-
do dunque la folla vide che Gesù non era più là e nem-
meno i suoi discepoli, salì sulle barche e si diresse alla
volta di Cafàrnao alla ricerca di Gesù. [25]Lo trovarono
di là dal mare e gli dissero: «Rabbì, quando sei venuto
qua?».

[26]Gesù rispose loro: «In verità, in verità io vi dico:
voi mi cercate non perché avete visto dei segni, ma per-
ché avete mangiato di quei pani e vi siete saziati. [27]Da-
tevi da fare non per il cibo che non dura, ma per il cibo
che rimane per la vita eterna e che il Figlio dell'uomo vi
darà. Perché su di lui il Padre, Dio, ha messo il suo si-
gillo». [28]Gli dissero allora: «Che cosa dobbiamo com-
piere per fare le opere di Dio?». [29]Gesù rispose loro:
«Questa è l'opera di Dio: che crediate in colui che egli
ha mandato».

[30]Allora gli dissero: «Quale segno tu compi perché
vediamo e ti crediamo? Quale opera fai? [31]I nostri pa-
dri hanno mangiato la manna nel deserto, come sta
scritto: *Diede loro da mangiare un pane dal cielo*». [32]Ri-
spose loro Gesù: «In verità, in verità io vi dico: non è
Mosè che vi ha dato il pane dal cielo, ma è il Padre mio
che vi dà il pane dal cielo, quello vero. [33]Infatti il pane
di Dio è colui che discende dal cielo e dà la vita al mon-
do». [34]Allora gli dissero: «Signore, dacci sempre que-
sto pane». [35]Gesù rispose loro: «Io sono il pane della
vita; chi viene a me non avrà fame e chi crede in me
non avrà sete, mai! [36]Vi ho detto però che voi mi avete
visto, eppure non credete. [37]Tutto ciò che il Padre mi
dà, verrà a me: colui che viene a me, io non lo caccerò
fuori, [38]perché sono disceso dal cielo non per fare la
mia volontà, ma la volontà di colui che mi ha mandato.
[39]E questa è la volontà di colui che mi ha mandato: che
io non perda nulla di quanto egli mi ha dato, ma che lo
risusciti nell'ultimo giorno. [40]Questa infatti è la volontà
del Padre mio: che chiunque vede il Figlio e crede in
lui abbia la vita eterna; e io lo risusciterò nell'ultimo
giorno».

[41]Allora i Giudei si misero a mormorare contro di
lui perché aveva detto: «Io sono il pane disceso dal
cielo». [42]E dicevano: «Costui non è forse Gesù, il fi-
glio di Giuseppe? Di lui non conosciamo il padre e
la madre? Come dunque può dire: "Sono disceso dal
cielo"?».

[43]Gesù rispose loro: «Non mormorate tra voi.
[44]Nessuno può venire a me, se non lo attira il Padre
che mi ha mandato; e io lo risusciterò nell'ultimo gior-

no. 45 Sta scritto nei profeti: E *tutti* saranno *istruiti da*
Dio. Chiunque ha ascoltato il Padre e ha imparato da
lui, viene a me. 46 Non perché qualcuno abbia visto
il Padre; solo colui che viene da Dio ha visto il Pa-
dre. 47 In verità, in verità io vi dico: chi crede ha la vita
eterna.

48 Io sono il pane della vita. 49 I vostri padri hanno
mangiato la manna nel deserto e sono morti; 50 questo
è il pane che discende dal cielo, perché chi ne mangia
non muoia. 51 Io sono il pane vivo, disceso dal cielo. Se
uno mangia di questo pane vivrà in eterno e il pane che
io darò è la mia carne per la vita del mondo».

52 Allora i Giudei si misero a discutere aspramente
fra loro: «Come può costui darci la sua carne da man-
giare?». 53 Gesù disse loro: «In verità, in verità io vi di-
co: se non mangiate la carne del Figlio dell'uomo e non
bevete il suo sangue, non avete in voi la vita. 54 Chi man-
gia la mia carne e beve il mio sangue ha la vita eterna e
io lo risusciterò nell'ultimo giorno. 55 Perché la mia car-
ne è vero cibo e il mio sangue vera bevanda. 56 Chi man-
gia la mia carne e beve il mio sangue rimane in me e io
in lui. 57 Come il Padre, che ha la vita, ha mandato me e
io vivo per il Padre, così anche colui che mangia me
vivrà per me. 58 Questo è il pane disceso dal cielo; non
è come quello che mangiarono i padri e morirono. Chi
mangia questo pane vivrà in eterno».

59 Gesù disse queste cose, insegnando nella sinago-
ga a Cafàrnao. 60 Molti dei suoi discepoli, dopo aver
ascoltato, dissero: «Questa parola è dura! Chi può
ascoltarla?». 61 Gesù, sapendo dentro di sé che i suoi
discepoli mormoravano riguardo a questo, disse loro:

«Questo vi scandalizza? 62E se vedeste il Figlio del-
l'uomo salire là dov'era prima? 63È lo Spirito che dà
la vita, la carne non giova a nulla; le parole che io vi
ho detto sono spirito e sono vita. 64Ma tra voi vi sono
alcuni che non credono». Gesù infatti sapeva fin da
principio chi erano quelli che non credevano e chi
era colui che lo avrebbe tradito. 65E diceva: «Per que-
sto vi ho detto che nessuno può venire a me, se non gli
è concesso dal Padre».

66Da quel momento molti dei suoi discepoli torna-
rono indietro e non andavano più con lui. 67Disse allo-
ra Gesù ai Dodici: «Volete andarvene anche voi?».
68Gli rispose Simon Pietro: «Signore, da chi andremo?
Tu hai parole di vita eterna 69e noi abbiamo creduto e
conosciuto che tu sei il Santo di Dio». 70Gesù riprese:
«Non sono forse io che ho scelto voi, i Dodici? Eppure
uno di voi è un diavolo!». 71Parlava di Giuda, figlio di
Simone Iscariota: costui infatti stava per tradirlo, ed
era uno dei Dodici.

7 1Dopo questi fatti, Gesù se ne andava per la Gali-
lea; infatti non voleva più percorrere la Giudea,
perché i Giudei cercavano di ucciderlo.

2Si avvicinava intanto la festa dei Giudei, quella del-
le Capanne. 3I suoi fratelli gli dissero: «Parti di qui e
va' nella Giudea, perché anche i tuoi discepoli vedano
le opere che tu compi. 4Nessuno infatti, se vuole essere
riconosciuto pubblicamente, agisce di nascosto. Se fai
queste cose, manifesta te stesso al mondo!». 5Neppure
i suoi fratelli infatti credevano in lui. 6Gesù allora disse

loro: «Il mio tempo non è ancora venuto; il vostro tem-
po invece è sempre pronto. 7Il mondo non può odiare
voi, ma odia me, perché di esso io attesto che le sue
opere sono cattive. 8Salite voi alla festa; io non salgo
a questa festa, perché il mio tempo non è ancora com-
piuto». 9Dopo aver detto queste cose, restò nella Ga
lilea.

10Ma quando i suoi fratelli salirono per la festa, vi
salì anche lui: non apertamente, ma quasi di nascosto.
11I Giudei intanto lo cercavano durante la festa e dice-
vano: «Dov'è quel tale?». 12E la folla, sottovoce, faceva
un gran parlare di lui. Alcuni infatti dicevano: «È buo-
no!». Altri invece dicevano: «No, inganna la gente!».
13Nessuno però parlava di lui in pubblico, per paura
dei Giudei.

14Quando ormai si era a metà della festa, Gesù salì al
tempio e si mise a insegnare. 15I Giudei ne erano mera-
vigliati e dicevano: «Come mai costui conosce le Scrit-
ture, senza avere studiato?». 16Gesù rispose loro: «La
mia dottrina non è mia, ma di colui che mi ha mandato.
17Chi vuol fare la sua volontà, riconoscerà se questa
dottrina viene da Dio, o se io parlo da me stesso.
18Chi parla da se stesso, cerca la propria gloria; ma chi
cerca la gloria di colui che lo ha mandato è veritiero, e
in lui non c'è ingiustizia. 19Non è stato forse Mosè a
darvi la Legge? Eppure nessuno di voi osserva la Leg-
ge! Perché cercate di uccidermi?». 20Rispose la folla:
«Sei indemoniato! Chi cerca di ucciderti?». 21Disse
loro Gesù: «Un'opera sola ho compiuto, e tutti ne siete
meravigliati. 22Per questo Mosè vi ha dato la circon
cisione – non che essa venga da Mosè, ma dai patriar-

chi – e voi circoncidete un uomo anche di sabato.
23Ora, se un uomo riceve la circoncisione di sabato
perché non sia trasgredita la legge di Mosè, voi vi sde-
gnate contro di me perché di sabato ho guarito intera-
mente un uomo? 24Non giudicate secondo le apparen-
ze; giudicate con giusto giudizio!».

25Intanto alcuni abitanti di Gerusalemme dicevano:
«Non è costui quello che cercano di uccidere? 26Ecco,
egli parla liberamente, eppure non gli dicono nulla. I
capi hanno forse riconosciuto davvero che egli è il Cri-
sto? 27Ma costui sappiamo di dov'è; il Cristo invece,
quando verrà, nessuno saprà di dove sia». 28Gesù allo-
ra, mentre insegnava nel tempio, esclamò: «Certo, voi
mi conoscete e sapete di dove sono. Eppure non sono
venuto da me stesso, ma chi mi ha mandato è veritiero,
e voi non lo conoscete. 29Io lo conosco, perché vengo
da lui ed egli mi ha mandato».

30Cercavano allora di arrestarlo, ma nessuno riuscì a
mettere le mani su di lui, perché non era ancora giunta
la sua ora. 31Molti della folla invece credettero in lui, e
dicevano: «Il Cristo, quando verrà, compirà forse se-
gni più grandi di quelli che ha fatto costui?».

32I farisei udirono che la gente andava dicendo sot-
tovoce queste cose di lui. Perciò i capi dei sacerdoti e i
farisei mandarono delle guardie per arrestarlo. 33Gesù
disse: «Ancora per poco tempo sono con voi; poi vado
da colui che mi ha mandato. 34Voi mi cercherete e non
mi troverete; e dove sono io, voi non potete venire».
35Dissero dunque tra loro i Giudei: «Dove sta per an-
dare costui, che noi non potremo trovarlo? Andrà for-
se da quelli che sono dispersi fra i Greci e insegnerà ai

Greci? [36]Che discorso è quello che ha fatto: “Voi mi
cercherete e non mi troverete”, e: “Dove sono io, voi
non potete venire”?».

[37]Nell’ultimo giorno, il grande giorno della festa,
Gesù, ritto in piedi, gridò: «Se qualcuno ha sete, venga
a me, e beva [38]chi crede in me. Come dice la Scrittura:
Dal suo grembo sgorgheranno fiumi di acqua viva».
[39]Questo egli disse dello Spirito che avrebbero ricevu-
to i credenti in lui: infatti non vi era ancora lo Spirito,
perché Gesù non era ancora stato glorificato.

[40]All’udire queste parole, alcuni fra la gente diceva-
no: «Costui è davvero il profeta!». [41]Altri dicevano:
«Costui è il Cristo!». Altri invece dicevano: «Il Cristo
viene forse dalla Galilea? [42]Non dice la Scrittura: Dalla
stirpe di Davide e da Betlemme, il villaggio di Davide,
verrà il Cristo?». [43]E tra la gente nacque un dissenso
riguardo a lui. [44]Alcuni di loro volevano arrestarlo,
ma nessuno mise le mani su di lui.

[45]Le guardie tornarono quindi dai capi dei sacerdoti
e dai farisei e questi dissero loro: «Perché non lo avete
condotto qui?». [46]Risposero le guardie: «Mai un uomo
ha parlato così!». [47]Ma i farisei replicarono loro: «Vi
siete lasciati ingannare anche voi? [48]Ha forse creduto
in lui qualcuno dei capi o dei farisei? [49]Ma questa gen-
te, che non conosce la Legge, è maledetta!». [50]Allora
Nicodèmo, che era andato precedentemente da Gesù,
ed era uno di loro, disse: [51]«La nostra Legge giudica
forse un uomo prima di averlo ascoltato e di sapere
ciò che fa?». [52]Gli risposero: «Sei forse anche tu della
Galilea? Studia, e vedrai che dalla Galilea non sorge
profeta!». [53]E ciascuno tornò a casa sua.

8 [1]Gesù si avviò verso il monte degli Ulivi. [2]Ma al
mattino si recò di nuovo nel tempio e tutto il popo-
lo andava da lui. Ed egli sedette e si mise a insegnare
loro. [3]Allora gli scribi e i farisei gli condussero una
donna sorpresa in adulterio, la posero in mezzo e [4]gli
dissero: «Maestro, questa donna è stata sorpresa in fla-
grante adulterio. [5]Ora Mosè, nella Legge, ci ha coman-
dato di lapidare donne come questa. Tu che ne dici?».
[6]Dicevano questo per metterlo alla prova e per avere
motivo di accusarlo.

Ma Gesù si chinò e si mise a scrivere col dito per
terra. [7]Tuttavia, poiché insistevano nell'interrogarlo,
si alzò e disse loro: «Chi di voi è senza peccato, getti
per primo la pietra contro di lei». [8]E, chinatosi di nuo-
vo, scriveva per terra. [9]Quelli, udito ciò, se ne andaro-
no uno per uno, cominciando dai più anziani. Lo la-
sciarono solo, e la donna era là in mezzo. [10]Allora Gesù
si alzò e le disse: «Donna, dove sono? Nessuno ti ha
condannata?». [11]Ed ella rispose: «Nessuno, Signore».
E Gesù disse: «Neanch'io ti condanno; va' e d'ora in
poi non peccare più».

[12]Di nuovo Gesù parlò loro e disse: «Io sono la luce
del mondo; chi segue me, non camminerà nelle tene-
bre, ma avrà la luce della vita». [13]Gli dissero allora i
farisei: «Tu dai testimonianza di te stesso; la tua testi-
monianza non è vera». [14]Gesù rispose loro: «Anche se
io do testimonianza di me stesso, la mia testimonianza
è vera, perché so da dove sono venuto e dove vado.
Voi invece non sapete da dove vengo o dove vado.
[15]Voi giudicate secondo la carne; io non giudico nes-
suno. [16]E anche se io giudico, il mio giudizio è vero,

perché non sono solo, ma io e il Padre che mi ha man-
dato. [17]E nella vostra Legge sta scritto che la testimo-
nianza di due persone è vera. [18]Sono io che do testi-
monianza di me stesso, e anche il Padre, che mi ha
mandato, dà testimonianza di me». [19]Gli dissero allo-
ra: «Dov'è tuo padre?». Rispose Gesù: «Voi non co-
noscete né me né il Padre mio; se conosceste me, co-
noscereste anche il Padre mio». [20]Gesù pronunciò
queste parole nel luogo del tesoro, mentre insegnava
nel tempio. E nessuno lo arrestò, perché non era an-
cora venuta la sua ora.

[21]Di nuovo disse loro: «Io vado e voi mi cercherete,
ma morirete nel vostro peccato. Dove vado io, voi non
potete venire». [22]Dicevano allora i Giudei: «Vuole for-
se uccidersi, dal momento che dice: "Dove vado io,
voi non potete venire"?». [23]E diceva loro: «Voi siete
di quaggiù, io sono di lassù; voi siete di questo mon-
do, io non sono di questo mondo. [24]Vi ho detto che
morirete nei vostri peccati; se infatti non credete che
Io Sono, morirete nei vostri peccati». [25]Gli dissero al-
lora: «Tu, chi sei?». Gesù disse loro: «Proprio ciò che
io vi dico. [26]Molte cose ho da dire di voi, e da giudica-
re; ma colui che mi ha mandato è veritiero, e le cose
che ho udito da lui, le dico al mondo». [27]Non capiro-
no che egli parlava loro del Padre. [28]Disse allora Ge-
sù: «Quando avrete innalzato il Figlio dell'uomo, allo-
ra conoscerete che Io Sono e che non faccio nulla da
me stesso, ma parlo come il Padre mi ha insegnato.
[29]Colui che mi ha mandato è con me: non mi ha la-
sciato solo, perché faccio sempre le cose che gli sono
gradite».

30 A queste sue parole, molti credettero in lui. 31 Gesù
allora disse a quei Giudei che gli avevano creduto: «Se
rimanete nella mia parola, siete davvero miei discepoli;
32 conoscerete la verità e la verità vi farà liberi». 33 Gli
risposero: «Noi siamo discendenti di Abramo e non
siamo mai stati schiavi di nessuno. Come puoi dire:
"Diventerete liberi"?». 34 Gesù rispose loro: «In verità,
in verità io vi dico: chiunque commette il peccato è
schiavo del peccato. 35 Ora, lo schiavo non resta per
sempre nella casa; il figlio vi resta per sempre. 36 Se
dunque il Figlio vi farà liberi, sarete liberi davvero.
37 So che siete discendenti di Abramo. Ma intanto cer-
cate di uccidermi perché la mia parola non trova acco-
glienza in voi. 38 Io dico quello che ho visto presso il
Padre; anche voi dunque fate quello che avete ascolta-
to dal padre vostro». 39 Gli risposero: «Il padre nostro è
Abramo». Disse loro Gesù: «Se foste figli di Abramo,
fareste le opere di Abramo. 40 Ora invece voi cercate di
uccidere me, un uomo che vi ha detto la verità udita da
Dio. Questo, Abramo non l'ha fatto. 41 Voi fate le ope-
re del padre vostro». Gli risposero allora: «Noi non
siamo nati da prostituzione; abbiamo un solo padre:
Dio!».

42 Disse loro Gesù: «Se Dio fosse vostro padre, mi
amereste, perché da Dio sono uscito e vengo; non sono
venuto da me stesso, ma lui mi ha mandato. 43 Per quale
motivo non comprendete il mio linguaggio? Perché
non potete dare ascolto alla mia parola. 44 Voi avete
per padre il diavolo e volete compiere i desideri del pa-
dre vostro. Egli era omicida fin da principio e non sta-
va saldo nella verità, perché in lui non c'è verità. Quan-

do dice il falso, dice ciò che è suo, perché è menzogne-
ro e padre della menzogna. 45A me, invece, voi non cre-
dete, perché dico la verità. 46Chi di voi può dimostrare
che ho peccato? Se dico la verità, perché non mi cre-
dete? 47Chi è da Dio ascolta le parole di Dio. Per que-
sto voi non ascoltate: perché non siete da Dio».

48Gli risposero i Giudei: «Non abbiamo forse ragio-
ne di dire che tu sei un Samaritano e un indemonia-
to?».49Rispose Gesù: «Io non sono indemoniato: io
onoro il Padre mio, ma voi non onorate me. 50Io non
cerco la mia gloria; vi è chi la cerca, e giudica. 51In ve-
rità, in verità io vi dico: se uno osserva la mia parola,
non vedrà la morte in eterno». 52Gli dissero allora i
Giudei: «Ora sappiamo che sei indemoniato. Abramo
è morto, come anche i profeti, e tu dici: "Se uno osser-
va la mia parola, non sperimenterà la morte in eterno".
53Sei tu più grande del nostro padre Abramo, che è
morto? Anche i profeti sono morti. Chi credi di esse-
re?». 54Rispose Gesù: «Se io glorificassi me stesso, la
mia gloria sarebbe nulla. Chi mi glorifica è il Padre
mio, del quale voi dite: "È nostro Dio!", 55e non lo co-
noscete. Io invece lo conosco. Se dicessi che non lo co-
nosco, sarei come voi: un mentitore. Ma io lo conosco
e osservo la sua parola. 56Abramo, vostro padre, esultò
nella speranza di vedere il mio giorno; lo vide e fu pie-
no di gioia». 57Allora i Giudei gli dissero: «Non hai an-
cora cinquant'anni e hai visto Abramo?». 58Rispose lo-
ro Gesù: «In verità, in verità io vi dico: prima che
Abramo fosse, Io Sono». 59Allora raccolsero delle pie-
tre per gettarle contro di lui; ma Gesù si nascose e uscì
dal tempio.

9 1Passando, vide un uomo cieco dalla nascita 2e i
suoi discepoli lo interrogarono: «Rabbì, chi ha pec-
cato, lui o i suoi genitori, perché sia nato cieco?». 3Ri-
spose Gesù: «Né lui ha peccato né i suoi genitori, ma è
perché in lui siano manifestate le opere di Dio. 4Biso-
gna che noi compiamo le opere di colui che mi ha man-
dato finché è giorno; poi viene la notte, quando nessu-
no può agire. 5Finché io sono nel mondo, sono la luce
del mondo». 6Detto questo, sputò per terra, fece del
fango con la saliva, spalmò il fango sugli occhi del cie-
co 7e gli disse: «Va' a lavarti nella piscina di Sìloe» –
che significa Inviato. Quegli andò, si lavò e tornò che
ci vedeva.

8Allora i vicini e quelli che lo avevano visto prima,
perché era un mendicante, dicevano: «Non è lui quello
che stava seduto a chiedere l'elemosina?». 9Alcuni di-
cevano: «È lui»; altri dicevano: «No, ma è uno che gli
assomiglia». Ed egli diceva: «Sono io!». 10Allora gli do-
mandarono: «In che modo ti sono stati aperti gli oc-
chi?». 11Egli rispose: «L'uomo che si chiama Gesù ha
fatto del fango, mi ha spalmato gli occhi e mi ha detto:
"Va' a Sìloe e làvati!". Io sono andato, mi sono lavato e
ho acquistato la vista». 12Gli dissero: «Dov'è costui?».
Rispose: «Non lo so».

13Condussero dai farisei quello che era stato cieco:
14era un sabato, il giorno in cui Gesù aveva fatto del
fango e gli aveva aperto gli occhi. 15Anche i farisei dun-
que gli chiesero di nuovo come aveva acquistato la vi-
sta. Ed egli disse loro: «Mi ha messo del fango sugli
occhi, mi sono lavato e ci vedo». 16Allora alcuni dei fa-
risei dicevano: «Quest'uomo non viene da Dio, perché

non osserva il sabato». Altri invece dicevano: «Come
può un peccatore compiere segni di questo genere?».
E c'era dissenso tra loro. [17]Allora dissero di nuovo al
cieco: «Tu, che cosa dici di lui, dal momento che ti ha
aperto gli occhi?». Egli rispose: «È un profeta!».

[18]Ma i Giudei non credettero di lui che fosse stato
cieco e che avesse acquistato la vista, finché non chia-
marono i genitori di colui che aveva ricuperato la vista.
[19]E li interrogarono: «È questo il vostro figlio, che voi
dite essere nato cieco? Come mai ora ci vede?». [20]I ge-
nitori di lui risposero: «Sappiamo che questo è nostro
figlio e che è nato cieco; [21]ma come ora ci veda non lo
sappiamo, e chi gli abbia aperto gli occhi, noi non lo
sappiamo. Chiedetelo a lui: ha l'età, parlerà lui di sé».
[22]Questo dissero i suoi genitori, perché avevano paura
dei Giudei; infatti i Giudei avevano già stabilito che, se
uno lo avesse riconosciuto come il Cristo, venisse
espulso dalla sinagoga. [23]Per questo i suoi genitori dis-
sero: «Ha l'età: chiedetelo a lui!».

[24]Allora chiamarono di nuovo l'uomo che era stato
cieco e gli dissero: «Da' gloria a Dio! Noi sappiamo
che quest'uomo è un peccatore». [25]Quello rispose:
«Se sia un peccatore, non lo so. Una cosa io so: ero cie-
co e ora ci vedo». [26]Allora gli dissero: «Che cosa ti ha
fatto? Come ti ha aperto gli occhi?». [27]Rispose loro:
«Ve l'ho già detto e non avete ascoltato; perché volete
udirlo di nuovo? Volete forse diventare anche voi suoi
discepoli?». [28]Lo insultarono e dissero: «Suo discepolo
sei tu! Noi siamo discepoli di Mosè! [29]Noi sappiamo
che a Mosè ha parlato Dio; ma costui non sappiamo
di dove sia». [30]Rispose loro quell'uomo: «Proprio que-

sto stupisce: che voi non sapete di dove sia, eppure mi
ha aperto gli occhi. 31Sappiamo che Dio non ascolta i
peccatori, ma che, se uno onora Dio e fa la sua volontà,
egli lo ascolta. 32Da che mondo è mondo, non si è mai
sentito dire che uno abbia aperto gli occhi a un cieco
nato. 33Se costui non venisse da Dio, non avrebbe po-
tuto far nulla». 34Gli replicarono: «Sei nato tutto nei
peccati e insegni a noi?». E lo cacciarono fuori.

35Gesù seppe che l'avevano cacciato fuori; quando
lo trovò, gli disse: «Tu, credi nel Figlio dell'uomo?».
36Egli rispose: «E chi è, Signore, perché io creda in
lui?». 37Gli disse Gesù: «Lo hai visto: è colui che parla
con te». 38Ed egli disse: «Credo, Signore!». E si prostrò
dinanzi a lui.

39Gesù allora disse: «È per un giudizio che io sono
venuto in questo mondo, perché coloro che non vedo-
no, vedano e quelli che vedono, diventino ciechi».
40Alcuni dei farisei che erano con lui udirono queste
parole e gli dissero: «Siamo ciechi anche noi?». 41Gesù
rispose loro: «Se foste ciechi, non avreste alcun pecca-
to; ma siccome dite: "Noi vediamo", il vostro peccato
rimane».

10 1«In verità, in verità io vi dico: chi non entra nel
recinto delle pecore dalla porta, ma vi sale da
un'altra parte, è un ladro e un brigante. 2Chi invece
entra dalla porta, è pastore delle pecore. 3Il guardiano
gli apre e le pecore ascoltano la sua voce: egli chiama le
sue pecore, ciascuna per nome, e le conduce fuori. 4E
quando ha spinto fuori tutte le sue pecore, cammina

davanti a esse, e le pecore lo seguono perché conosco-
no la sua voce. 5Un estraneo invece non lo seguiranno,
ma fuggiranno via da lui, perché non conoscono la vo-
ce degli estranei». 6Gesù disse loro questa similitu-
dine, ma essi non capirono di che cosa parlava loro.
7Allora Gesù disse loro di nuovo: «In verità, in veri-
tà io vi dico: io sono la porta delle pecore. 8Tutti coloro
che sono venuti prima di me, sono ladri e briganti; ma
le pecore non li hanno ascoltati. 9Io sono la porta: se
uno entra attraverso di me, sarà salvato; entrerà e usci-
rà e troverà pascolo. 10Il ladro non viene se non per ru-
bare, uccidere e distruggere; io sono venuto perché ab-
biano la vita e l'abbiano in abbondanza.
11Io sono il buon pastore. Il buon pastore dà la pro-
pria vita per le pecore. 12Il mercenario – che non è pa-
store e al quale le pecore non appartengono – vede ve-
nire il lupo, abbandona le pecore e fugge, e il lupo le
rapisce e le disperde; 13perché è un mercenario e non
gli importa delle pecore.
14Io sono il buon pastore, conosco le mie pecore e le
mie pecore conoscono me, 15così come il Padre cono-
sce me e io conosco il Padre, e do la mia vita per le
pecore. 16E ho altre pecore che non provengono da
questo recinto: anche quelle io devo guidare. Ascolte-
ranno la mia voce e diventeranno un solo gregge, un
solo pastore. 17Per questo il Padre mi ama: perché io
do la mia vita, per poi riprenderla di nuovo. 18Nessuno
me la toglie: io la do da me stesso. Ho il potere di darla
e il potere di riprenderla di nuovo. Questo è il coman-
do che ho ricevuto dal Padre mio».
19Sorse di nuovo dissenso tra i Giudei per queste pa-

role. 20Molti di loro dicevano: «È indemoniato ed è
fuori di sé; perché state ad ascoltarlo?». 21Altri diceva-
no: «Queste parole non sono di un indemoniato; può
forse un demonio aprire gli occhi ai ciechi?».

22Ricorreva allora a Gerusalemme la festa della De-
dicazione. Era inverno. 23Gesù camminava nel tempio,
nel portico di Salomone. 24Allora i Giudei gli si fecero
attorno e gli dicevano: «Fino a quando ci terrai nell'in-
certezza? Se tu sei il Cristo, dillo a noi apertamente».
25Gesù rispose loro: «Ve l'ho detto, e non credete; le
opere che io compio nel nome del Padre mio, queste
danno testimonianza di me. 26Ma voi non credete per-
ché non fate parte delle mie pecore. 27Le mie pecore
ascoltano la mia voce e io le conosco ed esse mi seguo-
no. 28Io do loro la vita eterna e non andranno perdute
in eterno e nessuno le strapperà dalla mia mano. 29Il
Padre mio, che me le ha date, è più grande di tutti e
nessuno può strapparle dalla mano del Padre. 30Io e il
Padre siamo una cosa sola».

31Di nuovo i Giudei raccolsero delle pietre per lapi-
darlo. 32Gesù disse loro: «Vi ho fatto vedere molte ope-
re buone da parte del Padre: per quale di esse volete
lapidarmi?». 33Gli risposero i Giudei: «Non ti lapidia-
mo per un'opera buona, ma per una bestemmia: per-
ché tu, che sei uomo, ti fai Dio». 34Disse loro Gesù:
«Non è forse scritto nella vostra Legge: *Io ho detto:
voi siete dèi*? 35Ora, se essa ha chiamato dèi coloro ai
quali fu rivolta la parola di Dio – e la Scrittura non
può essere annullata –, 36a colui che il Padre ha consa-
crato e mandato nel mondo voi dite: "Tu bestemmi",
perché ho detto: "Sono Figlio di Dio"? 37Se non com-

pio le opere del Padre mio, non credetemi; [38]ma se le compio, anche se non credete a me, credete alle opere, perché sappiate e conosciate che il Padre è in me, e io nel Padre». [39]Allora cercarono nuovamente di catturarlo, ma egli sfuggì dalle loro mani.

[40]Ritornò quindi nuovamente al di là del Giordano, nel luogo dove prima Giovanni battezzava, e qui rimase. [41]Molti andarono da lui e dicevano: «Giovanni non ha compiuto nessun segno, ma tutto quello che Giovanni ha detto di costui era vero». [42]E in quel luogo molti credettero in lui.

11 [1]Un certo Lazzaro di Betània, il villaggio di Maria e di Marta sua sorella, era malato. [2]Maria era quella che cosparse di profumo il Signore e gli asciugò i piedi con i suoi capelli; suo fratello Lazzaro era malato. [3]Le sorelle mandarono dunque a dirgli: «Signore, ecco, colui che tu ami è malato».

[4]All'udire questo, Gesù disse: «Questa malattia non porterà alla morte, ma è per la gloria di Dio, affinché per mezzo di essa il Figlio di Dio venga glorificato». [5]Gesù amava Marta e sua sorella e Lazzaro. [6]Quando sentì che era malato, rimase per due giorni nel luogo dove si trovava. [7]Poi disse ai discepoli: «Andiamo di nuovo in Giudea!». [8]I discepoli gli dissero: «Rabbì, poco fa i Giudei cercavano di lapidarti e tu ci vai di nuovo?». [9]Gesù rispose: «Non sono forse dodici le ore del giorno? Se uno cammina di giorno, non inciampa, perché vede la luce di questo mondo; [10]ma se cammina di notte, inciampa, perché la luce non è in lui».

[11]Disse queste cose e poi soggiunse loro: «Lazzaro,
il nostro amico, si è addormentato; ma io vado a sve-
gliarlo». [12]Gli dissero allora i discepoli: «Signore, se si
è addormentato, si salverà». [13]Gesù aveva parlato del-
la morte di lui; essi invece pensarono che parlasse del
riposo del sonno. [14]Allora Gesù disse loro apertamen-
te: «Lazzaro è morto [15]e io sono contento per voi di
non essere stato là, affinché voi crediate; ma andiamo
da lui!». [16]Allora Tommaso, chiamato Dìdimo, disse
agli altri discepoli: «Andiamo anche noi a morire con
lui!».

[17]Quando Gesù arrivò, trovò Lazzaro che già da
quattro giorni era nel sepolcro. [18]Betània distava da
Gerusalemme meno di tre chilometri [19]e molti Giudei
erano venuti da Marta e Maria a consolarle per il fra-
tello. [20]Marta dunque, come udì che veniva Gesù, gli
andò incontro; Maria invece stava seduta in casa.
[21]Marta disse a Gesù: «Signore, se tu fossi stato qui,
mio fratello non sarebbe morto! [22]Ma anche ora so
che qualunque cosa tu chiederai a Dio, Dio te la con-
cederà». [23]Gesù le disse: «Tuo fratello risorgerà». [24]Gli
rispose Marta: «So che risorgerà nella risurrezione del-
l'ultimo giorno». [25]Gesù le disse: «Io sono la risurre-
zione e la vita; chi crede in me, anche se muore, vivrà;
[26]chiunque vive e crede in me, non morirà in eterno.
Credi questo?». [27]Gli rispose: «Sì, o Signore, io credo
che tu sei il Cristo, il Figlio di Dio, colui che viene nel
mondo».

[28]Dette queste parole, andò a chiamare Maria, sua
sorella, e di nascosto le disse: «Il Maestro è qui e ti
chiama». [29]Udito questo, ella si alzò subito e andò da

lui. 30 Gesù non era entrato nel villaggio, ma si trovava
ancora là dove Marta gli era andata incontro. 31 Allora i
Giudei, che erano in casa con lei a consolarla, vedendo
Maria alzarsi in fretta e uscire, la seguirono, pensando
che andasse a piangere al sepolcro.

32 Quando Maria giunse dove si trovava Gesù, appe-
na lo vide si gettò ai suoi piedi dicendogli: «Signore, se
tu fossi stato qui, mio fratello non sarebbe morto!».
33 Gesù allora, quando la vide piangere, e piangere an-
che i Giudei che erano venuti con lei, si commosse
profondamente e, molto turbato, 34 domandò: «Dove
lo avete posto?». Gli dissero: «Signore, vieni a vede-
re!». 35 Gesù scoppiò in pianto. 36 Dissero allora i Giu-
dei: «Guarda come lo amava!». 37 Ma alcuni di loro dis-
sero: «Lui, che ha aperto gli occhi al cieco, non poteva
anche far sì che costui non morisse?».

38 Allora Gesù, ancora una volta commosso profon-
damente, si recò al sepolcro: era una grotta e contro di
essa era posta una pietra. 39 Disse Gesù: «Togliete la
pietra!». Gli rispose Marta, la sorella del morto: «Si-
gnore, manda già cattivo odore: è lì da quattro giorni».
40 Le disse Gesù: «Non ti ho detto che, se crederai, ve-
drai la gloria di Dio?». 41 Tolsero dunque la pietra. Ge-
sù allora alzò gli occhi e disse: «Padre, ti rendo grazie
perché mi hai ascoltato. 42 Io sapevo che mi dai sempre
ascolto, ma l'ho detto per la gente che mi sta attorno,
perché credano che tu mi hai mandato». 43 Detto que-
sto, gridò a gran voce: «Lazzaro, vieni fuori!». 44 Il mor-
to uscì, i piedi e le mani legati con bende, e il viso av-
volto da un sudario. Gesù disse loro: «Liberàtelo e la-
sciàtelo andare».

[45]Molti dei Giudei che erano venuti da Maria, alla
vista di ciò che egli aveva compiuto, credettero in lui.
[46]Ma alcuni di loro andarono dai farisei e riferirono lo-
ro quello che Gesù aveva fatto.

[47]Allora i capi dei sacerdoti e i farisei riunirono il
sinedrio e dissero: «Che cosa facciamo? Quest'uomo
compie molti segni. [48]Se lo lasciamo continuare così,
tutti crederanno in lui, verranno i Romani e distrugge-
ranno il nostro tempio e la nostra nazione». [49]Ma uno
di loro, Caifa, che era sommo sacerdote quell'anno,
disse loro: «Voi non capite nulla! [50]Non vi rendete
conto che è conveniente per voi che un solo uomo
muoia per il popolo, e non vada in rovina la nazione
intera!».

[51]Questo però non lo disse da se stesso, ma, essendo
sommo sacerdote quell'anno, profetizzò che Gesù do-
veva morire per la nazione; [52]e non soltanto per la na-
zione, ma anche per riunire insieme i figli di Dio che
erano dispersi. [53]Da quel giorno dunque decisero di
ucciderlo.

[54]Gesù dunque non andava più in pubblico tra i
Giudei, ma da lì si ritirò nella regione vicina al deser-
to, in una città chiamata Èfraim, dove rimase con i di-
scepoli.

[55]Era vicina la Pasqua dei Giudei e molti dalla regio-
ne salirono a Gerusalemme prima della Pasqua per pu-
rificarsi. [56]Essi cercavano Gesù e, stando nel tempio,
dicevano tra loro: «Che ve ne pare? Non verrà alla fe-
sta?». [57]Intanto i capi dei sacerdoti e i farisei avevano
dato ordine che chiunque sapesse dove si trovava lo
denunciasse, perché potessero arrestarlo.

12 1Sei giorni prima della Pasqua, Gesù andò a Be-
tània, dove si trovava Lazzaro, che egli aveva ri-
suscitato dai morti. 2E qui fecero per lui una cena:
Marta serviva e Lazzaro era uno dei commensali. 3Ma-
ria allora prese trecento grammi di profumo di puro
nardo, assai prezioso, ne cosparse i piedi di Gesù, poi
li asciugò con i suoi capelli, e tutta la casa si riempì del-
l'aroma di quel profumo. 4Allora Giuda Iscariota, uno
dei suoi discepoli, che stava per tradirlo, disse: 5«Per-
ché non si è venduto questo profumo per trecento de-
nari e non si sono dati ai poveri?». 6Disse questo non
perché gli importasse dei poveri, ma perché era un la-
dro e, siccome teneva la cassa, prendeva quello che vi
mettevano dentro. 7Gesù allora disse: «Lasciala fare,
perché ella lo conservi per il giorno della mia sepoltu-
ra. 8I poveri infatti li avete sempre con voi, ma non
sempre avete me».

9Intanto una grande folla di Giudei venne a sapere
che egli si trovava là e accorse, non solo per Gesù, ma
anche per vedere Lazzaro che egli aveva risuscitato dai
morti. 10I capi dei sacerdoti allora decisero di uccidere
anche Lazzaro, 11perché molti Giudei se ne andavano a
causa di lui e credevano in Gesù.

12Il giorno seguente, la grande folla che era venuta
per la festa, udito che Gesù veniva a Gerusalemme,
13prese dei rami di palme e uscì incontro a lui gri-
dando:

«*Osanna!*
Benedetto colui che viene nel nome del Signore,
il re d'Israele!».

[14]Gesù, trovato un asinello, vi montò sopra, come
sta scritto:

[15]Non temere, figlia di Sion!
Ecco, il tuo re viene,
seduto su un puledro d'asina.

[16]I suoi discepoli sul momento non compresero
queste cose; ma, quando Gesù fu glorificato, si ricor-
darono che di lui erano state scritte queste cose e che
a lui essi le avevano fatte. [17]Intanto la folla, che era stata
con lui quando chiamò Lazzaro fuori dal sepolcro e lo
risuscitò dai morti, gli dava testimonianza. [18]Anche per
questo la folla gli era andata incontro, perché aveva
udito che egli aveva compiuto questo segno. [19]I farisei
allora dissero tra loro: «Vedete che non ottenete nulla?
Ecco: il mondo è andato dietro a lui!».

[20]Tra quelli che erano saliti per il culto durante la
festa c'erano anche alcuni Greci. [21]Questi si avvicina-
rono a Filippo, che era di Betsàida di Galilea, e gli do-
mandarono: «Signore, vogliamo vedere Gesù». [22]Filip-
po andò a dirlo ad Andrea, e poi Andrea e Filippo an-
darono a dirlo a Gesù. [23]Gesù rispose loro: «È venuta
l'ora che il Figlio dell'uomo sia glorificato. [24]In verità,
in verità io vi dico: se il chicco di grano, caduto in terra,
non muore, rimane solo; se invece muore, produce
molto frutto. [25]Chi ama la propria vita, la perde e chi
odia la propria vita in questo mondo, la conserverà per
la vita eterna. [26]Se uno mi vuole servire, mi segua, e do-
ve sono io, là sarà anche il mio servitore. Se uno serve
me, il Padre lo onorerà. [27]Adesso *l'anima mia è turbata*;
che cosa dirò? Padre, *salvami* da quest'ora? Ma pro-

prio per questo sono giunto a quest'ora! [28]Padre, glo-
rifica il tuo nome». Venne allora una voce dal cielo:
«L'ho glorificato e lo glorificherò ancora!».

[29]La folla, che era presente e aveva udito, diceva che
era stato un tuono. Altri dicevano: «Un angelo gli ha
parlato». [30]Disse Gesù: «Questa voce non è venuta
per me, ma per voi. [31]Ora è il giudizio di questo mon-
do; ora il principe di questo mondo sarà gettato fuori.
[32]E io, quando sarò innalzato da terra, attirerò tutti a
me». [33]Diceva questo per indicare di quale morte do-
veva morire.

[34]Allora la folla gli rispose: «Noi abbiamo appreso
dalla Legge che il Cristo rimane in eterno; come puoi
dire che il Figlio dell'uomo deve essere innalzato? Chi
è questo Figlio dell'uomo?». [35]Allora Gesù disse loro:
«Ancora per poco tempo la luce è tra voi. Camminate
mentre avete la luce, perché le tenebre non vi sorpren-
dano; chi cammina nelle tenebre non sa dove va.
[36]Mentre avete la luce, credete nella luce, per diventare
figli della luce». Gesù disse queste cose, poi se ne andò
e si nascose loro.

[37]Sebbene avesse compiuto segni così grandi davan-
ti a loro, non credevano in lui, [38]perché si compisse la
parola detta dal profeta Isaia:

Signore, chi ha creduto alla nostra parola?
E la forza del Signore, a chi è stata rivelata?

[39]Per questo non potevano credere, poiché ancora
Isaia disse:

[40]Ha reso ciechi i loro occhi
e duro il loro *cuore,*

perché non vedano con gli occhi
e non comprendano con il cuore
e non si convertano, e io li guarisca!

41 Questo disse Isaia perché vide la sua gloria e parlò
di lui. 42 Tuttavia, anche tra i capi, molti credettero in
lui, ma, a causa dei farisei, non lo dichiaravano, per
non essere espulsi dalla sinagoga. 43 Amavano infatti la
gloria degli uomini più che la gloria di Dio.
44 Gesù allora esclamò: «Chi crede in me, non crede
in me ma in colui che mi ha mandato; 45 chi vede me,
vede colui che mi ha mandato. 46 Io sono venuto nel
mondo come luce, perché chiunque crede in me non
rimanga nelle tenebre. 47 Se qualcuno ascolta le mie pa-
role e non le osserva, io non lo condanno; perché non
sono venuto per condannare il mondo, ma per salvare
il mondo. 48 Chi mi rifiuta e non accoglie le mie parole,
ha chi lo condanna: la parola che ho detto lo condan-
nerà nell'ultimo giorno. 49 Perché io non ho parlato da
me stesso, ma il Padre, che mi ha mandato, mi ha ordi-
nato lui di che cosa parlare e che cosa devo dire. 50 E io
so che il suo comandamento è vita eterna. Le cose dun-
que che io dico, le dico così come il Padre le ha dette a
me».

13 1 Prima della festa di Pasqua Gesù, sapendo che
era venuta la sua ora di passare da questo mondo
al Padre, avendo amato i suoi che erano nel mondo, li
amò fino alla fine. 2 Durante la cena, quando il diavolo
aveva già messo in cuore a Giuda, figlio di Simone
Iscariota, di tradirlo, 3 Gesù, sapendo che il Padre gli
aveva dato tutto nelle mani e che era venuto da Dio e

a Dio ritornava, 4si alzò da tavola, depose le vesti, prese
un asciugamano e se lo cinse attorno alla vita. 5Poi ver-
sò dell'acqua nel catino e cominciò a lavare i piedi dei
discepoli e ad asciugarli con l'asciugamano di cui si era
cinto. 6Venne dunque da Simon Pietro e questi gli dis-
se: «Signore, tu lavi i piedi a me?». 7Rispose Gesù:
«Quello che io faccio, tu ora non lo capisci; lo capirai
dopo». 8Gli disse Pietro: «Tu non mi laverai i piedi in
eterno!». Gli rispose Gesù: «Se non ti laverò, non avrai
parte con me». 9Gli disse Simon Pietro: «Signore, non
solo i miei piedi, ma anche le mani e il capo!». 10Sog-
giunse Gesù: «Chi ha fatto il bagno, non ha bisogno di
lavarsi se non i piedi ed è tutto puro; e voi siete puri,
ma non tutti». 11Sapeva infatti chi lo tradiva; per que-
sto disse: «Non tutti siete puri».

12Quando ebbe lavato loro i piedi, riprese le sue ve-
sti, sedette di nuovo e disse loro: «Capite quello che ho
fatto per voi? 13Voi mi chiamate il Maestro e il Signore,
e dite bene, perché lo sono. 14Se dunque io, il Signore e
il Maestro, ho lavato i piedi a voi, anche voi dovete la-
vare i piedi gli uni agli altri. 15Vi ho dato un esempio,
infatti, perché anche voi facciate come io ho fatto a voi.
16In verità, in verità io vi dico: un servo non è più gran-
de del suo padrone, né un inviato è più grande di chi lo
ha mandato. 17Sapendo queste cose, siete beati se le
mettete in pratica. 18Non parlo di tutti voi; io conosco
quelli che ho scelto, ma deve compiersi la Scrittura:
Colui che mangia il mio pane ha alzato *contro di me il*
suo *calcagno*. 19Ve lo dico fin d'ora, prima che accada,
perché, quando sarà avvenuto, crediate che Io Sono.
20In verità, in verità io vi dico: chi accoglie colui che

io manderò, accoglie me; chi accoglie me, accoglie co-
lui che mi ha mandato».

21 Dette queste cose, Gesù fu profondamente turba-
to e dichiarò: «In verità, in verità io vi dico: uno di voi
mi tradirà». 22 I discepoli si guardavano l'un l'altro, non
sapendo bene di chi parlasse. 23 Ora uno dei discepoli,
quello che Gesù amava, si trovava a tavola al fianco di
Gesù. 24 Simon Pietro gli fece cenno di informarsi chi
fosse quello di cui parlava. 25 Ed egli, chinandosi sul
petto di Gesù, gli disse: «Signore, chi è?». 26 Rispose
Gesù: «È colui per il quale intingerò il boccone e glielo
darò». E, intinto il boccone, lo prese e lo diede a Giu-
da, figlio di Simone Iscariota. 27 Allora, dopo il bocco-
ne, Satana entrò in lui. Gli disse dunque Gesù: «Quel-
lo che vuoi fare, fallo presto». 28 Nessuno dei commen-
sali capì perché gli avesse detto questo; 29 alcuni infatti
pensavano che, poiché Giuda teneva la cassa, Gesù gli
avesse detto: «Compra quello che ci occorre per la fe-
sta», oppure che dovesse dare qualche cosa ai poveri.
30 Egli, preso il boccone, subito uscì. Ed era notte.

31 Quando fu uscito, Gesù disse: «Ora il Figlio del-
l'uomo è stato glorificato, e Dio è stato glorificato in
lui. 32 Se Dio è stato glorificato in lui, anche Dio lo glo-
rificherà da parte sua e lo glorificherà subito. 33 Figlioli,
ancora per poco sono con voi; voi mi cercherete ma,
come ho detto ai Giudei, ora lo dico anche a voi: dove
vado io, voi non potete venire. 34 Vi do un comanda-
mento nuovo: che vi amiate gli uni gli altri. Come io
ho amato voi, così amatevi anche voi gli uni gli altri.
35 Da questo tutti sapranno che siete miei discepoli: se
avete amore gli uni per gli altri».

36 Simon Pietro gli disse: «Signore, dove vai?». Gli
rispose Gesù: «Dove io vado, tu per ora non puoi se-
guirmi; mi seguirai più tardi». 37 Pietro disse: «Signore,
perché non posso seguirti ora? Darò la mia vita per
te!». 38 Rispose Gesù: «Darai la tua vita per me? In ve-
rità, in verità io ti dico: non canterà il gallo, prima che
tu non m'abbia rinnegato tre volte.

14 1 Non sia turbato il vostro cuore. Abbiate fede in
Dio e abbiate fede anche in me. 2 Nella casa del
Padre mio vi sono molte dimore. Se no, vi avrei mai
detto: "Vado a prepararvi un posto"? 3 Quando sarò
andato e vi avrò preparato un posto, verrò di nuovo e
vi prenderò con me, perché dove sono io siate anche
voi. 4 E del luogo dove io vado, conoscete la via».
5 Gli disse Tommaso: «Signore, non sappiamo dove
vai; come possiamo conoscere la via?». 6 Gli disse Ge-
sù: «Io sono la via, la verità e la vita. Nessuno viene al
Padre se non per mezzo di me. 7 Se avete conosciuto
me, conoscerete anche il Padre mio: fin da ora lo cono-
scete e lo avete veduto».
8 Gli disse Filippo: «Signore, mostraci il Padre e ci
basta». 9 Gli rispose Gesù: «Da tanto tempo sono con
voi e tu non mi hai conosciuto, Filippo? Chi ha visto
me, ha visto il Padre. Come puoi tu dire: "Mostraci il
Padre"? 10 Non credi che io sono nel Padre e il Padre è
in me? Le parole che io vi dico, non le dico da me stes-
so; ma il Padre, che rimane in me, compie le sue opere.
11 Credete a me: io sono nel Padre e il Padre è in me. Se
non altro, credetelo per le opere stesse.
12 In verità, in verità io vi dico: chi crede in me, an-

ch'egli compirà le opere che io compio e ne compirà di
più grandi di queste, perché io vado al Padre. [13]E qua-
lunque cosa chiederete nel mio nome, la farò, perché il
Padre sia glorificato nel Figlio. [14]Se mi chiederete qual-
che cosa nel mio nome, io la farò.

[15]Se mi amate, osserverete i miei comandamenti; [16]e
io pregherò il Padre ed egli vi darà un altro Paràclito
perché rimanga con voi per sempre, [17]lo Spirito della
verità, che il mondo non può ricevere perché non lo
vede e non lo conosce. Voi lo conoscete perché egli ri-
mane presso di voi e sarà in voi. [18]Non vi lascerò orfani:
verrò da voi. [19]Ancora un poco e il mondo non mi ve-
drà più; voi invece mi vedrete, perché io vivo e voi vi-
vrete. [20]In quel giorno voi saprete che io sono nel Pa-
dre mio e voi in me e io in voi. [21]Chi accoglie i miei
comandamenti e li osserva, questi è colui che mi ama.
Chi ama me sarà amato dal Padre mio e anch'io lo
amerò e mi manifesterò a lui».

[22]Gli disse Giuda, non l'Iscariota: «Signore, come è
accaduto che devi manifestarti a noi, e non al mon-
do?». [23]Gli rispose Gesù: «Se uno mi ama, osserverà
la mia parola e il Padre mio lo amerà e noi verremo a
lui e prenderemo dimora presso di lui. [24]Chi non mi
ama, non osserva le mie parole; e la parola che voi
ascoltate non è mia, ma del Padre che mi ha mandato.

[25]Vi ho detto queste cose mentre sono ancora presso
di voi. [26]Ma il Paràclito, lo Spirito Santo che il Padre
manderà nel mio nome, lui vi insegnerà ogni cosa e vi
ricorderà tutto ciò che io vi ho detto.

[27]Vi lascio la pace, vi do la mia pace. Non come la dà
il mondo, io la do a voi. Non sia turbato il vostro cuore

e non abbia timore. [28]Avete udito che vi ho detto: “Va-
do e tornerò da voi”. Se mi amaste, vi rallegrereste che
io vado al Padre, perché il Padre è più grande di me.
[29]Ve l’ho detto ora, prima che avvenga, perché, quando
avverrà, voi crediate. [30]Non parlerò più a lungo con
voi, perché viene il principe del mondo; contro di me
non può nulla, [31]ma bisogna che il mondo sappia che io
amo il Padre, e come il Padre mi ha comandato, così io
agisco. Alzatevi, andiamo via di qui».

15 [1]«Io sono la vite vera e il Padre mio è l’agricolto-
re. [2]Ogni tralcio che in me non porta frutto, lo
taglia, e ogni tralcio che porta frutto, lo pota perché
porti più frutto. [3]Voi siete già puri, a causa della parola
che vi ho annunciato. [4]Rimanete in me e io in voi. Co-
me il tralcio non può portare frutto da se stesso se non
rimane nella vite, così neanche voi se non rimanete in
me. [5]Io sono la vite, voi i tralci. Chi rimane in me, e io
in lui, porta molto frutto, perché senza di me non po-
tete far nulla. [6]Chi non rimane in me viene gettato via
come il tralcio e secca; poi lo raccolgono, lo gettano nel
fuoco e lo bruciano. [7]Se rimanete in me e le mie parole
rimangono in voi, chiedete quello che volete e vi sarà
fatto. [8]In questo è glorificato il Padre mio: che portiate
molto frutto e diventiate miei discepoli.

[9]Come il Padre ha amato me, anche io ho amato voi.
Rimanete nel mio amore. [10]Se osserverete i miei co-
mandamenti, rimarrete nel mio amore, come io ho os-
servato i comandamenti del Padre mio e rimango nel
suo amore. [11]Vi ho detto queste cose perché la mia
gioia sia in voi e la vostra gioia sia piena.

12Questo è il mio comandamento: che vi amiate gli
uni gli altri come io ho amato voi. 13Nessuno ha un
amore più grande di questo: dare la sua vita per i pro-
pri amici. 14Voi siete miei amici, se fate ciò che io vi co-
mando. 15Non vi chiamo più servi, perché il servo non
sa quello che fa il suo padrone; ma vi ho chiamato ami-
ci, perché tutto ciò che ho udito dal Padre mio l'ho
fatto conoscere a voi. 16Non voi avete scelto me, ma io
ho scelto voi e vi ho costituiti perché andiate e portiate
frutto e il vostro frutto rimanga; perché tutto quello
che chiederete al Padre nel mio nome, ve lo conceda.
17Questo vi comando: che vi amiate gli uni gli altri.

18Se il mondo vi odia, sappiate che prima di voi ha
odiato me. 19Se foste del mondo, il mondo amerebbe
ciò che è suo; poiché invece non siete del mondo, ma
vi ho scelti io dal mondo, per questo il mondo vi odia.
20Ricordatevi della parola che io vi ho detto: "Un servo
non è più grande del suo padrone". Se hanno perse-
guitato me, perseguiteranno anche voi; se hanno os-
servato la mia parola, osserveranno anche la vostra.
21Ma faranno a voi tutto questo a causa del mio nome,
perché non conoscono colui che mi ha mandato. 22Se
io non fossi venuto e non avessi parlato loro, non
avrebbero alcun peccato; ma ora non hanno scusa
per il loro peccato. 23Chi odia me, odia anche il Padre
mio. 24Se non avessi compiuto in mezzo a loro opere
che nessun altro ha mai compiuto, non avrebbero al-
cun peccato; ora invece hanno visto e hanno odiato
me e il Padre mio. 25Ma questo, perché si compisse la
parola che sta scritta nella loro Legge: *Mi hanno odia-
to senza ragione*.

[26]Quando verrà il Paràclito, che io vi manderò dal
Padre, lo Spirito della verità che procede dal Padre,
egli darà testimonianza di me; [27]e anche voi date testi-
monianza, perché siete con me fin dal principio.

16 [1]Vi ho detto queste cose perché non abbiate a
scandalizzarvi. [2]Vi scacceranno dalle sinagoghe;
anzi, viene l'ora in cui chiunque vi ucciderà crederà di
rendere culto a Dio. [3]E faranno ciò, perché non hanno
conosciuto né il Padre né me. [4]Ma vi ho detto queste
cose affinché, quando verrà la loro ora, ve ne ricordia-
te, perché io ve l'ho detto.

Non ve l'ho detto dal principio, perché ero con voi.
[5]Ora però vado da colui che mi ha mandato e nessuno
di voi mi domanda: "Dove vai?". [6]Anzi, perché vi ho
detto questo, la tristezza ha riempito il vostro cuore.
[7]Ma io vi dico la verità: è bene per voi che io me ne
vada, perché, se non me ne vado, non verrà a voi il Pa-
ràclito; se invece me ne vado, lo manderò a voi. [8]E
quando sarà venuto, dimostrerà la colpa del mondo ri-
guardo al peccato, alla giustizia e al giudizio. [9]Riguar-
do al peccato, perché non credono in me; [10]riguardo
alla giustizia, perché vado al Padre e non mi vedrete
più; [11]riguardo al giudizio, perché il principe di questo
mondo è già condannato.

[12]Molte cose ho ancora da dirvi, ma per il momento
non siete capaci di portarne il peso. [13]Quando verrà
lui, lo Spirito della verità, vi guiderà a tutta la verità,
perché non parlerà da se stesso, ma dirà tutto ciò che
avrà udito e vi annuncerà le cose future. [14]Egli mi glo-
rificherà, perché prenderà da quel che è mio e ve lo

annuncerà. [15]Tutto quello che il Padre possiede è mio; per questo ho detto che prenderà da quel che è mio e ve lo annuncerà.

[16]Un poco e non mi vedrete più; un poco ancora e mi vedrete». [17]Allora alcuni dei suoi discepoli dissero tra loro: «Che cos'è questo che ci dice: "Un poco e non mi vedrete; un poco ancora e mi vedrete", e: "Io me ne vado al Padre"?». [18]Dicevano perciò: «Che cos'è questo "un poco", di cui parla? Non comprendiamo quello che vuol dire».

[19]Gesù capì che volevano interrogarlo e disse loro: «State indagando tra voi perché ho detto: "Un poco e non mi vedrete; un poco ancora e mi vedrete"? [20]In verità, in verità io vi dico: voi piangerete e gemerete, ma il mondo si rallegrerà. Voi sarete nella tristezza, ma la vostra tristezza si cambierà in gioia.

[21]La donna, quando partorisce, è nel dolore, perché è venuta la sua ora; ma, quando ha dato alla luce il bambino, non si ricorda più della sofferenza, per la gioia che è venuto al mondo un uomo. [22]Così anche voi, ora, siete nel dolore; ma vi vedrò di nuovo e il vostro cuore si rallegrerà e nessuno potrà togliervi la vostra gioia. [23]Quel giorno non mi domanderete più nulla.

In verità, in verità io vi dico: se chiederete qualche cosa al Padre nel mio nome, egli ve la darà. [24]Finora non avete chiesto nulla nel mio nome. Chiedete e otterrete, perché la vostra gioia sia piena.

[25]Queste cose ve le ho dette in modo velato, ma viene l'ora in cui non vi parlerò più in modo velato e apertamente vi parlerò del Padre. [26]In quel giorno chiede-

rete nel mio nome e non vi dico che pregherò il Padre per voi: [27]il Padre stesso infatti vi ama, perché voi avete amato me e avete creduto che io sono uscito da Dio. [28]Sono uscito dal Padre e sono venuto nel mondo; ora lascio di nuovo il mondo e vado al Padre».

[29]Gli dicono i suoi discepoli: «Ecco, ora parli apertamente e non più in modo velato. [30]Ora sappiamo che tu sai tutto e non hai bisogno che alcuno t'interroghi. Per questo crediamo che sei uscito da Dio». [31]Rispose loro Gesù: «Adesso credete? [32]Ecco, viene l'ora, anzi è già venuta, in cui vi disperderete ciascuno per conto suo e mi lascerete solo; ma io non sono solo, perché il Padre è con me.

[33]Vi ho detto questo perché abbiate pace in me. Nel mondo avete tribolazioni, ma abbiate coraggio: io ho vinto il mondo!».

17 [1]Così parlò Gesù. Poi, alzàti gli occhi al cielo, disse: «Padre, è venuta l'ora: glorifica il Figlio tuo perché il Figlio glorifichi te. [2]Tu gli hai dato potere su ogni essere umano, perché egli dia la vita eterna a tutti coloro che gli hai dato. [3]Questa è la vita eterna: che conoscano te, l'unico vero Dio, e colui che hai mandato, Gesù Cristo. [4]Io ti ho glorificato sulla terra, compiendo l'opera che mi hai dato da fare. [5]E ora, Padre, glorificami davanti a te con quella gloria che io avevo presso di te prima che il mondo fosse.

[6]Ho manifestato il tuo nome agli uomini che mi hai dato dal mondo. Erano tuoi e li hai dati a me, ed essi hanno osservato la tua parola. [7]Ora essi sanno che tut-

te le cose che mi hai dato vengono da te, [8]perché le pa-
role che hai dato a me io le ho date a loro. Essi le hanno
accolte e sanno veramente che sono uscito da te e han-
no creduto che tu mi hai mandato.

[9]Io prego per loro; non prego per il mondo, ma per
coloro che tu mi hai dato, perché sono tuoi. [10]Tutte le
cose mie sono tue, e le tue sono mie, e io sono glorifi-
cato in loro. [11]Io non sono più nel mondo; essi invece
sono nel mondo, e io vengo a te. Padre santo, custodi-
scili nel tuo nome, quello che mi hai dato, perché siano
una sola cosa, come noi.

[12]Quand'ero con loro, io li custodivo nel tuo nome,
quello che mi hai dato, e li ho conservati, e nessuno di
loro è andato perduto, tranne il figlio della perdizione,
perché si compisse la Scrittura. [13]Ma ora io vengo a te e
dico questo mentre sono nel mondo, perché abbiano
in se stessi la pienezza della mia gioia. [14]Io ho dato loro
la tua parola e il mondo li ha odiati, perché essi non
sono del mondo, come io non sono del mondo.

[15]Non prego che tu li tolga dal mondo, ma che tu li
custodisca dal Maligno. [16]Essi non sono del mondo,
come io non sono del mondo. [17]Consacrali nella verità.
La tua parola è verità. [18]Come tu hai mandato me nel
mondo, anche io ho mandato loro nel mondo; [19]per lo-
ro io consacro me stesso, perché siano anch'essi consa-
crati nella verità.

[20]Non prego solo per questi, ma anche per quelli
che crederanno in me mediante la loro parola: [21]perché
tutti siano una sola cosa; come tu, Padre, sei in me e io
in te, siano anch'essi in noi, perché il mondo creda che
tu mi hai mandato.

[22]E la gloria che tu hai dato a me, io l'ho data a loro,
perché siano una sola cosa come noi siamo una sola
cosa. [23]Io in loro e tu in me, perché siano perfetti nel-
l'unità e il mondo conosca che tu mi hai mandato e che
li hai amati come hai amato me.

[24]Padre, voglio che quelli che mi hai dato siano an-
ch'essi con me dove sono io, perché contemplino la
mia gloria, quella che tu mi hai dato; poiché mi hai
amato prima della creazione del mondo.

[25]Padre giusto, il mondo non ti ha conosciuto, ma io
ti ho conosciuto, e questi hanno conosciuto che tu mi
hai mandato. [26]E io ho fatto conoscere loro il tuo nome
e lo farò conoscere, perché l'amore con il quale mi hai
amato sia in essi e io in loro».

18 [1]Dopo aver detto queste cose, Gesù uscì con i
suoi discepoli al di là del torrente Cedron, dove
c'era un giardino, nel quale entrò con i suoi discepoli.
[2]Anche Giuda, il traditore, conosceva quel luogo, per-
ché Gesù spesso si era trovato là con i suoi discepoli.
[3]Giuda dunque vi andò, dopo aver preso un gruppo
di soldati e alcune guardie fornite dai capi dei sacer-
doti e dai farisei, con lanterne, fiaccole e armi. [4]Gesù
allora, sapendo tutto quello che doveva accadergli, si
fece innanzi e disse loro: «Chi cercate?». [5]Gli rispose-
ro: «Gesù, il Nazareno». Disse loro Gesù: «Sono io!».
Vi era con loro anche Giuda, il traditore. [6]Appena dis-
se loro «Sono io», indietreggiarono e caddero a terra.
[7]Domandò loro di nuovo: «Chi cercate?». Risposero:
«Gesù, il Nazareno». [8]Gesù replicò: «Vi ho detto: so-

no io. Se dunque cercate me, lasciate che questi se ne
vadano», [9]perché si compisse la parola che egli aveva
detto: «Non ho perduto nessuno di quelli che mi hai
dato». [10]Allora Simon Pietro, che aveva una spada, la
trasse fuori, colpì il servo del sommo sacerdote e gli
tagliò l'orecchio destro. Quel servo si chiamava Mal-
co. [11]Gesù allora disse a Pietro: «Rimetti la spada nel
fodero: il calice che il Padre mi ha dato, non dovrò
berlo?».

[12]Allora i soldati, con il comandante e le guardie dei
Giudei, catturarono Gesù, lo legarono [13]e lo condusse-
ro prima da Anna: egli infatti era suocero di Caifa, che
era sommo sacerdote quell'anno. [14]Caifa era quello
che aveva consigliato ai Giudei: «È conveniente che
un solo uomo muoia per il popolo».

[15]Intanto Simon Pietro seguiva Gesù insieme a un
altro discepolo. Questo discepolo era conosciuto dal
sommo sacerdote ed entrò con Gesù nel cortile del
sommo sacerdote. [16]Pietro invece si fermò fuori, vici-
no alla porta. Allora quell'altro discepolo, noto al
sommo sacerdote, tornò fuori, parlò alla portinaia e
fece entrare Pietro. [17]E la giovane portinaia disse a
Pietro: «Non sei anche tu uno dei discepoli di que-
st'uomo?». Egli rispose: «Non lo sono». [18]Intanto i
servi e le guardie avevano acceso un fuoco, perché fa-
ceva freddo, e si scaldavano; anche Pietro stava con
loro e si scaldava.

[19]Il sommo sacerdote, dunque, interrogò Gesù ri-
guardo ai suoi discepoli e al suo insegnamento. [20]Gesù
gli rispose: «Io ho parlato al mondo apertamente; ho
sempre insegnato nella sinagoga e nel tempio, dove

tutti i Giudei si riuniscono, e non ho mai detto nulla di
nascosto. 21Perché interroghi me? Interroga quelli che
hanno udito ciò che ho detto loro; ecco, essi sanno che
cosa ho detto». 22Appena detto questo, una delle guar-
die presenti diede uno schiaffo a Gesù, dicendo: «Così
rispondi al sommo sacerdote?». 23Gli rispose Gesù:
«Se ho parlato male, dimostrami dov'è il male. Ma se
ho parlato bene, perché mi percuoti?». 24Allora Anna
lo mandò, con le mani legate, a Caifa, il sommo sacer-
dote.

25Intanto Simon Pietro stava lì a scaldarsi. Gli disse-
ro: «Non sei anche tu uno dei suoi discepoli?». Egli lo
negò e disse: «Non lo sono». 26Ma uno dei servi del
sommo sacerdote, parente di quello a cui Pietro aveva
tagliato l'orecchio, disse: «Non ti ho forse visto con lui
nel giardino?». 27Pietro negò di nuovo, e subito un gal-
lo cantò.

28Condussero poi Gesù dalla casa di Caifa nel pre-
torio. Era l'alba ed essi non vollero entrare nel preto-
rio, per non contaminarsi e poter mangiare la Pasqua.
29Pilato dunque uscì verso di loro e domandò: «Che
accusa portate contro quest'uomo?». 30Gli risposero:
«Se costui non fosse un malfattore, non te l'avremmo
consegnato». 31Allora Pilato disse loro: «Prendetelo
voi e giudicatelo secondo la vostra Legge!». Gli rispo-
sero i Giudei: «A noi non è consentito mettere a morte
nessuno». 32Così si compivano le parole che Gesù ave-
va detto, indicando di quale morte doveva morire.

33Pilato allora rientrò nel pretorio, fece chiamare
Gesù e gli disse: «Sei tu il re dei Giudei?». 34Gesù ri-
spose: «Dici questo da te, oppure altri ti hanno parlato

di me?». [35]Pilato disse: «Sono forse io Giudeo? La tua
gente e i capi dei sacerdoti ti hanno consegnato a me.
Che cosa hai fatto?». [36]Rispose Gesù: «Il mio regno
non è di questo mondo; se il mio regno fosse di questo
mondo, i miei servitori avrebbero combattuto perché
non fossi consegnato ai Giudei; ma il mio regno non è
di quaggiù». [37]Allora Pilato gli disse: «Dunque tu sei
re?». Rispose Gesù: «Tu lo dici: io sono re. Per questo
io sono nato e per questo sono venuto nel mondo: per
dare testimonianza alla verità. Chiunque è dalla verità,
ascolta la mia voce». [38]Gli dice Pilato: «Che cos'è la
verità?».

E, detto questo, uscì di nuovo verso i Giudei e disse
loro: «Io non trovo in lui colpa alcuna. [39]Vi è tra voi
l'usanza che, in occasione della Pasqua, io rimetta
uno in libertà per voi: volete dunque che io rimetta in
libertà per voi il re dei Giudei?». [40]Allora essi gridaro-
no di nuovo: «Non costui, ma Barabba!». Barabba era
un brigante.

19 [1]Allora Pilato fece prendere Gesù e lo fece fla-
gellare. [2]E i soldati, intrecciata una corona di
spine, gliela posero sul capo e gli misero addosso un
mantello di porpora. [3]Poi gli si avvicinavano e diceva-
no: «Salve, re dei Giudei!». E gli davano schiaffi.

[4]Pilato uscì fuori di nuovo e disse loro: «Ecco, io ve
lo conduco fuori, perché sappiate che non trovo in lui
colpa alcuna». [5]Allora Gesù uscì, portando la corona
di spine e il mantello di porpora. E Pilato disse loro:
«Ecco l'uomo!».

[6]Come lo videro, i capi dei sacerdoti e le guardie gri-
darono: «Crocifiggilo! Crocifiggilo!». Disse loro Pila-
to: «Prendetelo voi e crocifiggetelo; io in lui non trovo
colpa». [7]Gli risposero i Giudei: «Noi abbiamo una
Legge e secondo la Legge deve morire, perché si è fatto
Figlio di Dio».

[8]All'udire queste parole, Pilato ebbe ancor più pau-
ra. [9]Entrò di nuovo nel pretorio e disse a Gesù: «Di
dove sei tu?». Ma Gesù non gli diede risposta. [10]Gli
disse allora Pilato: «Non mi parli? Non sai che ho il
potere di metterti in libertà e il potere di metterti in
croce?». [11]Gli rispose Gesù: «Tu non avresti alcun po-
tere su di me, se ciò non ti fosse stato dato dall'alto. Per
questo chi mi ha consegnato a te ha un peccato più
grande».

[12]Da quel momento Pilato cercava di metterlo in li-
bertà. Ma i Giudei gridarono: «Se liberi costui, non sei
amico di Cesare! Chiunque si fa re si mette contro Ce-
sare». [13]Udite queste parole, Pilato fece condurre fuori
Gesù e sedette in tribunale, nel luogo chiamato Litò-
stroto, in ebraico Gabbatà. [14]Era la Parasceve della Pa-
squa, verso mezzogiorno. Pilato disse ai Giudei: «Ecco
il vostro re!». [15]Ma quelli gridarono: «Via! Via! Croci-
figgilo!». Disse loro Pilato: «Metterò in croce il vostro
re?». Risposero i capi dei sacerdoti: «Non abbiamo al-
tro re che Cesare». [16]Allora lo consegnò loro perché
fosse crocifisso.

Essi presero Gesù [17]ed egli, portando la croce, si
avviò verso il luogo detto del Cranio, in ebraico Gòl-
gota, [18]dove lo crocifissero e con lui altri due, uno da
una parte e uno dall'altra, e Gesù in mezzo. [19]Pilato

compose anche l'iscrizione e la fece porre sulla croce;
vi era scritto: «Gesù il Nazareno, il re dei Giudei».
20Molti Giudei lessero questa iscrizione, perché il luo-
go dove Gesù fu crocifisso era vicino alla città; era
scritta in ebraico, in latino e in greco. 21I capi dei sa-
cerdoti dei Giudei dissero allora a Pilato: «Non scrive-
re: "Il re dei Giudei", ma: "Costui ha detto: Io sono il
re dei Giudei"». 22Rispose Pilato: «Quel che ho scritto,
ho scritto».

23I soldati poi, quando ebbero crocifisso Gesù, pre-
sero le sue vesti, ne fecero quattro parti – una per cia-
scun soldato – e la tunica. Ma quella tunica era senza
cuciture, tessuta tutta d'un pezzo da cima a fondo.
24Perciò dissero tra loro: «Non stracciamola, ma tiria-
mo a sorte a chi tocca». Così si compiva la Scrittura,
che dice:

Si sono divisi tra loro le mie vesti
e sulla mia tunica hanno gettato la sorte.

E i soldati fecero così.

25Stavano presso la croce di Gesù sua madre, la so-
rella di sua madre, Maria madre di Clèopa e Maria di
Màgdala. 26Gesù allora, vedendo la madre e accanto a
lei il discepolo che egli amava, disse alla madre: «Don-
na, ecco tuo figlio!». 27Poi disse al discepolo: «Ecco tua
madre!». E da quell'ora il discepolo l'accolse con sé.

28Dopo questo, Gesù, sapendo che ormai tutto era
compiuto, affinché si compisse la Scrittura, disse: «Ho
sete». 29Vi era lì un vaso pieno di aceto; posero perciò
una spugna, imbevuta di aceto, in cima a una canna e
gliela accostarono alla bocca. 30Dopo aver preso l'ace-

to, Gesù disse: «È compiuto!». E, chinato il capo, con-
segnò lo spirito.

[31]Era il giorno della Parasceve e i Giudei, perché i
corpi non rimanessero sulla croce durante il sabato –
era infatti un giorno solenne quel sabato –, chiesero a
Pilato che fossero spezzate loro le gambe e fossero por-
tati via. [32]Vennero dunque i soldati e spezzarono le
gambe all'uno e all'altro che erano stati crocifissi insie-
me con lui. [33]Venuti però da Gesù, vedendo che era già
morto, non gli spezzarono le gambe, [34]ma uno dei sol-
dati con una lancia gli colpì il fianco, e subito ne uscì
sangue e acqua. [35]Chi ha visto ne dà testimonianza e la
sua testimonianza è vera; egli sa che dice il vero, per-
ché anche voi crediate. [36]Questo infatti avvenne per-
ché si compisse la Scrittura: *Non gli sarà spezzato alcun
osso*. [37]E un altro passo della Scrittura dice ancora:
Volgeranno lo sguardo a colui che hanno trafitto.

[38]Dopo questi fatti Giuseppe di Arimatea, che era
discepolo di Gesù, ma di nascosto, per timore dei Giu-
dei, chiese a Pilato di prendere il corpo di Gesù. Pilato
lo concesse. Allora egli andò e prese il corpo di Gesù.
[39]Vi andò anche Nicodèmo – quello che in precedenza
era andato da lui di notte – e portò circa trenta chili di
una mistura di mirra e di àloe. [40]Essi presero allora il
corpo di Gesù e lo avvolsero con teli, insieme ad aro-
mi, come usano fare i Giudei per preparare la sepoltu-
ra. [41]Ora, nel luogo dove era stato crocifisso, vi era un
giardino e nel giardino un sepolcro nuovo, nel quale
nessuno era stato ancora posto. [42]Là dunque, poiché
era il giorno della Parasceve dei Giudei e dato che il
sepolcro era vicino, posero Gesù.

20 [1]Il primo giorno della settimana, Maria di Màg-
dala si recò al sepolcro di mattino, quando era
ancora buio, e vide che la pietra era stata tolta dal se-
polcro. [2]Corse allora e andò da Simon Pietro e dall'al-
tro discepolo, quello che Gesù amava, e disse loro:
«Hanno portato via il Signore dal sepolcro e non sap-
piamo dove l'hanno posto!». [3]Pietro allora uscì insie-
me all'altro discepolo e si recarono al sepolcro. [4]Corre-
vano insieme tutti e due, ma l'altro discepolo corse più
veloce di Pietro e giunse per primo al sepolcro. [5]Si chi-
nò, vide i teli posati là, ma non entrò. [6]Giunse intanto
anche Simon Pietro, che lo seguiva, ed entrò nel sepol-
cro e osservò i teli posati là, [7]e il sudario – che era stato
sul suo capo – non posato là con i teli, ma avvolto in un
luogo a parte. [8]Allora entrò anche l'altro discepolo,
che era giunto per primo al sepolcro, e vide e credette.
[9]Infatti non avevano ancora compreso la Scrittura, che
cioè egli doveva risorgere dai morti. [10]I discepoli per-
ciò se ne tornarono di nuovo a casa.

[11]Maria invece stava all'esterno, vicino al sepolcro,
e piangeva. Mentre piangeva, si chinò verso il sepolcro
[12]e vide due angeli in bianche vesti, seduti l'uno dalla
parte del capo e l'altro dei piedi, dove era stato posto
il corpo di Gesù. [13]Ed essi le dissero: «Donna, perché
piangi?». Rispose loro: «Hanno portato via il mio Si-
gnore e non so dove l'hanno posto». [14]Detto questo, si
voltò indietro e vide Gesù, in piedi; ma non sapeva
che fosse Gesù. [15]Le disse Gesù: «Donna, perché
piangi? Chi cerchi?». Ella, pensando che fosse il cu-
stode del giardino, gli disse: «Signore, se l'hai portato
via tu, dimmi dove l'hai posto e io andrò a prenderlo».

16Gesù le disse: «Maria!». Ella si voltò e gli disse in
ebraico: «Rabbunì!» – che significa: «Maestro!».
17Gesù le disse: «Non mi trattenere, perché non sono
ancora salito al Padre; ma va' dai miei fratelli e di' lo-
ro: "Salgo al Padre mio e Padre vostro, Dio mio e Dio
vostro"». 18Maria di Màgdala andò ad annunciare ai
discepoli: «Ho visto il Signore!» e ciò che le aveva
detto.

19La sera di quel giorno, il primo della settimana,
mentre erano chiuse le porte del luogo dove si trovava-
no i discepoli per timore dei Giudei, venne Gesù, stet-
te in mezzo e disse loro: «Pace a voi!». 20Detto questo,
mostrò loro le mani e il fianco. E i discepoli gioirono al
vedere il Signore. 21Gesù disse loro di nuovo: «Pace a
voi! Come il Padre ha mandato me, anche io mando
voi». 22Detto questo, soffiò e disse loro: «Ricevete lo
Spirito Santo. 23A coloro a cui perdonerete i peccati,
saranno perdonati; a coloro a cui non perdonerete,
non saranno perdonati».

24Tommaso, uno dei Dodici, chiamato Dìdimo, non
era con loro quando venne Gesù. 25Gli dicevano gli al-
tri discepoli: «Abbiamo visto il Signore!». Ma egli dis-
se loro: «Se non vedo nelle sue mani il segno dei chiodi
e non metto il mio dito nel segno dei chiodi e non met-
to la mia mano nel suo fianco, io non credo».

26Otto giorni dopo i discepoli erano di nuovo in casa
e c'era con loro anche Tommaso. Venne Gesù, a porte
chiuse, stette in mezzo e disse: «Pace a voi!». 27Poi dis-
se a Tommaso: «Metti qui il tuo dito e guarda le mie
mani; tendi la tua mano e mettila nel mio fianco; e
non essere incredulo, ma credente!». 28Gli rispose

Tommaso: «Mio Signore e mio Dio!». 29 Gesù gli disse:
«Perché mi hai veduto, tu hai creduto; beati quelli che
non hanno visto e hanno creduto!».

30 Gesù, in presenza dei suoi discepoli, fece molti al-
tri segni che non sono stati scritti in questo libro. 31 Ma
questi sono stati scritti perché crediate che Gesù è il
Cristo, il Figlio di Dio, e perché, credendo, abbiate la
vita nel suo nome.

21 1 Dopo questi fatti, Gesù si manifestò di nuovo ai
discepoli sul mare di Tiberìade. E si manifestò
così: 2 si trovavano insieme Simon Pietro, Tommaso
detto Dìdimo, Natanaele di Cana di Galilea, i figli di
Zebedeo e altri due discepoli. 3 Disse loro Simon Pie-
tro: «Io vado a pescare». Gli dissero: «Veniamo anche
noi con te». Allora uscirono e salirono sulla barca; ma
quella notte non presero nulla.

4 Quando già era l'alba, Gesù stette sulla riva, ma i
discepoli non si erano accorti che era Gesù. 5 Gesù dis-
se loro: «Figlioli, non avete nulla da mangiare?». Gli
risposero: «No». 6 Allora egli disse loro: «Gettate la re-
te dalla parte destra della barca e troverete». La getta-
rono e non riuscivano più a tirarla su per la grande
quantità di pesci. 7 Allora quel discepolo che Gesù
amava disse a Pietro: «È il Signore!». Simon Pietro,
appena udì che era il Signore, si strinse la veste attorno
ai fianchi, perché era svestito, e si gettò in mare. 8 Gli
altri discepoli invece vennero con la barca, trascinan-
do la rete piena di pesci: non erano infatti lontani da
terra se non un centinaio di metri.

9Appena scesi a terra, videro un fuoco di brace con
del pesce sopra, e del pane. 10Disse loro Gesù: «Porta-
te un po' del pesce che avete preso ora». 11Allora Si-
mon Pietro salì nella barca e trasse a terra la rete piena
di centocinquantatré grossi pesci. E benché fossero
tanti, la rete non si squarciò. 12Gesù disse loro: «Venite
a mangiare». E nessuno dei discepoli osava domandar-
gli: «Chi sei?», perché sapevano bene che era il Signo-
re. 13Gesù si avvicinò, prese il pane e lo diede loro, e
così pure il pesce. 14Era la terza volta che Gesù si ma-
nifestava ai discepoli, dopo essere risorto dai morti.

15Quand'ebbero mangiato, Gesù disse a Simon Pie-
tro: «Simone, figlio di Giovanni, mi ami più di costo-
ro?». Gli rispose: «Certo, Signore, tu lo sai che ti vo-
glio bene». Gli disse: «Pasci i miei agnelli». 16Gli disse
di nuovo, per la seconda volta: «Simone, figlio di Gio-
vanni, mi ami?». Gli rispose: «Certo, Signore, tu lo sai
che ti voglio bene». Gli disse: «Pascola le mie pecore».
17Gli disse per la terza volta: «Simone, figlio di Giovan-
ni, mi vuoi bene?». Pietro rimase addolorato che per la
terza volta gli domandasse: «Mi vuoi bene?», e gli dis-
se: «Signore, tu conosci tutto; tu sai che ti voglio be-
ne». Gli rispose Gesù: «Pasci le mie pecore. 18In verità,
in verità io ti dico: quando eri più giovane ti vestivi da
solo e andavi dove volevi; ma quando sarai vecchio
tenderai le tue mani, e un altro ti vestirà e ti porterà
dove tu non vuoi». 19Questo disse per indicare con
quale morte egli avrebbe glorificato Dio. E, detto que-
sto, aggiunse: «Seguimi».

20Pietro si voltò e vide che li seguiva quel discepolo
che Gesù amava, colui che nella cena si era chinato sul

suo petto e gli aveva domandato: «Signore, chi è che ti tradisce?».
21 Pietro dunque, come lo vide, disse a Gesù: «Signore, che cosa sarà di lui?».
22 Gesù gli rispose: «Se voglio che egli rimanga finché io venga, a te che importa? Tu seguimi».
23 Si diffuse perciò tra i fratelli la voce che quel discepolo non sarebbe morto. Gesù però non gli aveva detto che non sarebbe morto, ma: «Se voglio che egli rimanga finché io venga, a te che importa?».

24 Questi è il discepolo che testimonia queste cose e le ha scritte, e noi sappiamo che la sua testimonianza è vera.
25 Vi sono ancora molte altre cose compiute da Gesù che, se fossero scritte una per una, penso che il mondo stesso non basterebbe a contenere i libri che si dovrebbero scrivere.

PALESTINA
AI TEMPI
DI GESÙ
0 10 20 30 40 Km
MAR MEDITERRANEO
Sidone
MONTE LIBANO
Abila
ABILENE
Damasco
Sarepta
MONTE ERMON
SIRIA
Tiro
FENICIA
Cesarea di Filippo
GALILEA
Tolemaide
Corazin
Betsaida
Cafarnao
Magadan
Lago di Galilea
MONTE CARMELO
Cana
Tiberiade
Nazaret
MONTE TABOR
Nain
Gadara
Cesarea
DECAPOLI
Salim
Ennon
SAMARIA
Samaria
MONTE EBAL
Gerasa
Sicar
MONTE GARIZIM
Giordano
Giaffa
Arimatea
PEREA
Efraim
Emmaus
Betania
Betania
Azoto
Gerusalemme
Qumran
Ascalon
GIUDEA
Betlemme
Ebron
Gaza
Mar Morto
NABATEA
IDUMEA

Cronologia

7-5 a.C.	Nascita di Gesù a Betlemme, presentazione al tempio, fuga in Egitto.
4 a.C.	Morte di Erode, ritorno di Gesù dall'Egitto a Nàzaret.
6 d.C.	La Giudea diventa provincia romana.
14 d.C.	Morte dell'imperatore Augusto e successione di Tiberio.
6-15	Caifa sommo sacerdote.
26-36	Ponzio Pilato prefetto della Giudea.
27 d.C.	*autunno*: inizio della predicazione del Battista.
28 d.C.	[scansione ipotetica dei mesi]

– *gennaio*: battesimo di Gesù, digiuno nel deserto;
– *febbraio*: tentazioni nel deserto; chiamata dei primi disepoli;
– *marzo*: alle nozze di Cana; prima Pasqua a Gerusalemme;
– *aprile*: colloquio con Nicodemo, carcerazione del Battista;
– *maggio*: colloquio con la Samaritana; a Nàzaret e a Cafarnao;
– *estate*: ministero a Cafarnao e dintorni; vari miracoli;
– *dicembre*: tempesta sedata; indemoniati di Gerasa liberati.

29 d.C. – *marzo*: decapitazione di Giovanni Battista;
– *aprile*: prima moltiplicazione dei pani; cammino sulle acque; seconda Pasqua a Gerusalemme;
– *giugno*: Pentecoste a Gerusalemme; guarigione dell'idropico alla piscina di Betzatà; ritorno di Gesù in Galilea e viaggio attraverso la Fenicia e la Decapoli; seconda moltiplicazione dei pani;
– *luglio*: il primato di Pietro annunciato a Cesarèa di Filippo;
– *agosto*: trasfigurazione sul Tabor;
– *ottobre*; festa delle Capanne; guarigione del cieco nato;
– *dicembre*: festa della Dedicazione.

30 d.C. – *marzo*: risurrezione di Lazzaro; Gesù si ritira a Efraim; a Gerico in casa di Zaccheo;
– *domenica 2 aprile*: ingresso trionfale a Gerusalemme;
– *giovedì 6 aprile* (ore 18-22 circa): cena pasquale secondo i Sinottici;
– *venerdì 7 aprile*: arresto, processo religioso e civile, crocifissione verso le ore 12, morte di Gesù verso le 15, sepoltura alle ore 16-18;
– *domenica 9 aprile*: primo giorno della settimana, al mattino presto, risurrezione di Gesù;
– *18 maggio*: ascensione al cielo;
– *28 maggio*: Pentecoste, discesa dello Spirito Santo sugli apostoli.

Indice

Lodi di Dio altissimo

Tu sei santo, Signore solo Dio, che compi meraviglie.
Tu sei forte, Tu sei grande, Tu sei altissimo,
Tu sei onnipotente, Tu, Padre santo,
re del cielo e della terra.
Tu sei trino e uno, Signore Dio degli dèi,
Tu sei il bene, ogni bene, il sommo bene,
Signore Dio vivo e vero.
Tu sei amore e carità, Tu sei sapienza,
Tu sei umiltà, Tu sei pazienza,
Tu sei bellezza, Tu sei sicurezza, Tu sei quiete.
Tu sei gaudio e letizia, Tu sei la nostra speranza,
Tu sei giustizia e temperanza,
Tu sei tutto, ricchezza nostra a sufficienza.
Tu sei bellezza, Tu sei mansuetudine.
Tu sei protettore, Tu sei custode e difensore,
Tu sei fortezza, Tu sei rifugio.
Tu sei la nostra speranza, Tu sei la nostra fede,
Tu sei la nostra carità, Tu sei tutta la nostra dolcezza,
Tu sei la nostra vita eterna,
grande e ammirabile Signore,
Dio onnipotente, misericordioso Salvatore.

(san Francesco d'Assisi)

Finito di stampare nel mese di maggio 2014
L.E.G.O. S.p.A. - Lavis (Trento)